高校真相

你离名校有多远

求上 编

SPM
南方出版传媒
全国优秀出版社
全国百佳图书出版单位
广东教育出版社
·广州·

图书在版编目（CIP）数据

高校真相：你离名校有多远／求上编. —广州：广东教育出版社，2016. 8

ISBN 978-7-5548-1185-6

Ⅰ. ①高… Ⅱ. ①求… Ⅲ. ①高等学校—介绍—中国 Ⅳ. ①G649.28

中国版本图书馆CIP数据核字（2016）第122158号

责任编辑：陈定天　蚁思妍　田　晓　高　斯
责任技编：涂晓东
特约美编：梁卓思
排版设计：友间文化

高校真相——你离名校有多远
GAOXIAO ZHENXIANG——NI LI MINGXIAO YOU DUO YUAN

广 东 教 育 出 版 社 出 版 发 行
（广州市环市东路472号12-15楼）
邮政编码：510075
网址：http：// www.gjs.cn
广东新华发行集团股份有限公司经销
广东信源彩色印务有限公司
（广州市番禺区南村镇南村村东兴工业园）
787毫米×1092毫米　16开本　14印张　350 000字
2016年8月第1版　2016年8月第1次印刷
ISBN 978-7-5548-1185-6
定价：42.00元
质量监督电话：020-87613102　邮箱：gis-quality@gdpg.com.cn
购书咨询电话：020-87615809

编委会

塞车图

龙圆正（清华大学）

水的盛宴——东南亚泼水节

暨南大学华文学院

Park

肖凌（东北大学秦皇岛分校）

朝

程珏晨（同济大学）

图书馆

卢盈江（北京外国语大学）

前　言

这里面有你听说过的名校，更有你不知道的真相。

你听说过武汉大学珞珈山的樱花，你憧憬过厦门大学的风景，你想象过清华的荷塘、北大的未名湖……

这一切你都很向往。

高三很辛苦，选校需谨慎。

这边厢，大学招生使出美人计，人民大学有“人大女神”、清华有“奶茶妹妹”，有人笑说少年可别太天真，光看颜值误终生。

那边厢，学子翻看《报考志愿指南》，分数排名一系列数字看得人云里雾里不知所以。

美景、美食、美女，谁不喜欢呢？老祖宗早就说了，饮食男女，人之大欲。名校我所欲，宿舍有空调、饭堂有好菜的名校我更喜欢；同理，学府我所求，有美女的学府，吸引力技能加倍。

这边，求才若渴；那边，心向往之。

有鉴于此，《高校真相——你离名校有多远》希望充当一个摆渡人的角色——过来人可以回顾自己四年或者更长的大学生涯，因为这是人生中最为自主自由的时光；而后来者可以沿着前人的足迹细心探寻，寻找那想象过千遍的桃源乐土。

学子心目中的高校到底是什么样的？是象牙塔，形象高冷，气质端庄；是屠呦呦们研究青蒿素、许渊冲们翻译古诗词的地方；是“为天地立心、为民生立命、为往圣继绝学、为万世开太平”的风骨体现。

此间的少年，激扬文字，意气风发。有朝一日，也许你会成为那其中的一员。

翻开此书，你会发现：有容方为大。如今的大学，不仅有大楼大湖，更有大师大典，做得了学问卖得了萌，开得起玩笑谈得懂人生。

合上此书，对那未至的后人、在读的幸运儿，以及离开后依旧眷恋的毕业生来说，所谓“高校真相”：你就是我眼前的诗和远方。

桐乡校区

李凡丁（浙江传媒学院）

Main Building

楚君（香港大学）

饭堂

鄢然（北京语言大学）

银杏

林奕鹏、涂静（四川大学）

厦大高尔夫球场

简洁然（厦门大学）

目录

北有乔木荫名校

在本章，你将会目睹来自北京、天津、秦皇岛、济南、西安、哈尔滨和石河子等16所北方名校的风采。这其中不仅有你我熟知的清华与北大，更有众多的语言类、工科类和综合性大学等待你揭开面纱。一路向北，这里有四季分明，还有学霸同学与你一同奋进。

南多春水润才学

本章介绍了来自广州、汕头、厦门、中国香港、中国澳门等雄踞南方的17所知名高校。不论是曾经“不放假”的中山大学，还是“有钱任性”的汕头大学，南方的高校总有一种别样的气质让你我为之动容。在这里，大学既是知识的殿堂，也是人生历练之所。

长江名川育人杰

从东往西，本章将为你精彩呈现来自上海、杭州、南京、苏州、合肥、武汉、成都、重庆等12所长江沿岸，风景如画的"最美校园"。可能你憧憬过樱花树下的校园漫步，也想象过在水乡一隅埋头苦读的似水年华，总之，以下的高校你不该错过。

北有乔木荫名校

常为新的北大

——北京大学的30个真相

李彦熙

1

3 北京大學 PEKING UNIVERSITY

1. 北京大学

北京大学（以下简称“北大”），诞生于1898年，初名京师大学堂，是中国近代第一所国立大学，也是我国最早以“大学”身份及名称建立的学校，其成立标志着中国近代高等教育的开端。

北京大学设有理学部、信息与工程科学部、人文学部、社会科学部、医学部、跨学科类、深圳研究生院7个学部，69个直属院系；学科专业涵盖了除军事、农业以外所有学科门类。

2. 北大红楼旧址

红楼始建于1916年，1918年落成。整座建筑通体用红砖砌筑，红瓦铺顶，故名“红楼”。北大红楼位于景山公园附近，而现在的北大所在地，是燕京大学的旧址。1953年后，北大搬到西郊。1961年，中华人民共和国国务院公布北大红楼为全国重点文物保护单位。

3. 校徽

提到校徽，大家脑海里浮现的都是鲁迅先生原创的校徽（见左图）。“北”字构成背对背的两个侧立的人像，而“大”字构成了一个正面站立的人像。图案突出的理念在于，要“以人为本”；象征意义在于，北大当肩负开启民智的重大使命。但事实上，我们的校徽是毛泽东主席题写的“北京大学”四字，刚劲有力，热血激昂。目前，“新”“老”校徽都是北京大学的标识。

4. “用青春完成作业”

校歌，也许是一个会令大家都惊讶的真相。北大没有校歌，而现在大家耳熟能详的《燕园情》，是北大1952年的校歌，作于1952年北大迁入燕园之后。虽然现在它已经退隐幕后，但是它振奋人心的歌词，对“五四”先哲的夙求和西南联大的颠沛的回顾，对今日学子的读书报国之志的书写，尤其是一句“用青春完成作业”，还在激励着北大学子不断前进。

5. 军训

众所周知，军训是每位大一新生的必修课，而其中包括军事理论和军事实践两部分。与其他学校不同的是，北大坚持“先理论后实践”的理念，大一新生会在大一阶段先学习军事理论，在大一至大二的暑假再进行军训。

6. 主席、总理访北大

作为五四运动发源地和新文化运动活动基地，“习大大”在2014年5月4日专门来到北京大学，勉励同学们要勤学、明辨、修德、笃实。这次来访，让许多北大学生都激动不已，如沐春风。“博学之，审问之，慎行之，明辨之，笃实之。”是每一位北大学子都必须践行的行为准则。

而不久之前，喜闻李克强总理也莅临燕园，品尝燕园食堂的菜式，并与燕园学子进行了亲密交谈。重要领导人如此频繁地前来指导，放眼望去，朋友圈尽是“习大大”和李总理的照片——“今天，你和总理握手了吗？”

“用青春完成作业。”

“奋斗二十年，走进燕南园。”

7. 三只兔子成就北大

蔡元培，北大校长，生肖属兔。陈独秀，北大文学院院长兼《新青年》杂志主编，比蔡元培小12岁，也属兔。胡适，北大哲学系教授，比陈独秀小一轮，亦属兔。1917年，三位联手，打破旧传统，人称“改变中国文化的三只兔子”。胡适曾俏皮地说：“北大是由于三只兔子而成名的。”

除了这三位可亲可敬的校长，北大校史上兢兢业业、可圈可点的校长还有很多，值得一提的是司徒雷登先生。1919年元月，司徒雷登北上，会见即将合并的两校（北京大学、燕京大学）有关人士，经多方斡旋，成立了由蔡元培等5人组成的校名委员会，成立了燕京大学。司徒雷登正式出任燕京大学第一任校长，在任期间，他为燕大的发展做出了巨大的贡献。现在，校园内仍矗立着纪念司徒雷登先生的石碑。

8. “一二·九”合唱

在来北大之前，从来没有听说过“一二·九”运动，但是进了北大，再不知道“一二·九”，那可就是罪过了。每年12月9日前后，北大都会举行“‘爱乐传习’纪念‘一二·九’运动师生歌会”，除了让同学们一展歌喉，你还可以欣赏到退休教授、后勤叔叔阿姨的风采，以及物理学院的全男战队。

9. 元培学院

1917年，著名教育家蔡元培出任北京大学校长，他“循思想自由原则，取兼容并包主义”，对北京大学进行了卓有成效的改革，促进了思想解放和学术繁荣。蔡先生的本科理念在于“文理相长”，建立于2001年的“元培学院”是其思想的充分实践。元培学院作为北大本科教育改革试验基地，该学院的学生可以在全校自由选课，两年后再确定自己具体的专业研究方向。学院有着独特设置的跨学科专业，如整合科学、数据科学、PPE（政治、经济和哲学专业）、外国语言与外国历史和古生物专业等，在各学科交叉融合的今天，具有广阔的发展前景。据闻隔壁（清华大学）2016年将开设清雅书院，又是两校互相学习共同进步和谐友爱之典范，值得鼓励。

10. 西门

古朴秀丽的北大西门建于1926年，是北大的标志性建筑，也是各地游客心中的游览胜地，节假日游客人流如织。大门内高约8米的一对华表已有300多年历史，原置于圆明园的皇家祖祠安佑宫，与天安门的华表曾同属圆明园，刻工细腻，至今线条、纹样仍然流畅清晰。

北京大学的西校门在1952年北京大学与燕京大学合并成为新的北京大学之前，是燕京大学的主校门。这座校门是由燕京大学校友捐资修建的，故又称为校友门。

11. 一塔湖图

北大校园分为校本部、医学部、昌平校区、大兴校区、无锡校区和深圳研究生院6个部分。本部又称燕园，在明清两代是著名的皇家园林。数百年来，其基本格局与神韵依然存在。美丽的湖光塔影伴随着大师的背影，这正是燕园中最美的图画。著名的“一塔湖图”指的就是博雅塔、未名湖和北大图书馆的景色。

12. 图书馆

北大的图书馆是近代第一座国立大学图书馆，也是亚洲最大的高校图书馆。截至2014年，北京大学图书馆内藏书已超过1100万册，内容涵盖人文科学、社会

13

科学、自然科学、技术科学、文学、艺术等各个学科专业领域，有中、英、俄、日等20多个语种，是一个资源丰富、现代化、综合性、开放式的研究型图书馆。“汗牛充栋”远不能比喻馆藏之丰富，“书山”“智海”或能勉强形容之。

13. 燕园四季

春见碧草翠欲滴，夏看繁华斗芳菲，秋闻蝉鸣园愈静，冬观雪舞踏飞鸿。春夏秋冬，伴随着四时的运行，青春和燕园融为一体，北大成为永恒。

14. 静园草坪

静园草坪是目前燕园内最大的一块草坪。春秋时节，和风煦日，这里是很好的休闲之地。同时，它也是北大师生们一个重要的课余活动场所，北大百年校庆时的文艺晚会就是在这里举行的。

有一名北大学生曾这样感叹：“这里曾经是高晓松那帮拿把破吉他到北大糊弄小女生的主儿极尽能事的舞台。很多北大情侣相识、相约、相恋在这块草坪，他们对这块草地的感情更是深厚。”

15. 燕南园

燕南园因位于燕园的南部而得名。占地32平方千米，主要作为当时燕大外籍教师的住宅，按照当时所有中外教师住宅的编号顺序，燕南园的住宅被定为50号到66号，这一编号从燕大到北大，一直没有变更。今天，在某些宅院的门口，还能看到黑底白字的木门牌，无言见证着岁月的沧桑。

“知名学者不一定住燕南园，住燕南园的一定是知名学者。”“奋斗二十年，走进燕南园。”可见燕南园在人们心中神圣的地位。我们不能忘却的是，无数先哲的风骨，在这里长存。他们丰博的学识、闪光的才智、庄严无畏的独立思想与耿介不阿的人格操守，构成了一种恒久的魅力，全都融入燕南园的每一处风物、每一丝气息。

16. 食堂

北大一共有十多个食堂，是吃货们的天堂。合利屋的快餐、学五的鸡腿饭、农园二楼的麻辣香锅、学一的涮羊肉、松林的包子和皮蛋瘦肉粥……想想都忍不住要去加餐了！而且小西门外还有畅春园食街，有此享受，夫复何求！

17. 学五CBD

这个服务区位于学五食堂的北侧，聚集着燕园服务社、煎饼果子、烤冷面、手抓饼、咖啡厅、超市等各式各样的小摊，曾经是北大校园独具特色的风景。晚上8:30下课之后，这里会聚集很多很多的“饮食男女”。后来经过“市容”整顿，学五CBD焕然一新，却少了一种热闹的氛围。不过好消息是，近日新的食堂CBD即将动工，不久后，大家又能重温一起撸串的快感啦！

18. 北大宿舍

宿舍是四人间。楼下有停车棚，风景还是不错的。一楼有各宿舍的信箱和自动售货机，还有可亲可敬的楼长为您服务。有空调，有暖气，上下床，寝室四角是书桌，还有阳台，未来还可考虑住宿制书院（即地下一层为书房），让你找到一种温馨的家的感觉。

25

19. 关灯时间

为了不影响同学休息和避免宿舍摩擦，周日至周四统一由楼长11点关灯和断电。而周五和周六就是大家自我安排的时候，夜生活也是挺丰富的。曾经还有一起去看流星雨的活动——当然啦，作为高素质人才，我们还是提倡文明观星，一般较晚的夜间活动会移至静园进行。

20. 自习室

对于有些学生嫌宿舍关灯时间太早，宿舍楼的自习室就是刷夜的好地方。无论是要考研，要出国，还是为了要多学知识，无论目标定到哪里，学习学习再学习，是北大学生永远不变的信条。

18

21. 课余活动

“挑战杯”激发着学子们的创意和思维，“剧星风采大赛”是展示精湛演技动人故事的舞台，“十佳歌手”的歌声让人迷恋，“北锋辩论赛”针锋相对迸发思想的火花……还有各种比赛、各大论坛，北大不仅是各路大神云集的地方，更是各种个性肆意绽放的舞台。在这里，“读书好”已经不是骄傲的资本，广泛涉猎和参与才是王道。

22. 体育课

北大的体育课分为必修课和选修课，男生必修太极拳，女生必修健美操，而且凡是春季学期选体育必修课的学生，必在校运会的开幕式上要进行团体操表演。无论是体操动作的编排还是表演服装的精心设计，技术水平远高于小学初中高中的课间操，这也成为校运会期间北大学子茶余饭后的谈资。

当然，大学体育不可缺少的就是体质健康测试，与其他学校不同的是，北大的体测成绩是以20%的比例计入体育课成绩的。所以那些到了大学就想与运动“say goodbye”的人，体育课的绩点可不是上上体育课这么简单噢。

23. 益动GPS

北大的体育课还有一项制度，就是跑步到一定公里数才能得到体育学分，以此表示你在本学期内进行了足够多的锻炼。此前北大曾做过“手动打卡”“天天课APP”的试验，这学期则用益动GPS来监督学生们进行体育锻炼，记录跑步里程。当然北大或学院内部也会组织夜跑、荧光跑或绕湖跑等活动，同学们跑步的热情高涨。

24. ofo：自行车界Uber

目前北大校园内有超过2000辆有“ofo”牌照的自行车，学生、老师和游客等可以通过微信下单，找到附近的车辆，获得解锁密码后开锁使用。依据自行车分布、骑行线路、租用时间等数据，团队开发了一套动态价格算法，给学生们提供了不少方便。

25. 北大的猫

北大的猫每只都养得肥肥白白，充满爱心的北大人还专门成立了爱猫协会，关爱校园里的流浪猫，为它们提供食物或给它们取暖，为北大这片充满人文气息的校园又增添了一份浓浓的暖意。

26. “百团大战”

北大三角地的闻名遐迩，源于它始终是学生“指点江山”的舞台。20世纪20年代的“要科学要民主”，40年代的“反内战反独裁”，80年代的“反腐败”，学生们都是从这里出发，走到都市中心。而今天，它则是“百团大战”的舞台，不足200米的过道两旁摆满了大大小小160余个展位。为了吸引新生，各社团使出浑身解数，社员们“奇装异服”，吹拉弹唱，进行即兴表演，成为北大一道独特的风景线。

27. 山鹰社

学生社团中，不得不提的是山鹰社。这支优秀的学生团队，将“存鹰之心于高远，取鹰之志而凌云，习鹰之性以涉险，融鹰之神在山巅”作为自己的社团精神，曾经将自己的身影和笑容留在一个又一个遥远而寒冷的地方，也将北大的旗帜带上了一个又一个的高度。虽然他们曾经有过折翅之痛(2002年的希夏邦玛山难)，但他们却依旧没有停止远行的脚步。这种锐利，真的如鹰一般，而他们得到的来自学校的宽容和支持，恐怕也只有北大才能给予吧。

27

28. PKU Helper

“PKU Helper”是由北大校友熊典自主开发的应用软件，是一个从不同服务器里读取数据的自由接口，可以将各种校园资讯汇总在一起，输一次密码，its、portal、dean、course、iaaa、elective全搞定。

除了校内资源，里面还有一些常用的信息，如个人课程表、北京地铁线路图和燕园地图等等。新生初来乍到不必慌，老生嘛，也在享受着掏出手机就能看到当天课程与上课教室的方便。

29. 真爱

最后，肯定要提一下我们的“好基友”——隔壁高等专科学院专业捧场300年，隔着成府路遥遥相望。

话说曾经有两个人，一个北大学生和一个清华学生，结伴到山里去露营。晚上睡觉的时候，清华人问北大人：“你看到什么了呀？”北大人回答说：“我看到满天的星星，深深感觉到宇宙的浩瀚，造物者的伟大，我们生命是何等的渺小和短暂……那你又看到了什么呢？” 清华人冷冷地回答道：“我看见有人把我们的帐篷偷走了。”

作为中国高等教育的两颗璀璨的明珠，北大和清华仿佛如互相绕转的双星，在中国教育的发展道路上，北大与清华将携手共进；在民族振兴的青史上，北大与清华，这两个名字将永远连在一起。

30. 再说一句

听说我们的真爱（清华大学）有36个真相？好吧，为了顺应他的小性子，我们只写30个好了。剩下的，还烦请读者们亲自到燕园来一探究竟啦！

每一个在北大读书的学子都会对北大有一种特殊的情怀，它吸引我们的不仅仅是它的声誉、它的教育资源，更多的是它的精神和风采。当夕阳在未名湖上打转，当云彩衬托博雅塔的庄严，当大讲堂里掌声久久不息，当图书馆内学子们勤奋的身影与光影交织——这就是我想让你看到的北大。

（本文图片1、3来自网络；图片11、13、25及27来自北大官网；图片18为作者拍摄。）

你以为只有飞机？

——北京航空航天大学的30个真相

吴宗轩

1. 低调内敛霸气“侧漏”的北航

北京航空航天大学，简称“北航”，英文名是Beijing University of Aeronautics and Astronautics(BUAA)。但是时下（包括校徽上）称Beihang University……北航建校于1952年，前身是多个学校的航空系合并诞生的北京航空学院。因为专攻行业的特殊性，北航从一开始就是国家重点建设对象：“七五”“八五”“卓越计划”“珠峰计划”这些不那么出名的计划都在榜上，更不用提“211”“985”了。

2. 实力响当当

这所学校在南方并不算出名，但是在北方的招牌实打实地响当当，分数甚至高于同济（作者所在系2015级各省前一千名所占比例达到91%，可惜作者是那9%……这算不算捡了一个大便宜？）。可以说，在北京，第一二名清华大学、北京大学不用说，第三名中国人民大学（它是综合性大学），第四名就是北航了（我们也是综合性大学啦）。

涉密不上网，上网不涉密。

3. 一级保密单位

据说北航是国家一级保密单位。经常有许多外国人会招北航学子兼职，或者找北航学子当对象（据说开头都是“哎你们图书馆是不是有很多书啊？帮我查查《XXXXXXXX》拍个照给我好不？”……）

对了，北航网络账号登录界面的传奇口号是——“涉密不上网，上网不涉密。”

4. 校区

北航有两个校区：校本部，亦即学院路老校区，位于号称宇宙中心的五道口；新校区是2011年才有第一批本科生进驻的沙河校区（简称沙航），现在主要是大一大二学生，位于连作者的北京同学都不承认属于北京的昌平（六环）沙河高教园……沙河地铁站走过去至少二十分钟。

5. “梦拓计划”

北航有个“梦拓计划”，源于英文的mentor（良师益友），具体是派给大一的新生们几人一个大二学长来接受“调教”，包括开学带你熟悉校园，给你发军训服、系服，还有完成一学期内带新生出去玩几次的任务等等。

6. 军训

北航的军训——想想看，航空航天院校，肯定要空军专训的！像2015级的军训就是校方从北京军区某地空导弹部队拉来的现役军人，足足二百多人。军衔最低的都是士官，最高的团长是上校。在校区军训的这段时间就像是他们的休假（虽然他们不一定这么觉得……），互相之间都留下了深刻的印象。

至于国防生和飞院生，我只能为其献上几朵纯洁的白花，脱帽致敬……

7. 男女比例

尽管工科是我们的强项，但号称综合性大学的北航还是有非工科专业的，比如独一无二的飞院。男女比例的话，总体上是3:1。

10

然而26系（新媒体）与29系（人文）这两个系总是恶意拉偏男女比例，更不用说法学院和外语学院了。至于其他的，作者所在的班男女比例是13:1，剩下的学院自己揣摩吧。

8. 校歌

北航很长一段时间里是没有校歌的，后来不知道谁选了原国家总理温家宝的《仰望星空》配了乐做了校歌……据辅导员说他们一学期就唱了两次：开学一次、散学一次——所以别叫北航人唱校歌，还记得的人才不正常。

9. 饭堂

沙航由于校园极其极其偏僻，大部分的餐饮需求都要由饭堂解决，这就对饭堂提出了很高的要求。

目前只有一个三层高占地大概四分之三个足球场的第一饭堂，第二饭堂还在规划，但麻雀虽小，五脏俱全，小小的三层里除了大锅饭，还有炒饭、盖浇饭、拌饭、铁板饭、木桶饭……种类一应俱全（咦，怎么全是饭）。其实也有面、饼、粥、馄饨和水饺甚至手抓饼等，估计一天吃一种到毕业都吃不完。但是，最神奇的是——除了一楼最南边的窗口外，这里几乎没有馒头——北方的孩子表示不服，为什么呀？

味道也可以接受，除了个别的，像那个放了豆芽菜的“奶油培根意面”，可能是作者这辈子暂时吃过最难吃的东西。

10. 图书馆

沙航的图书馆也不大——事实上，目前的临时图书馆借用了二号教学楼。真正的大大的漂亮的图书馆现在还没建设，在2015级离开沙航前是见不着了的。内部环境还可以，但是人多，自习室很难找到位置。

11. 人多

说到人多，北航与旁边的外交学院可形成鲜明对比。外交学院里一个学院的师生职工全出动了估计还不够只有大一大二外加其辅导员的沙航的一个系的人多。据说男女比例1:1的外交学院外墙上的电网是防北航的？？？

12. 北航校医院

北航是有北航校医院的，就在学院路上。作为一个专攻航空航天的工科院校的学生，作者怎么想都想不出来为什么非要在寸土寸金的五道口校区弄个医院。不过，好处是——北航学生医药费100%报销（一月一结）！

13

13. 学校大门

沙航其实是有大门的，大门是南大门，不是东门。南门正对的只有一条公路、一堵墙，因此人迹罕至，而东门对面还有点店铺小摊人来人往，所以别被开学时那个不大的校门的第一印象误导。

14. 服务娱乐设施

沙航校内的服务设施很少，用手指头就能数过来：洗衣兼裁缝房、咖啡厅、理发店、邮局、银行、联通代理点、二手书店再加饭堂、图书馆。娱乐设施倒是很多：没有电影院，但大小剧院还是有的；没有篮球馆，但健身房、游泳馆、台球厅、羽毛球厅等等也是有的，只是收费有点高——台球15元/1小时，健身房20元一次可办各种卡，游泳6元/一场大概3小时。土豪还可以考虑把10000元/一晚的大剧院租来搞个告白晚会。

15. 课程改革

北航在2015学年度进行了课程改革，同学们可以自己在校园网上选课、选老师，一个班一个推荐课表但并非硬性要求。因此各种麻烦相继出现：抢课、抢老师，名单拿不到，报错、忘报课，同班不同课等等，每一个都令人头痛。

16. “博雅课堂”

北航为了加强人文素养，近几年推出了“博雅课堂”，即普及讲座，硬性要求一学期至少出席三次，选其中一次写一千字感想当作业，算学分。博雅课堂也是要网上报名的。

17. 体育锻炼长廊

同时，北航为了加强学生的体育素养建设了体育锻炼长廊（俗称TD线）。体育锻炼实行刷卡制，入口一刷出口一刷算一次，一学期至少刷48次。原来一天最多两次，而且能刷的时间范围很短，后来改革为一天可以刷三次，基本覆盖课余时间。

在沙航，体育馆和田径场也可以刷卡，与TD线的完全相同。另外各种体育活动，比如篮球赛、校运会甚至体育类社团等等，只要参与也是可以加次数的。

18. 标志性建筑

北航的标志性建筑：学院路上的“水晶宫”，号称亚洲最大的主教学楼，一共有ABCDEFGH八栋，老师进去都是晕的……想当初作者也是为了这栋洋溢着贵族与科技气息的大楼才决定报考北航的呢！

18

沙航还有一栋被誉为“工业皇冠上的明珠”的航空发动机国家实验室。两年里学生是有机会跟着老师进去参观的，但是学生不能自己进去。

19. 南湖北海

没有未名湖，没有荷塘，北航有南湖北海——北湖在高大帅气的国家实验室前面显得小巧玲珑；南湖在正对大门的位置看上去芦苇遍地一片荒芜。好吧，其实都还是挺可爱的，当然冬天不听劝告上冰玩耍掉进湖的时候除外。稀有的是，作为一所毫无浪漫的工科院校，北航居然还有“桃花源”……

20. 艺文空间

等一下，我说了“毫无浪漫”？不不不……北航人会生气的，不能这么说！比如这个——因某人建校时曾说的“设计要有灵感”而落成的艺文空间——此地承包了大部分的画展、博雅课堂等活动。

21. 猫狗一家亲

北航有猫，但更多的是狗，而且各种品种都有（真不知道怎么愉快玩耍的）。这不重要，重要的是都很可爱。

22. 航空博物馆

学院路还有航空博物馆，里面有不少飞机，最具意义的是当年北航几个同学和老师花了一百多天自己造的（对，真的是自己造的）轻型客机，叫“北京一号”。这架飞机只是为了证明我

刻苦钻研，
潜心求学，
力争上游，
为国献身。

们可以造飞机，因此各方面指标都没有特别好，从北京到上海飞了一次中短途后就停用了。现在每周都能听到各种老师讲课的时候提起它的名字。

23. 住宿条件

沙航的住宿条件还是蛮好的，现在的问题是床位有点吃紧而新宿舍还没建。目前沙航有四栋公寓（对，你猜得到的，就叫一、二、三、四公寓）。三公寓是女生公寓和辅导员办公室。床位都是组合床，不断网，有空调，有暖气。周日到周四23:30-6:00，周五、周六0:00-6:00断电。每月一次宿舍内务检查，男宿舍由一群宿管阿姨（不对，应该叫姐姐）负责。还有，女宿舍男生禁入，男宿舍女生乱入。

24. 网络

2015年2月，校学生会权益部提案通过，在全沙航室内实现Wi-Fi（无线网络）全覆盖，加上原来光纤下载1G一分半，“完爆”其他大学，高精尖就是好（作者亲测下载峰值甚至有过20mb/s）！但是网费也不便宜——最便宜的套餐50元100G，5毛1G。不过国庆之类的特殊日子用网是免费的（Ipv6本来就该免费啊）。顺便一提，权益部的下一个目标是搞定一抢课就装死的教务网。

25. 宿舍空调

特别提一下宿舍的空调。北航的空调不是学校的，是厂家预装后让学生按年租的（第一次听说空调都能租），开学租完发遥控器。但是11月中旬暖气还处于只能把手放上去暖的时候空调会断电。看着窗外的大雪，细细品味着室内的凉爽，那真是叫一个青黄不接。

26. 澡堂

在北方的南方孩子们好好怀念一下在家的日子吧。澡堂在负一层，晚上23:00正式关闭，但是22:40才去无非两种结果：一是被宿管挡在外面不给进；二是没有热水。

对了，女生浴室有单间挂帘，男生没有——别问我怎么知道的，反正我知道！

27. 各种比赛

北航有很多奖项，最有名的是“冯如杯”，北航校级的最高奖项，类似于青少年科技创新大赛。最近笔者班级持续搞了三个月的最佳班集体答辩活动也是一个叫“中航黎明杯”的比赛，全校一两百个班级里分出一等奖、二等奖、三等奖一共十个左右，分别有3000元、2500元、2000元的班级奖金。尽管幸运地拿到了三等奖，但其实这么点钱平分下去都不够去东门外撸两次串。

28. 条幅

对了，还有北航的条幅。在宿舍和教学楼之间来回经常会看到许多条幅——比如开学时的“我用尽所有的CPU，也算不出你的未来。——计算机系”；双十一男生节上的“今天要么带走女友，要么嫁出室友。”；甚至还见过“祝贺XX成功晋级黄金六”。

29. 对外交流

北航的对外交流不算很多，作者所在系能申请到交流生的只有百分之十几。但是据院长说今年会改革尝试增多对外交流机会。毕业出国的比例也不是很大，可能因为学校的特殊性对出国有限制吧。

30. 北航不只有飞机

最后再说一次！北航不只是造飞机、开飞机、搞飞机！北航有59个系27个学院，不是只是研究飞机的！看看学校官网，我们可是有工、理、管、文、法、经、哲、教育、医、艺术等专业，飞机只是其中之一。

后记

好了，说了这么多，让我最后严肃地总结一下吧——

如果你的想象中大学就该激情绽放，风花雪月，游山玩水，享受青春……对不起，北航绝对会成为你的遗憾；

如果你的想象中大学就该刻苦钻研，潜心求学，力争上游，为国献身……那么，不来北航绝对会成为你的遗憾。

（本文图片皆为作者拍摄。）

北京师范幼儿园实验大学

——北京师范大学的31个真相

黎嘉欣

1. 学校历史

北京师范大学，教育部直属重点大学，简称“北师大”，是一所以教师教育、教育科学和文理基础学科为主要特色的著名学府。学校的前身是1902年创立的京师大学堂师范馆，后更名为北京师范大学，成为中国历史上第一所师范大学。北平女子师范大学、辅仁大学先后并入北师大。

师大历史如此悠久，在这里，你会惊喜地发现，无论是你的高中老师、大学老师，还是你的师祖师公，都很有可能就是你的师兄师姐，甚至和你住过同一间宿舍。幸运的话，你还可以在篮球场上偶遇高中语文老师当年的室友，和他一同追忆老师当年夕阳下的奔跑，啊不，是在宿舍里吟诗作赋的青春。

2. 各分校区

北师大有三个校区，分别是沙河校区，位于海淀区北三环中间的本部校区和位于西城区的辅仁校区，一个比一个小。沙河校区由于之前有产权纠纷，至今仍在建设中；辅仁校区现为继续教育学院，负责继续教育和特殊项目的培养；故绝大部分本科生、研究生和博士生的教学工作都挤在本部进行。

3. 古色古香的辅仁校区

辅仁校区，位于北京市西城区定阜大街1号，原为辅仁大学校址，旧时被称作北京最美的大学。辅仁校区毗邻恭王府，以涛贝勒府的府邸为校舍，后于马圈旧址及花园南部建起仿古砖混结构的主楼，绿瓦砖墙，红门木窗，迄今已有数十年楼龄。步入富有历史感的建筑与林木葱茏的后花园，民国气息扑面而来。值得一提的是，《霸王别姬》中程蝶衣雨夜穿过长长的走廊探望小楼的场景便是在此取景的。

4. “迷你”型的辅仁校区

如上文所提，辅仁校区非常小。小到什么概念呢？整个校区只有两栋教学楼，第二教学楼还不在校园里，而是在马路对面。宿舍出门右拐直达教室，上课前五分钟起床完全无压力。辅仁小虽小，半个校园可都是美腻的后花园呢，“哥哥”张国荣还曾经在此拍戏。我也好想在辅仁接受继续教育啊！也许是太过于“迷你”的缘故，辅仁校区并不对外开放，就算是北师大的学生，没有系里开的介绍信也不能入内。据说假扮成校内学生大摇大摆地走进校门，即可躲过保安的火眼金睛。于是乎，笔者两次精心伪装抓准时机企图蒙混过关，均以失败告终。我觉得我的脸庞都要深深地刻在保安叔叔心里了。不如，我们从头来过？

幸运的话，你还可以在篮球场上偶遇高中语文老师当年的室友，和他一同追忆老师当年夕阳下的奔跑。

7

5. 小巧的本部

北师大的本部同样很小巧，步行半小时即可逛完整个校园。本部与辅仁校区总占地面积约为华师大的1/3，清华的1/5，中大的1/9，与隔壁同样瘦小的北邮相依为命。

6. 附属学校

麻雀虽小，五脏俱全，除了教学区、生活区、家属区，北师大本部还分布着北师大实验幼儿园和北师大实验小学，出了北门就是北师大第三附属中学，从小到大和一所学校厮混在一起不再是梦想！

7. 北师大幼儿园

北师大实验幼儿园，2015年4月正好迎来了百岁生日，是一所全国顶尖的幼儿园，又大又漂亮。常常经过幼儿园色彩缤纷的大园子，看到一群小朋友在里面无忧无虑地蹦跶，感觉自己也变年轻了呢。

8. 校长、教师培训基地

北师大不仅包办了学前到大学的教育，还常常会有中小学校长和教师短期培训课程，教工食堂里每天都可以就着各地方言吃下二两米饭，菜色常新。近水楼台先得月，四年里你与旧组织的上级领导成功碰头的概率相应地会大大增加，这可是在北师大念书的大大大福利！

9. 女生，不止是“半边天”

既然名中带“师范”，北师大的女男比自然居高不下，常年盘踞在7:3的高位。师大女生量多质高，女足非常强劲，2015年世界杯女足首发阵容里有6名都来自北师大；女篮则曾蝉联五届CUBA（中国大学生篮球联赛）冠军，是北京女篮的传统强队之一。若在路上看到一群180+的帅气身影，性别为女的可能性比是男的大得多；路上看到带人的自行车，坐前座的女生比男生多。阴盛阳衰非常严重，因此北师大又被众学子戏称为“积水潭女子师专”。

10. 男女比例的变化

历史系的周启迪老教授在接受学生会采访时回忆，60年前他刚入学时，北师大人少，女生更少，男女比例和现在大不相同。听罢，众人不禁以头抢地仰天长啸哀叹生不逢时，同时对半个世纪后的北师大表示深深的担忧。

11. 教学楼男女厕所比例

有那么多女生的北师大，好几栋教学楼的男女厕所比都是非常人性化的1∶3，据说是当年女生发起“占领男厕运动”抗争得来的。女厕的旁边不一定有男厕，男士们无论情况多紧急，请务必先看清门前的标示再进去，以免引来不必要的肢体冲突和生理损伤。

12. 教育学科

北师大的教育学科全国排名第一，师资雄厚，不少学生会选择辅修教育学或者攻读教育学第二学位。一年一度的“未来教师素质大赛”是全校的热门赛事之一，要求参赛者走上三尺讲坛，限时将课程的每个环节完整地展现出来，教案、课件、板书均需独立完成，还会有诸如“现场观看视频，并教授这段广播体操”这样画风清奇的题

8

目，锤炼出了一批又一批有趣又有才的优秀教师。

13. 不只是培养老师的地方

当然了，北师大不仅仅是培养教育人才的地方，它的自我定位是一所综合性重点大学。然而北师大学生，无论是否师范专业，常常会遇到以下对话：

“你读哪所学校呀？”

“我是北师大的。”

“哦，那以后要当高中/初中/小学老师/幼师的吧？”

“……”

学子纷纷要求学校更名为“北京正常（normal）大学”。

14. 心理学教育

北师大的心理学专业同样是全国第一，心理学院是我国唯一一个心理学一级学科国家重点学科单位。心理学的课程可以旁听，故许多大牛的课程场场爆满。北师大专门开设了面向学生的心理咨询与服务中心，还有由学生组成的雪绒花使者社团，给予北师大学子的心灵以全方位无死角的温柔呵护。

15. 他们也要上解剖课

哦，对了，除了学生物，学心理和教育的同学也要上解剖课哦。

16. 艺术与传媒学院

北师大的艺术与传媒学院也非常出名，妹子颜值普遍超高，每逢毕业季会有各种毕业展览和会演，还创办了北京大学生电影节，迄今已举办了23届。北国剧场常常会有各类活动，还会不定期放映电影，座位舒适，票价也非常亲民，是周末约上男友女友好朋友一起玩耍的好去处。

17. 是抢课，不是选课

无论哪个专业，抢课都是北师大学子的必备技能。下午八点开放选课，早上机房就已经被占满，所有人员七点半准时到位，电脑笔记本手机严阵以待，一到八点，鼠标键盘不堪高频重击的悲鸣声此起彼伏，狂野的欢呼与凄冽的哀号交织在一起，响彻云霄，每每惊起一树寒鸦。

因为人多课少又是必修课，“女子形体”战况最最惨烈。连续两年抢课失败，大三才终于选上的不乏其人。四年下来，我师学子眼力、手速还有心理承受能力均大幅提升，毕业生纷纷痛哭流涕表示感恩母校点亮了她们的抢课技能（并没有）。

要是你手速够快运气够好，就有机会选上由目前在北师大读研的前国家女子体操队副队长何可欣不定期代课的形体课，和世界冠军来一场近距离接触。当你老了，就可以自豪地对孙子孙女说：“你奶奶当年可是从千军万马中杀出一条血路，抢上了世界冠军的形体课呢！”

18. 转专业的问题

在北师大，只要大一成绩达到一定要求，大二开始就可以选择辅修或者攻读双学位。转专业是比较容易的，大一大二学年末都有一次机会申请转系，文理不限，原则上没有成绩限制，充分给予学生了解并学习自己真正兴趣所在的机会。当然，能否转系成功还是要看个人修行啦。

19. 教学楼设施

北师大的教学楼除了新建的教九，看起来都非常有年代感，不过内里的配置相当完善，许多楼里还有复印店，无论是上课还是自习环境都很舒适。很多人没课的时候吸着霾也会到课室自习，占位大法层出不穷，学习氛围相当浓厚。

20. 图书馆

新图书馆是北师大的一大招牌。图书馆资源丰富，藏有大量古籍，室内条件极佳，冬热夏寒，座位宽敞，窗明几净，有Wi-Fi有插座，有单独的研究间，还有自助选座系统，满足你对图书馆的一切想象。正因如此，图书馆常年人气鼎盛，临近考试更是一座难求，必须早早爬起来排队才有机会抢到位置。图书馆位于主楼后方，故又得名后主楼，是北师大海拔最高的建筑，可谓鹤立鸡群。每逢考试月，“北师后主楼，一跃解千愁”这个百嚼不烂的经典语句就又会被翻出来调侃一番。

21. "苦逼"的住宿条件

与高大上的图书馆形成鲜明对比的，是北师大的宿舍。本科生住的宿舍楼都是老建筑了，最新的都有近30年楼龄，是经典的筒子楼。宿舍外表看起来还算是人模狗样的，走进内部却发现完全不是那么回事。宿舍一般为七人间，上下铺，无独卫，家具只有一个大铁柜和一张桌子，空间狭小，让你与舍友轻松享受转身即壁咚的超亲密接触。学校承诺争取本科生4人间，然而至今未能实现。据说有老校友多年后回校，看了看宿舍，欣慰地点了点头："完全没有变化嘛。"

22. 万绿丛中一点红

学十三是唯一的例外。学十三是留学生公寓，普通学生和留学生混住，6人间，有阳台，每层都有开水房。最重要的是，每层都有浴室！每年都会有一两个系的新生幸运中奖，入住者春风得意，围观者垂涎欲滴。

23. 改善住宿条件

当然咯，北师大一直在很努力尝试改善住宿条件。宿舍的水泥地陆陆续续换成了木地板，某位神人重新给《董小姐》填词献给我们可爱的董校长后，2015年暑假宿舍便全面装上空调，妈妈再也不用担心我们在闷热的夏天围着一台风扇跳祈雨舞啦。

虽然宿舍是小了点，挤了点，破了点，设施不齐全了点，但其实也难不倒心灵手巧的师大女生。

24. 澡堂

北师大的澡堂，烟雾缭绕，肉体横行，春色无边。澡堂实行一人一锁制，排队拿锁，不拿不给进，虽然我拿到的锁，钥匙从来拔不下来。澡堂离宿舍有好一段距离，刚开学师姐就给我们介绍，隆冬季节不吹头从澡堂走回宿舍头发会结冰，把冰搓掉头发就干了，非常方便环保。连澡堂的名字也相当奇葩，"北师大浴室"的断句，困扰着一代又一代的北师大人。

25. 就餐地点

北师大的就餐地点不少，校内就有三个食堂和包围着食堂的众多小吃店，还有中午穿梭于宿舍楼之间的无数外卖摩托车。奈何架不住学校地少人多密度大，每逢中午下课，食堂无不是人头攒动队伍虬结，笔者每每找队尾找得头皮发麻，排了半天发现排错窗口时更是心痛得无以复加。还好最近又新开了家风味食堂，装修豪华品类丰富，最重要的是大隐隐于市，还未能为广大群众所熟知，颇能抚慰笔者受伤的幼小心灵。

26. 不只是早茶

不过我最喜欢的还是周末和一群"大吃省吃货"跑去隔壁北邮科技大厦叹早茶。可惜也许是出品水平太飘忽的缘故，现在早茶已了无踪影，不由得哀叹又少了一个感受工科院校阳刚气息的借口。

27. 神秘传说

每个学校都有那么几个鬼怪传说。北师大自然也不例外，东有铁狮子坟，西有索家坟，南有小西天，北有北太平庄。严格说起来，学校的正门是大南门，但是除了新生接待日和重大领导人来访，大南门基本不开。传说只要南门一开，妖气将喷涌而出，届时雾霾四起，天地为之变色，日月黯淡无光，北师大就会有不祥的事情发生（所以大南门开不开到底有什么不一样啊）。

28. "镇楼"大侠

传闻学五楼曾为太监坟，阴气特别重，于是就改成了男生宿舍，而且一楼住的是体院，二楼住国防生，说是要用最充足的阳气来镇楼……学五楼！门前有乒乓球桌的学五楼！镇楼这种粗活怎么能让男生做呢？怎么说笔

23

者我也是肩能扛行李，手能提水壶，阳刚气十足的女汉子，放着，我来！

29. 乌鸦们

北师大是北京乌鸦最集中的区域之一。清晨很容易被窗前此起彼伏的鸦叫吵醒，傍晚抬头一看便是黑压压的一片飞过。东门外有条著名的“天使路”，路旁高树上栖满了乌鸦，到冬天的时候即使不下雪，路面也是白的，走在路上很容易遭到“流弹”袭击。所以正在经过这条街的你，还在低头看“高校真相”看得如痴如醉？别怪我没提醒你哦！

30. 高校联谊

提起北师大，不得不说的就是和隔壁北邮之间的深厚友谊了。两校仅隔一条杏坛路，男女比例又如此互补，简直是天作之合。长期以来北邮为北师大女生提供了大量汉子，极大缓解了北师大内部的供需矛盾。2015年的七夕，两校更是在微博上互相表白，公然秀恩爱，虐“狗”无数，羡煞旁人。

31. 启功与北师大

师大名师辈出，启功先生便是其中一位。先生生前曾担任北师大书法系的教授多年，幽默谦逊，深受学生爱戴。北师大校园里许多地方都有启功先生的题字，散布在各个角落里，极其适合用来出定向越野的题目。其中最著名莫过于先生提出并题写的北师大校训“学为人师，行为世范”，勉励着一代又一代的师大学子，任凭路上行人来了又去，只管面碑沉思人生的意义。

最后，就和大家分享这首我很喜欢的改编版《董小姐》吧，愿诸生人人得以装空调，半夜不断电。

董校长

董校长，你从没觉得北京很热。

就算你和我一样，生活在夏天。

董校长，你宣传单上写得很美。

就像瀚德楼里上床下桌的美。

董校长，我也是个怕热的动物。

嘴上一句带过，心里却一直嘀咕。

董校长，北京的夜晚真的很热。

体贴的你，请给我一台空调。

所以那些谣言都不是真的，董校长。

你才不是一个没有爱心的坏校长。

爱上巍巍师大，可我的寝室里没有空调。

这让我感到绝望，董校长。

董校长，你熄灭了烟，说起从前。

你说本科就这样吧，还要考研。

董校长，你可知道师大的学子。

在五月的早晨，终于丢失了睡眠。

所以世界一流大学都不是真的，董校长。

你可知道清北人都已有了空调？

爱上一个北师，可她的宿舍没有空调。

这让新生感到绝望，董校长。

所以快点改造线路装空调吧，董校长。

谁会不厌其热地拉拢那无知的新生。

我想和你一样，享受凉爽空调。

装空调吧，董校长。

快行动吧，董校长。

（本文图片皆由作者拍摄；感谢积极搜刮素材和图片的L和小橘子对本文做出的贡献。）

共和国外交官的摇篮

——北京外国语大学的30个真相

卢盈江

1

1. 前世今生

北京外国语大学（以下简称"北外"）前身是1941年成立于延安的中国抗日军政大学三分校俄文大队，后发展为延安外国语学校，建校始隶属于党中央领导。新中国成立后，学校归外交部领导，1954年更名为北京外国语学院，1959年与北京俄语学院合并组建成新的北京外国语学院。1980年后直属国家教育部领导，1994年正式更名为北京外国语大学（Beijing Foreign Studies University，简称BFSU）。

北外是教育部直属、"985"优势学科创新平台和首批国家"211工程"建设的全国重点大学，是国际大学翻译学院联合会成员，也是目前我国高等院校中历史悠久、教授语种最多、办学层次齐全的外国语大学。

2. 地理位置优越

北外坐落于北京市海淀区西三环北路，在三环路两侧分设东、西两个校区，位于海淀区大学圈内，东南面紧挨中央民族大学，北面紧邻北京理工大学，并且与人民大学、北京大学和清华大学等高校以及中关村也相距不远。最近的地铁站是四号线的魏公村站，距离学校十分钟的路程。西校区东门、东校区西门和东门均有公交车站，交通便利，坐地铁去西单只需要半个小时。

3. 专业设置

北外共开设86个本科，覆盖了文学、法学、经济学、管理学和工学5个学科，其中包括72个外语专业（含65个非通用语种专业），涵盖了欧盟国家23种官方语言和东盟10国的官方语言。北外今年获批新增了8个非通用语种本科专业：蒙古语、亚美尼亚语、马达加斯加语、塔吉克语、阿非利卡语、阿塞拜疆语、格鲁吉亚语和马其顿语。

2

4. 校歌

北外创立的初衷是为人民和为祖国的外交事业服务，因此校歌也是根正苗红：

人民需要我们到哪里，我们就到哪里；

我们有马列主义武器，毛泽东思想指导；

我们勇敢地走向岗位，永远为人民服务；

人民需要我们到哪里，我们就到哪里——

5. 图书馆

北外图书馆是北外校园内的标志性建筑之一。图书馆共六层，大门外侧的多语种装饰墙由55种语言组成。大厅中央的"书山"造型步行梯贯通上下，凸显"书山有路勤为径"的文化内涵。

除了中英藏书，北外图书馆还有种类丰富的非通用语种藏书。馆内有2000余席阅览座位、18间研读室，并设学术报告厅、学术研讨厅、培训教室等。

一楼大堂左侧是一个小型

“书山有路勤为径。”

5

展厅，不定期举行书画摄影等展览。图书馆一楼右侧是酷浪咖啡馆，颇有小资情调。图书馆高端大气，各类资源应有尽有，就是在复习周考试周时一座难求。

6. “金顶”阿语楼

阿语楼，全称为扎耶德阿拉伯语与伊斯兰研究中心，其“金顶”是北外一道亮丽的风景线。阿语楼由阿联酋出资建设，楼内设有多个高质量高科技的语言教学教室、可供研究生实习用的国际会议红外线同声传译系统和举办各种活动的国会厅。

6

7. 小碧池

小碧池，图书馆前的小池塘，是北外学子早读、学习及休憩胜地。夏天荷花满池；冬天没有水，小碧池就成了“小碧也”。

8. 遍栽友谊树

北外的绿化也是相当国际化。学校里有各种友谊树，一部分集中分布在东校区西南角的中欧友谊花园内，其余则分散在校园各处。

9. 体育馆

北外的体育馆设施齐全，一楼有健身房，地下一层则是游泳池。北外的游泳池水质极佳，据说是北京高校当中数一数二的，在周末经常是人满为患。

10. 庭院深深

北外主楼南北两侧有两处花园：南侧的晨读园和北侧的暮思园。晨读园里有晨读姐姐，暮思园里有暮思哥哥，一白一黑，相映成趣。

10

10

11. 宿舍

宿舍方面，北外东院一共有八栋学生宿舍楼外加一栋留学生宿舍楼，西院主要是留学生和教职工宿舍。

东院1号楼原为北京多语言服务中心，于2008年奥运会之前成立，一直运作至2014年。由于从2014级开始，北外西院新综合楼投入使用，1号楼被腾出来回归宿舍楼的功用。东院2号楼是中日韩学生混合住宿以及男女生混合住宿。东院2、3、4、6号楼每间宿舍是3~4人一间，12平方米左右，空间比较狭小，不过还是很温馨的。东院5号和7号楼也是3~4人一间，22平方米左右，比前几栋楼稍宽敞；东院8号“公主楼”是北外住宿人数最多的一栋楼，女生专享，4~5人一间，32平方米左右，有独立卫生间，非常宽敞。

宿舍配置都是上床下桌，没有独立浴室。每栋寝室内每层都有公共浴室，一般最大容量3人，8号楼则有一层专门是浴室区。学校红楼内也设有公共浴室。除了高峰期可能要排队之外，公共澡堂也没什么特别不好的，冬天非常暖，而且平常还不用自己打扫卫生。据说学生在大二之后可以申请和留学生同住，这是一个非常好的交朋友的机会呀。

12. 食堂

校内食堂有东院食堂、西院食堂、清真食堂和教工餐厅。学生们一般在东院食堂就餐。学生食堂有地上三层和地下一层，一层和二层提供基本伙食，价格比较实惠。三层和地下一层是各地风味美食，地一有麻辣香锅、四川风味、广式扒饭、广受好评的蛋包饭、西北风味的各种面和铁板饭等，还有非常好喝的江西瓦罐汤（感觉像是缩小版的广式老火靓汤）！三楼有麻辣烫、肠粉、干炒牛河、小笼包、石锅饭、冒菜、烤鱼、黄焖鸡米饭等等，种类很丰富。

13. 书声琅琅

由于北外比较小，图书馆座位也相对紧张，学生食堂在非用餐期间会开放给学生自习。食堂里经常书声琅琅，各种语种的朗读声不绝于耳。随便找一张桌子坐下，前后左右的朗读声来自同一语种的可能性微乎其微。每次在食堂早读，周围的人都读得自信而响亮，自己自然而然就被带动了，不敢偷懒。

有些院系有强制早读的规定。作为学语言的人，早读应该是一种必须要坚持的良好传统。

14. “后街”美食

如果吃腻了食堂，北外学子还有“后街”——泛指北外东院东门旁的吃货天堂民族大学西路以及魏公街。北外小东门出门左转有日料、麻辣烫、火锅、烤串、韩国石锅拌饭等等；出门右转有左一煎饼、炒酸奶、炒板栗、烤鱼、重庆小面、牛肉面、牛肉汤、没名儿生煎、年糕火锅、紫菜包饭、巴依老爷新疆菜、童心厨房湘菜、眉州东坡川菜、金孔雀傣味等等；北外小南门附近的小巷有加藤屋日料、金家汤饭等等；再走远一点还有披萨店和其他各种餐厅。

讲真，不愁没东西吃！

15. 全国最大的外语出版机构

“北京外国语大学，北京外语音像出版社……”这段前奏对用过人教版英语课本的同学来说一定不陌生，它出自外语教学与研究出版社（以下简称“外研社”）。外研社由北京外国语大学于1979年创办，是全国最大的外语出版机构，出版物包括大家耳熟能详的《许国璋英语》《新概念英语》和《新视野大学英语》等。我们的英语书和录音磁带也多出自这里。外研社的大楼就位于北外西校区综合楼（北外国际大厦）旁边。

16. “BFSU”的另一个解释

因为女生偏多，北外别称魏公村女子职业技术学院，与隔壁的北京理工大学形成鲜明对比。因此，北外也被戏称为“Boyfriend Forever Seeking University（BFSU）”。玩笑归玩笑，有情人终能成眷属。

17. “BFSU”的又一个解释

北外又被戏称为北京永建大学（Beijing Forever Structing University），因为校园里一年四季总是可以看到东一块西一块围起来的施工区。虽然施工会带来暂时的不便，但是变漂亮的校园总是让人倍感欣慰。

18. 无线网络

关于上网，北外校Wi-Fi（无线网络）全覆盖，用自己的学号和密码就可以连接上网。网络资费是每人30元/30天，不限流量，有线、无线均可使用。除了在人多的教学楼和一些冷清寂寥的角落，Wi-Fi信号都相当不错。

19. 勤工俭学

北外有三大学生创业项目：拾光书店、当绿咖啡馆、UI（University Identity）有爱校园文化创意实体店。它们全部由学生自主运营，在店内工作相当于是校内勤工俭学，有勤工俭学补助（“工资”）。

20. 公派留学

语言专业（尤其是非通用语专业）的学生，在本科阶段基本上有到对象国公派留学几个月到

15

十几个月的机会。公派留学由国家留学基金委员会提供奖学金。大语种专业人数较多，公派留学名额相对较少，需要按成绩择优派出；小语种专业人数较少，一个班通常只有十几人到二十几人，所以基本上全班都有公派出国留学的机会，且基本上是到当地最好的大学学习。

因为国家急需希腊语人才，2015年招生的希腊语专业有特殊政策。这一届的学生将会在希腊留学三年，再回国读一年，完成学业。

对多数非通用语学生来说，在四年内掌握一门新的语言实属不易。在国外留学，把自己放在一个纯外语的环境里，可以很好地提高语言应用能力，还能够亲身体验当地的风俗习惯和风土人情，对语言学习大有裨益。我所在的2015级捷克语专业有23名同学，我们2016年将前往捷克进行为期10个月的学习。在满是世界文化遗产的捷克学习生活，想想都是一件令人兴奋的事儿。

21. 发展前景

语言专业的发展前景与国家政策和本国与对象国的外交关系冷热密切相关。2015年，捷克总统泽曼来华参加大阅兵，成为唯一出席纪念活动的欧盟国家现任首脑；2016年3月28日至30日，习近平主席对捷克进行了国事访问，这是两国建交67年来中国国家主席首次访捷。近年来，中捷关系持续升温，两国经济文化交流日益密切。作为学习捷克语的学生，仿佛看到了光明前途在向我们招手。

“有五星红旗飘扬的地方，就有北外人的身影。”

22. 外事活动常客

北外学生有很多参加外事活动的机会，是大使馆的常客，有很多机会和各国总统、议长、驻华大使等见面握手交流。“有五星红旗飘扬的地方，就有北外人的身影。”

北外毕业的校友中，先后出任驻外大使的就有400多人，出任参赞的1000多人，北外也因此赢得了“共和国外交官摇篮”的美誉。新华社国际部三分之二的主任记者及驻外首席记者、从中国大陆赴联合国的绝大多数高级译员均是北外培养的高级外语人才。

在外事领域，北外的知名校友有：原中华人民共和国外交部部长李肇星、联合国副秘书长吴洪波、中国人民外交学会会长梅兆荣，以及外交部高级翻译孙宁等等。

在学界，北外的知名校友有：2000年诺贝尔文学奖得主高行健、《新概念英语》作者何其莘、中国翻译协会会长刘习良和《许国璋英语》作者许国璋，以及我们耳熟能详的《哈利·波特》系列的翻译者马爱农和马爱新，等等。

23. 校友遍各行

当然，北外毕业生也有既不当外交官也没做翻译员的。这其中包括：亚洲基础设施投资银行首任行长金立群、凤凰卫视著名主持人杨澜和许戈辉，以及著名主持人何炅。

2015年6月11日，何炅带领《栀子花开》剧组回到北外开分享会。在北外东院千人礼堂，同学们为他唱起了多国语言版的《栀子花开》。在惊喜面前，何老师不禁哽咽。在分享会的最后，他带来了给母校的礼物——何炅奖学金，八十万元整。他叮嘱同学们在北外要好好学习，不要忘记自己北外人的身份。

何老师的这一句话，可以拿来与各位共勉：“也许你现在还不知道自己的未来在哪里，但是请记住，在北外的这几年，一定会给你很大的帮助。”

24. 招生政策

一直以来，北外招收许多来自外国语高中的优秀学生，不过没有自主招生，但今年，北外将启动综合评价招生，考生综合评价成绩中高考分数只占70%，另30%为北外组织的能力测试成绩。

25. 与外籍留学生结语伴

北外的外籍留学生很多，他们大部分在中文学院学习，还有一些在国际商学院学习。留学生们在北外生活游刃有余，在食堂也能轻松应对。很多外国学生已经学了好几年中文，说话特别接地气，有些还能熟练地使用成语。

许多北外的中国学生都有留学生语伴，还有留学生会在校园里派发寻找语伴的传单。语伴们会帮助对方学习自己的母语，并加深对对方国家文化的理解。有空的时候，大家会相约一起去逛逛老北京，去看看世界。

26. 活动纷呈

北外一年到头大大小小活动很多，主要有新生风采大赛、十大、T风暴、街舞大赛、英文歌曲大赛、北外剧社的年终大戏等等。

27. 有爱的外教

语言类专业基本上都是小班教学（最多二十几个人），有中教和外教。外教都是从对象国来的老师。我们的外教上课喜欢补充很多词汇，并和我们强调：“You must learn, learn and learn!”某一段时间，大家都在背metla（搅蛋器）、vařečka（木勺）、poklice（锅盖）、poklička（小锅盖）、odšavňovač（榨汁机）这些看起来奇奇怪怪的单词。外教不太会讲中文，上课时捷克语和英语混着讲，有时候讲讲德语和俄语。经常想半天外教刚才又说了什么，怎么听不懂？结果发现是用捷克语发音规则读的英语。有捷克节日的时候，外教会邀请我们去她的公寓，举行小型聚会，告诉我们这个节日的传统，同时也会邀请她认识的捷克人过来和我们一起交流。当然，最重要的是，每到过节，总会有特别多好吃的！

我们的中方老师都是这个领域的专家，并且也是我们的学长学姐。我们用的很多教材和资料都是老师们自己编写或者是和前辈老师一起编写的。

28. 双学位政策

北外允许转专业，修双学位（目前开设经济、外交、法学三类辅修学位及国贸、金融、会计、外交、法学五类双学位，供语言专业的同学选择）。不过，国商、国关（外交系和法学系）本科专业拿到的是英语及自己专业的正式双学位证明，均为教育部制作，是国内外均认可的本科学位。而北外开设的双学位课程证书不是教育部发放的学位证书，是北外自己出具的学习

别觊觎未选择的路。要相信，自己脚下的那一条，一定是最好的。

通过证明，认可度需学生自己斟酌。但是多学点东西总归是没坏处的，对吧？

29. 来“报”我呀

除英、法、德、日、法学、外交学、国际经贸等专业每年招生外，部分非通用语专业隔一年或隔数年招生。例如捷克语是两年一招，挪威语则是四年一招。

30. 美丽的“误会”与“偶然”

朋友们经常问我：“你怎么想到考北外的？”

“因为很想去北京，但是凭我的分数上不了‘清北’，加上对语言的兴趣大于对经济、政治学习的兴趣，所以就铁着心报了北外。”

“那你怎么会想到学捷克语？”

“坦白说，捷克语并不是我的第一志愿。但是学了一段时间之后觉得自己学得还行，而且捷克是一个很有意思的国家，就慢慢喜欢上了这门语言。”

“所以是偶然吗？”

“对，机缘巧合。”

“那你以后是不是就可以当外交官啦？”

“那要很努力才行呀。”

“那你们是不是只能做翻译什么的？”

“我们可以修其他专业，不一定要用本专业就业。北外的学生有突出的语言优势，如果再加上某个领域的专业知识，还是很有竞争力的。”

我的老师的老师曾说，这是“命运的误会”。我的老师说，这是“偶然成为必然”。

我说，别觊觎未选择的路。要相信，自己脚下的那一条，一定是最好的。

北京外国语大学，不只培养共和国的外交官。

在这里，你拥有无限可能。

Čekám na tebe tady.

我在这里等你。

（本文所有图片由作者提供。）

欢迎加入“互联网+”时代狂潮

——北京邮电大学的30个真相

李镜璇

2

1. 基本概况

“北京邮电大学是一所以信息科技为特色、工学门类为主体、工管文理协调发展的多科性大学，是我国信息科技人才的重要培养基地。”（源自北邮官网）通俗的说法就是“信息黄埔，程序猿摇篮，工科狗培养基地”。

北京邮电大学（以下简称“北邮”）成立于1955年，现有西土城路校区（校本部）、沙河校区、宏福校区和延庆世纪学院校区。

5

2. 宏福校区

宏福校区位于昌平，地处偏远、与世隔绝，是闭关修行、安心求学的绝佳场所。以往，大部分学院的大一新生都要在宏福校区“修炼”一年，到大二才得以“进城”回到本部。

根据学校的发展规划需求，以后部分本科生可能还会陆续入驻沙河校区。

3. 校训

北邮校本部位于海淀。从西门向内看，路面上有一些黑色地砖形成的点和线，这是用摩斯电码标注的我邮校训，翻译出来就是“厚德 博学 敬业 乐群”。结合我邮特色，建筑暗藏玄机，同学们想不想来亲眼一探究竟呢?

4. 学院设置

北邮有16个教学单位：信息与通信工程学院、电子工程学院、计算机学院、自动化学院、软件学院、数字媒体与设计艺术学院、理学院、经济管理学院、人文学院、公共管理学院、国际学院、网络教育学院、继续教育学院、民族教育学院、马克思主义学院、体育部；有3个研究院：网络技术、信息光子学与光通信、感知技术与产业；还设有研究生院。

5. 校徽

北邮校徽从1994年10月份开始使用，由我国著名设计家、高级工艺师李印清设计。图案以鸿雁象征“邮”，以右下方半圆形天线象征“电”，醒目易懂（其实并不）。那不是正在便便的大雁，真的。

6

6. 校本部面积

很自豪地说，北邮（校本部）校区的大小可以说是北京市高校占地面积的衡量标准！

为什么这么说呢?

北邮校本部占地约693亩，站在南门一眼看得到北门，从东门到西门步行不超过十分钟。清华占地面积为8个半北邮，北大占地面积约为7个北邮，北航占地面积约为2个北邮。看，全市高校占地面积单位统一，是不是清晰明了呢?

不过学校面积的大小并不是衡量一所大学的好坏标准。学校的好坏要从师资力量、学生素质、科研成果等多方面进行考虑。况且北邮的沙河新校区现已建成并投入使用，想要报考的同学们大可不必因学校的大小而有所顾虑。

7. 专业设置

北邮学科专业涵盖理学、工学、文学、法学、经济学、管理学、军事学、教育学、哲学、艺术学等10个学科门类。但是法学专业的特色课程也包括了通信法，经管学院的同学也要学编程语言，就连语言专业的小伙伴也逃脱不了学网页设计的命运。

邮电特色气息已深深沁入到了文、理、工、艺中的任何一类学科之中。

8. 新科研楼

北邮最恢宏气派又神秘的一栋建筑是新科研楼。新科研楼多为导师办公室和实验室，只有“学术水平达到一定级别”的人才能入驻。由于它地处偏僻的东北角，学术气息浓厚，气氛庄严凝重，因此一些只顾课业、不问科研的本科学生只能心怀崇敬地仰望之，一般并不会有机会踏入这里。

9. “四大名补”

曾经我以为高考结束就是解放，直到我遇到了“高数”；曾经我以为修完“高数”，大学再无艰难险阻，直到我遇到了“信号与系统”。

北邮“四大名补”：模拟电路、信号与系统、通信原理、离散时间信号处理（DSP）。一考不过，补考再挂，虐遍北邮学子。

10. 主楼传说

主楼是北邮最具有代表性，也是最具传奇色彩的一栋建筑。据说当有个别人仕途坎坷、学业受挫、情场失意、心情郁结的时候，都会攀上主楼最高峰，把酒问明月，低头泪满襟，纵身跃天井，了却千万愁。

当然，每个学校都免不了多多少少有些神秘的传说。关于主楼的故事未必真实。生命最宝贵，同学们可切勿效仿啊！

11. 住宿条件

北邮的住宿条件，不是单一个“好”或“不好”就可以形容的。上则“学四、五、六”，上床下桌，独立卫生间，宽敞明亮；下则“将军冢”“公主坟”，进一步撞桌子，退一步坐床上，一夜回到解放前。

一切看运气。

12. 楼管阿姨

宿舍的楼管倒是极为负责的。楼管阿姨独特的面部识别算法，能在一周之内识遍全楼学生容貌，即使在人流出入宿舍的高峰期，也能一眼辨别出楼外人员。绝对保证学生宿舍安全！

13. 校园网络

宿舍有暖气、无空调，夏季不断电，冬天23:30或00:00断电熄灯，不同宿舍楼熄灯时间不同。早8点上课。全校Wi-Fi覆盖。曾经的北邮校园网络是免费的，但自2015年计流量收费起，我们过上了用着Wi-Fi也舍不得看在线视频的拮据的日子。不过北邮校内资源使用Ipv6流量不计费。

14. 澡堂

北邮校本部宿舍内没有独

立浴室。无论你是粗犷豪迈的北方大汉，还是温婉娇羞的南方小妹，都必须油头垢面、踢着拖鞋、挎着澡筐、风尘仆仆奔赴澡堂，与小伙伴们坦诚相见、共同沐浴。

15. 北邮体育馆

除了澡堂，北邮体育馆也是洗白白的好去处。健身房偶遇肌肉猛男，游泳馆邂逅窈窕淑女，激情运动过后也可在体育馆内更衣沐浴，锻炼洗漱两不误。

16. 食堂

北邮吃饭的去处包括：学生一食堂、学生二食堂、清真餐厅、风味餐厅、学宜餐厅、食尚餐厅，以及教工餐厅、楼上楼餐厅和各种外卖小窗口。不过外卖APP的出现让学校周围方圆数十里的餐厅都变成了同学们的备选食堂。

17. 北邮科技大厦

北邮科技大厦是餐饮住宿、宴请宾客之所。这里的广式早茶样式齐全、味道正宗、物美价廉，绝对不输广东本土。看一眼魂牵梦萦，尝一口热泪盈眶，吃一顿乐不思蜀，让客游他乡的广东朋友随时能品尝到家的味道。

18. 教三柿子树

最美的不是春天百花争艳的风景，不是夏天热情如火的阳光，不是冬天银装素裹的校园，而是秋天你守在教三楼下，流着口水觊觎着柿子树的眼神。

每到金秋时节，教三门前简直是柿子的天堂，树上的柿子饱满圆润、金光闪闪、摇摇欲坠，有熟透的柿子等不及工作人员的采摘，迫不及待地挣脱树枝的束缚，纵身一跃，跳到地上，摔成一滩柿子酱，散发出诱人的果香。

19. 自习室

对于工科院校的学生来说，为了保证恋爱学习两不误，自习室成了他们的恋爱圣地。

我能想到最浪漫的事，就是在周末清晨到自习室占座，与你手拉手依偎在角落，时而看书，时而看你。

哦，对了，不要问我为什么周末还得去上自习，也不要问我为什么周末自习也要抢座位……我不想说……

20. 社团组织

当然，大学生活不是只有枯燥的课程与自习。北邮的课余生活可少不了团委学生会、社团联合会、北邮艺术团，还有轮滑社、天文社、戏剧社、吉他社、动漫社、瑜伽社、跆拳道社、乒乓球社等各种各样的社团组织。

21. “科学会堂”

在北邮，没有上过“科学会堂”的舞台可真是憾事一件了。学校各艺术组织、各个学院都会在此开展大大小小的晚会活动。从活动策划、赞助筹备，到舞台设计、音响道具，再到节目编排、上台参演，晚会活动的乐趣在于让毫无活动经验的你也能筹划一场舞台盛宴；让毫无表演天赋的你也能过一把演员瘾！

22. 科学竞赛与科研活动

科学竞赛与科研活动也是大学生活必不可少的乐趣。电子商务竞赛、数学建模竞赛、动漫设计大赛、计算机设计竞赛、大学生程序设计竞赛、电子设计竞赛、机器人大赛、智能汽车大赛、软件创新大赛、机械创新设计大赛、大学生创新论坛……既可结交大神，又可锻炼能力，最主要的是还能得到竞赛获奖加分，北邮学子必然要争相参与啊！

23. 北邮朋友圈

科学研究有北邮，人文关怀靠北师。北邮跟北师的关系可是紧密不可分离的。作为仅一路相隔的好邻居，北京师范大学

22

不要问我为什么周末还得去上自习。

不仅为北邮无偿提供自习室等硬件条件，并以3：7的男女比例中和缓解了北邮超出女生人数两倍的男生人数压力，还通过电影节、电影宣传仪式、文艺演出等多种活动解决了北邮学子的人文需求。

24. 资源共享

提到信息科技，就不得不提北邮的校内资源。我们有内容丰富的北邮人论坛，校务、交友、工作、学习一应俱全；还有北邮IPTV，在线看电视流量不计费；更有功能强大的BYRBT（资源共享平台），只有想不到，没有搜不到！

25. 就业率

作为信息黄埔，北邮的就业形势一片大好。据官方统计，北邮2015年毕业生就业率99.63%，其中本科生就业率99.34%，研究生就业率99.96%。

北邮毕业生就业单位主要有中国移动、中国联通、中国电信、华为、阿里巴巴、百度、腾讯、京东、中国银行、国家电网等单位。（数据来自北邮就业指导中心《北京邮电大学2015年毕业生就业质量年度报告》）

曾经有这么一个说法：在北京随便走进一家互联网公司，都能看到几个穿着北邮人论坛服的人。

26. 知名校友

北邮不乏知名校友：原微软总裁唐骏、原中国电信总裁兼COO冷荣泉、36氪创始人刘成城、拓词创始人薛淡等等。其中有一人不得不提——我们备受争议的前任校长、“防火墙之父”方滨兴。尽管方校长因“筑墙”一事在网络上备受诟病，但他绝对是一名敬职敬业、技术过硬、平易近人、体贴学生的好校长。对于学生的邮件每封必回，对于学生的需求也有求必应，方校长在任期间十分受学生尊敬。

27. 刻苦学习

在北邮校道上，随时可以看到抱着电路板的妹子、讨论信道利用率的汉子、讲编程语言语法的大神。永远满员的图书馆、要“闻鸡起床”才能占到座位的自习室、凌晨仍在闪烁的电脑屏幕、深夜灯火通明的实验室……在北邮，实在没有理由不奋斗。

28. “小学期”

“小学期”是个神烦又神虐的存在。它一般潜伏在暑假的开头或结尾，像个傲娇又善妒的小情人一样，百般阻碍你和暑假的幽会。金工实习、电子工艺实习、管理信息系统课程设计、电子电路实习、机械设计课程设计……想要完成种种实践课程，天时、地利、人和一样不能少。三分天注定，七分师生情，剩下的90分……随缘吧。

29. 保研和考研

除去就业和出国的同学，北

29 考研自习室

邮本科毕业生若想继续攻读硕士学位，有保研和考研两种途径。

保研大致分为行政保研、支教保研和直接保研三种。前两者对成绩的要求相对稍低，但需要参加学生工作表现突出，或需要支教一年的同学才能获得资格。三年总评成绩位居前者才有机会得到直保名额，每个院的保研覆盖率不一样，大约10%吧。

对于想考研的学生，学校还分配有考研自习室。

30. 欢迎来“报”

最后，北京邮电大学是“211工程”建设的全国重点大学，是“985优势学科创新平台”项目重点建设高校，但不是“985工程”高校！（然而非“985”对北邮诸多大神来说并没有什么影响……）欢迎同学们踊跃报考！

（本文图片2、29由陈光启拍摄；图片5来自北邮官网；图片6由郭翔拍摄；图片16、30由北邮新闻中心范围老师拍摄；图片22由作者拍摄。）

在北邮，实在没有理由不奋斗。

30 沙河校区正门

五道口的国际范儿

——北京语言大学的30个真相

鄢然

1. 几易其名

北京语言大学（以下简称“北语”），英文名Beijing Language and Culture University（BLCU），是中国教育部直属高等学校，由周恩来总理在1962年创立。当时定名为“北京语言学院”，再后来更名为“北京语言文化大学”，2002年校名简化为“北京语言大学”。这一改把“文化”两字去掉了，于是北语学子经常自嘲北语是“北京语言没有文化大学”。

2. 院系设置

北语目前的院系设置包括汉语国际教育学部、外国语学部、人文社会科学学部、商学院、信息科学学院、艺术学院、体育教学部、培训学院、网络教育学院、语言科学院、对外汉语研究中心。

北语在对外汉语教学研究方面地位极高。对外汉语研究中心负责编辑出版汉语核心期刊《世界汉语教学》杂志，它是中国对外汉语教学领域的权威学术期刊，已发行世界各地，在国际汉语教学界具有广泛的学术影响力。此外，汉语水平考试（HSK）也由北京语言大学汉语水平考试中心设计研制。

用语言传德，且以此促进文化交流，促进世界和平。

3. 校训

北语的校训是“德行言语敦睦天下”，意在用语言传德，且以此促进文化交流，促进世界和平。由季羡林先生提笔写下。

4. 外语专业

北语已开设的语言专业包括西班牙语、葡萄牙语、意大利语、德语、法语、俄语、阿拉伯语、日语及朝鲜语。

除此之外，北语还开设了复语专业，如日英复语专业、英西复语专业、英土复语专业。复语专业对高考的英语总成绩以及听说成绩有一定的要求哟！

5. 北语的知名度

北京语言大学作为一本院校，在国内的知名度却很低，经常被人误认为是三本民办院校。有一个同学跟亲戚说：“我在北京的语言大学读书。”那亲戚非追着问：“北京的哪个语言大学啊？那语言大学叫啥名啊？”由此可知，北语在外省的知名度真是比较低的。于是乎，每年过年回去走亲戚时跟亲戚们介绍自己的学校以及回答他们关于“北语是不是一本”的系列问题就成了北语学子们习以为常的事情了。

然而就算在北京，情况也没有好太多。在北京用打车软件叫私家车跟司机大哥说去北语的时候，司机大哥要么一脸天真无邪地问我：“你这学校在哪？”要不就是二话不说直接往魏公村的北外开。偶尔遇到一个能准确地把车开到五道口的司机足以令我流下激动的泪水。不过不认识

12

北语这样的情况暂时还没在北京的士上遇到过，说明北京的的士司机们还是比较靠谱的。

6. 麻雀虽小

北语校园面积不算很大。从宿舍到最远的教学楼大概就十几二十分钟的路程，逛一圈的话大概二十分钟就够了。

学校虽然小，但我觉得特别好。自从来了北语读书，饿的时候随时能填饱肚子，因为几分钟就能走到饭堂吃饭！路痴再也不用担心迷路了毕竟本来也没有几条路！见到男神的概率也大了许多，因为学校就那么点大！

7. 五脏俱全

别看北语校园不大，但里面的东西还是很齐全的。北语有健身房，有标准游泳池。除此之外，还有篮球场、网球场、足球场、排球场，甚至还有木球场。

8. 抢占资源？

插播一件有趣的事，很多外校的男生喜欢来北语的篮球场打球，来北语的健身房健身，来北语的游泳馆游泳。不知为何。难道是因为北语女生太多了？

9. 地理位置优越

北语位于北京海淀区宇宙中心五道口，地理位置简直是集天地之精华。出校门走几步就到地铁站，对面就有大型购物中心，出门右转有电影院，过一条马路有各种好吃的以及酒吧，再走远一点就是三联书店以及新华书店——超级便利！

对了，北语所在的路叫学院路，与中国地质大学、中国矿业大学、清华大学、中国农业大学、北京林业大学等国内知名大学是邻居哟。

10. “学院路共同体”

刚刚提到了学院路的高校们，那就继续说说学院路。

学院路的高校们都挺相亲相爱的，组成了一个联盟叫“学院路共同体”。

就读于“学院路共同体”高校的学生可以任意选择“学院路共同体”中其他学校的特色选修课，比如北京林业大学的插花，中国地质大学的攀岩以及宝石鉴定、对外经贸的商务英语，北京航空航天大学的物理，等等。作为北语的学子当然也能享受这等福利，不仅可以收获有意思的课外知识，而且可以顺便和外校同学交流交流感情然后搞不好选修课结束之后这终身大事也就成了。多好啊！

11. 男女比例

北语的男女比例有点失衡。男生女生比例大概1：7左右，当然这是全校的数据。在外国语学部这个比例会更夸张些，大概一个班二十多个人就一两个男生吧……

12. “外国留学生高等预备学校”

北语的前身是“外国留学生高等预备学校”，也就是专门培养来中国的留学生的学校，后来虽然名字改了，但是留学生依然很多。现在的北语有“小联合国”之称，2013年的留学生数据显示，北语的留学生是全中国高校中最多的。

北语的留学生来自五大洲四大洋，来到北语之后时刻感受到自己置身于一种很有趣的氛围中，比如在北语能随时欣赏到世界五大洲的最新时尚潮流，走在北语的主干道上能听到来来往往的不同肤色的留学生讲着各自国家的语言。最有意思的莫过于在饭堂听到两个来自不同国家的留学生用中文商量着中午要吃什么的事情，真的很可爱呀！

13

13. 国际汉语赛事

由于北语的留学生比较多，很多比较大型的国际性汉语赛事都在北语举行或进行录制。

14. 语言学习氛围浓厚

由于北语留学生特别多这一校情，北语有一种独特的语伴文化。不论学的是什么语言，都能在北语找到合适的语伴。所以平时在饭堂或者校园的其他角落，经常能看到一中一外两个同学在埋头共同讨论题目或者用两种语言聊天。对于学语言的同学来说，北语真的能提供很好的语言学习氛围。

15. 万国墙

说到留学生们，就不得不提北语的标志性建筑物万国墙啦。

万国墙位于北语的来园，上面刻着目前在北语学习的留学生的国家。

16. 饭堂

对了对了，北语的饭堂，也是出了名的好。

北语的饭堂有一整栋楼，紧挨着北语的南门，叫作清晏楼。饭堂一楼二楼是普通的菜，二楼有超级好吃同时超级难抢的咖喱饭以及新奥尔良鸡腿饭；三楼是全国各地的特色料理以及全世界的各种特色料理，包括麻辣香锅、干锅、一锅鲜、广式煲仔饭、瓦罐汤、台湾卤肉饭、黄焖鸡米饭、各类意面、寿司、各式烧烤饭等等。四楼有专门的日本料理、韩国料理、东南亚料理。五楼还有很大的宴会厅。

17 哈尼咖啡厅

此外，还有全北京出名的穆斯林餐厅。选择多，味道好，价格也算行，吃货的天堂啊。

17. 校内的聚会点

除了上述饭堂里的餐厅，北语的校园里还散布着许多可以吃吃喝喝的地方。

啤酒花园里藏着的西餐厅Lavita，各类小吃都不错，披萨好吃不贵。这家餐厅经常成为各部门的开会地点以及外国友人的聚会地点。每到夏天就能看到外国同学们三三两两地坐在Lavita门口悠闲自在地在聊天。

哈尼咖啡厅。装修高级的咖啡厅，约见语伴以及偶遇帅哥的最佳场所。

鲜果会。酸奶一级棒，每季还有不同的当季水果甜筒雪糕，真的很新鲜好吃！

除此之外，好像还有挺多的，总结起来就是，在北语走几步就能遇到可以吃吃喝喝的地方，来了北语之后不愁肚子饿，就愁长太胖。

18. “小黑超”

北语有一间很不错的超市，由于它又小定价又黑，所以大家亲切地称呼其为“小黑超”。小黑超虽然又小又黑，但是东西真的蛮全的。尤其是里面的零食，那叫一个物种丰富，品种之多堪比校外的进口零食超市。

19. 活动纷呈

北语的活动还挺多的，而且还挺有意思的。每年5月有世界文化节，类似世博会，是了解各国风俗文化的好机会。2015年12月举办的圣诞舞会，人气之火爆前所未见。还有美食游园会，以及日韩学园祭、中外旗袍大赛、红白歌会、校园十佳歌手大赛等一系列很开眼界的活动。都很好玩！

20. 宿舍

北语的住宿条件在北京算是不错的。

中国本科生的话是男生一栋楼，女生两栋楼。大概是每间宿舍4~5人，上床下桌，有空调，独立厕所，没有独立浴室。洗澡要去宿舍外的澡堂，步行大概5~10分钟。每层楼有一个有电视的活动室，平时经常看到同学们在里面唱歌、跳舞、练瑜伽，太极考试前这里也沦为太极专门训练场所。

对了，每到周五晚上《爸爸去哪儿》《我是歌手》开播之时，

活动室的电视都会特别抢手。

21. 出国交换

在北语，出国交换留学的机会特别多。语言系的学生出国学习的机会相对其他系可能更多一些，出国的项目有一年的有两年的，看个人选择。

22. 梧桐大道

北语有一条很特别的路，叫梧桐大道。大道的两边都种着法国梧桐，这在北京不多见，这条大道一年四季都有不同的美，到了夏天是绿油油的一片，秋天又是金灿灿的一片，冬天就是光秃秃的了。

但是不管树叶的颜色怎么变，唯一不变的就是，这条大道上的鸟儿很喜欢拉屎，一年四季从不间断，在路上走的同学们一不小心就会中招，因此这条美丽的梧桐大道也有了另一个可爱的别称——“鸟屎大道”。

23. 万国旗飘扬

啊还有，每当有重要的事情要发生的时候（比如开学之时），“鸟屎大道”的两边都会插上万国旗，非常的壮观！换句话说，万国旗就是北语活动的风向标，只要看到万国旗插上了，就知道有大事要发生了！

24. 人畜和谐

在北语，人与生物高度和谐统一。

北语的喜鹊们都完全不怕人，看到人来了也叫得倍儿欢。

学校里还有一些可爱的小猫和小狗，反正我经常在去洗澡的路上看到各种可爱的小猫小狗在路边喵喵、汪汪地叫，可爱到我都不想去洗澡了，就想蹲在那里和它们玩。

25. 无价之宝

2015年北语迎接了一位特别尊贵的客人——沙特阿拉伯的一位亲王。亲王来北语是为了接受北语授予他“荣誉教授”的称号的，而他还给北语带来了特别贵重且有意义的礼物：一块克尔白帐幔。它部分是由纯金打造的，造价高昂。不过这块布其实不能用金钱衡量它的价值，毕竟有那么深刻的含义蕴藏在里面，总之是一件无价之宝！

26. 校友

北语的著名校友也很多，很多校友已经成为学界、政界、商界的知名人士。如现任外交部新闻司副司长兼外交部发言人洪磊、现任联合国副秘书长、联合国日内瓦办事处总干事卡塞姆·托卡耶夫、埃塞俄比亚总统穆拉图·特肖梅·沃图、哈萨克斯坦政府总理卡里姆·马西莫夫、俄罗斯外交部副部长伊戈尔·莫尔古洛夫、德国汉学家顾彬以及美国物理学家、诺贝尔奖获得者埃里克·康奈尔等知名人士都曾在北语学习过。

27. 颜值最高的学生会副主席

北语还有颜值最高的学生会副主席，他就是前北语学生会副主席大卫！

大卫是外国小伙，不仅颜值高，而且中文超级棒。大卫曾参加过“世界青年说”节目，也参加过中央电视台2014年“汉语桥·全球外国人汉语大会”比赛并获得全国总冠军，还参加了中央电视台近期举办的古诗词大赛。据说他还在修日语与哲学，可谓全方位全能男神。

28. 自习室

关于自习，北京语言大学的教五常年作为自习室开放，除此之外图书馆，主楼的地下一层、宿舍也都设有自习室。宿舍每层楼都有一间自习室，里面大概有二十多个位置。到了期末考的时候，这些自习室都是一座难求呀。

29. 吉祥物

北语还有一只很可爱的吉祥物——一条鱼！

它的名字叫作宝贝鱼，谐音“报北语”。同学们收到的录取通知书就是装在印着“宝贝鱼”的文件袋里寄过来的。

30. 四季如画

最后附上北语的一年四季来结束这篇真相吧！

（本文图片5来自网络；图片12、17、22及30-春由作者拍摄；图片14、30-夏/秋/冬由姜婉清拍摄。）

30

“五道口体育学校”招生指南

——清华大学的36个真相

龙圆正

1

1. 园子

清华大学校园坐落于北京西北角海淀区，四环五环之间。南边是中关村，西面是北大和圆明园，东边是铁路（这个待会儿会讲到）。清朝道光年间，熙春园分为清华园和近春园，分别赐予了五皇子和四皇子（然而现在都是清华的啦！）。所以这里的师生常常亲切地称学校这片土地为“园子”，也称“小五爷园”（此处推荐同名公众号一个）。

2. 大校园

清华建校于1911年，2016年是105周年校庆。一百余年间，除了抗日战争期间（1937—1946年）南迁，园子一直在原址上不断扩大，大部分教学工作都在园子里面展开。所以，清华园就……很大（反正有两三个北大那么大）。2016年全国“两会”上，清华美术学院曾成钢老师提案说，希望由清华来管理圆明园。有趣的是，圆明园历史上曾一度属于清华——1934年4月2日，北平市政府发给清华大学251号公函，正式通知将圆明园移交给清华大学。

4

3. 铁路东移800米

当然，光这么说你可能还是不知道清华有多大。这么说吧，想当年（1954—1960年）为了扩建校园，我们将途经清华的铁路往东推了800米，嗯，没错！把铁路往东推了800米！这条铁路还是大名鼎鼎的詹天佑先生修建的大名鼎鼎的京张铁路的一部分。现在清华的东边紧贴着地铁13号线和铁路。

4. 自行车文化

园子到底多大呢？

南北距离2公里，东西宽度2公里（比起3公里的必考项目不算啥）。学生宿舍区在最北面，许多系馆、教学楼在中南面。为了起晚了不迟到，园子里面比人还多的东西就是——自行车！

就是因为校园太大了，园子里的自行车真的超级多（很大程度上是因为我们经常找不到自行车就买多一辆……），多到宿舍和第六教学楼要专门架空一层放自行车，然而还是放不下，所以很多可怜的自行车都被风吹雨打，沙尘暴袭击。左下图中的自行车连续可“倒”。

5. 校园塞车指南

自行车很多，所以在我们的主干道——学堂路（也就是以前铁路所在的地方）上，会经常塞车，尤其是在两大节课之间的转场时间以及冲饭堂的时间。在这里开车是最慢的，真正快的丧心病狂的是送外卖的小哥，然后电动车和自行车齐头并进一起塞着。

6. 迷路

如果你认为有自行车就可以腾云驾雾，就绝对不会迷路，那么你还是太天真！

笔者来了三个月，骑着自行车都经常迷路，许多地方去都没去过，听都没听过……师兄安慰我说，没事，再过两年——你就

12 新清华堂

习惯了迷路。

根据清华新闻网2010年4月25日的报道，校园10条道路为了迎接2011年的百年校庆才有了名字，可以想象命名之前如果想不迷路，又是更难了。

7. 游客

园子在周末和假期经常会有游客参观，有时游客们会找我们学生模样的人问路，甚至会截住正在骑车的我们。可是当他说出一个个地名，我们却一脸茫然，不是我们对游客不友好……而是真的不知道这些地方在哪，还是那句话——园子太大了。

8. 附近的娱乐设施

很多人也许知道清华在五道口附近、圆明园附近、中关村附近……然而对于住在学校最北面的我们来说，真的就是“附近”。

举个例子吧，骑车去五道口差不多要20分钟（这可是一个汉子的飙车速度），毕竟10分钟能够骑到校门都算是赛车手了。所以，那些在园子里出来坐地铁找你玩的都是真爱。

“出来看个电影吧！”

“出来逛街！”

对于这种邀约，我通常无法答应。

9

9. 窝

那么园子这么大，配置一定也不差，宿舍老楼有37栋，紫荆公寓有23栋（最近有部分楼正在施工，所以数量不一定准确）。本科生主要住在紫荆公寓。所谓公寓嘛，有个特色就是有一个神奇的结构叫作中厅，一个10平方米左右的空间，连接两个四人房间。这里可以泡面、做作业、泡粥、开会、吃外卖、赶作业、吃水果、看电影、掰手腕、卡拉OK等等。宿舍的配置也是很好的，有阳台，有空调，上床下桌，桌子超级大！

10. 觅食

民以食为天，园子的饭堂多到不知道哪里去了……记得以前上语文课讲到移步换景，而在园子里面就像是移步换饭堂。而且饭堂都是一对一对的，名字非常好听：比如紫荆和桃李，芝兰和玉树，听涛和观畴，清芬和丁香（这两个可能不是一对……）

暂时没有发现哪个地图或者文件或者人能够数清楚园子里有多少饭堂的，因为实在是太多了（十几个）。有这么一句话总结清华的食堂，“南荷紫玉听清澜，北李春兰寓万丁”。然而很多都只是听说，不知道庐山真面目。

而且很多都长得不像饭堂，比如新开的一个饭堂，笔者一直认为是一个图书馆……

11. 饮食文化

如果只追求吃，那不免太消沉了，还要追求好吃。我们要出去五道口、中关村吃好吃的实在是太难了，饭堂的菜也是努力求做好。除了传统的中式饭堂，还有火锅店、自助餐、类似于真功夫的快餐、咖啡厅、披萨店、烤串店、西式快餐店……再说笔者就要饿了。

“大学者，非有大楼之谓也，有大师之谓也。”

12. 精神生活

如果只追求好吃，未免有点令人遗憾。所以我们也非常追求精神生活。

首先是电影，新清华学堂和大礼堂都经常会有好多好多电影，而且都好新好新的，而且好便宜好便宜。那天《疯狂动物城》上映，人们热情似火，新清华学堂立刻加映了一出；新清华学堂还有很多歌剧、音乐会等，

17 二校门背面

在圣诞节、新年都有非常精彩的、高质量的演出。

13. 开票盛况

因为演出质量高又便宜，还有附近好的电影院实在太远，因此每周六开票的时候，售票的人龙都很长很长……笔者有一回去买圣诞音乐会，此时离开售还有半个小时，目测已经有70人排队。有的时候经常会有旅游大巴到这里附近放下旅客，旅客们看见这么多人排队估计也是很懵。

14. 讲座

当然，作为一个学校，我们丰富的精神生活也体现在无数的讲座上。各个学科的讲座，各种名人讲座，还有“文化素质讲座”要求的刷卡赚学分讲座（仅次于开票的排队），社团讲座，课程讲座，数不胜数。

15. 制高点

入学时，视频介绍“W楼”是清华最高的建筑之一，是一座呈“W”形状的博士生宿舍，楼高15层，比留学生宿舍、本科生宿舍、教学楼、系馆都要高。所谓“大学者，非有大楼之谓也，有大师之谓也”。然而现在清华的高楼也是很多的，六教（9层），主楼、蒙民伟科技大楼、罗姆楼、留学生宿舍都超过了10层。

16. 历史上的清华

说说历史，话说清华在20世纪30年代之前是留美预备学校，利用庚子赔款的返款资助学生前往美国学习。也就是说相当于“高中+预科”，顺利毕业（8年制学习）的就可以直接去美国的大学读大二或大三。在通过留美预备学校去美国留学的人中，有不少后来成为大师级别的人物，比如梅贻琦、竺可桢、赵元任、梁思成、梁实秋、闻一多等。

反观现在，也是有相当一部分的毕业生选择去美国留学，历史真是非常有趣。

17. 二校门及其他古老建筑

写着“清华园”的校门，是在建校之后很长一段时间的校门，然而由于学校不断扩大，现在它的周围都变成了校内，所以它被称为“二校门”，主要作为一个标志而存在。现在的二校门是二十世纪八九十年代重建的，原校门在“文革”期间被毁坏。

清华校内的主要地标还有清华学堂（最早期建筑），以及大礼堂（曾经的共产党青年聚会场所）、科学馆（现在是包括杨振宁在内等大师的高等研究院）、图书馆（曹禺创作《雷雨》的图书馆）和西体育馆（毛爷爷当年游泳的地方）这四个早期四大建筑。

18. 院系调整

在新中国初期（1952年）有一次大规模的院系调整，一大批综合性大学伤筋动骨，只剩工科等院系。这些大学包括浙江大学、交通大学、中山大学、清华大学等。其中清华只剩工科专业，农学专业调出组建北京农业大学，文理法学院主要调到北京大学等高校，航空学院调出组建北京航天学院。而现在的文、理、法、医、工商、航空等学院都是“文革”后才逐渐复办的。

19. 健康工作五十年

清华超级重视体育，超级

19

超级重视体育，超级超级超级重视体育！这是由马约翰先生等人开创的清华传统，我们的口号是“为祖国健康工作五十年”，所以真是超级重视体育。开学军训就是一个20公里拉练的下马威；开学后一次体育课下来，五六圈都只是开始的热身和最后的整理而已。

考试上，男生必考3000米（14′40″及格，13′满分），引体向上（21个满分），女生必考1500米。每年，以马约翰先生命名的“马杯”是长达一年的体育赛事，里面包括数十种运动。校庆（4月底）左右，还会举办参加人数四位数的马拉松（10千米或半程马拉松）比赛。

其实有时候仔细想想，在各行各业，哪些人可以工作五十年不退休呢？（笔者陷入了沉思）

20. 阳光长跑

难道你以为每次体育课跑完就完了吗？想太多！因为清华超级重视体育，所以每天早上、上午、中午、下午、傍晚、晚上甚至半夜都能看见有人在操场跑步，本科生（大一、大二）也被要求每学期刷卡跑步，大约每周两次，每次男生3000米、女生2000米。校道旁就有萌萌的刷卡机，有摄像头，所以想代跑作弊，这是不可能的！当然，鉴于北京的雾霾天不适运动，在空气污染指数超过200的时候是会减次数的。

21. 体育场馆

还是因为清华重视体育，所以体育场馆多：有两个标准足球场、一个足球训练场、一个美式足球场、西体育馆、游泳馆、综合体育馆……运动场地面积加起来有7个未名湖大。

22. “黑”隔壁

没错，清华北大清华北大（为什么不是北大清华呢，因为“清华北大”正好是一二三四声，就是这么机智！）我们都热爱“黑”隔壁，渴望终有一天“解放”隔壁，在课堂和日常交流中也是没有一点点防备就“黑”起来了，还常常晚上骑车去北大，名曰“夜袭北大”。但是这些总归都是平日的笑谈，要是别人敢黑北大，我们可是不干的。

在笔者看来，清华北大作为中国top2，确实很难说学术水平谁高谁低。当然了，我们的校园还是大点，饭堂还是多点，男女生比例还是高点……

23. 大神云集的地方

作为一所“QS世界大学排名”（2015—2016年度）排名25（隔壁41）的学校，我们来说一下学习……

知乎上有句话我觉得很恰当：“祖传老中医，专治吹牛逼”。这里各路大神云集，想要不懂装懂是没有机会的，因为各行各业大牛大神都有。

为了集中大神让大家膜拜，学校的最高荣誉便是清华大学特等奖学金，简称“特奖”。这里的大神，或有马冬昕、马冬晗双胞胎姐妹，或有15科满分的韩衍隽大神，或有本科5篇高水平论文的憨家豪大神（新科特奖得主）。总之，在所有你认为自己厉害的方面，总能找到比你更厉害的大神；而且每一个人，都能有比你厉害的方面；更神奇的是，总有人各个方面都比你厉害，比如特奖大神。

24. 心理建设

曾有这么一条朋友圈：“走出清华我才发现我是一个普通人……我一直以为我是个弱智。”非常精辟地描述包括笔者在内一部分清华学子的感受，由于长期处于被大神碾压的状态，经常会怀疑自己的能力和水平。

20

犯错，然后掉头回来，再犯错，再掉头，最终找到一条康庄大道。

所以说，进入清华除了有成绩和奖状这种硬实力，还要有强大的心理能力。

25. 优秀校友

除了正在园子里学习的各路大神，我们引以为傲的还有无数优秀的校友，比如说习大大。那次“九三阅兵”台上总有一种清华校友会的感觉。

26. 学分绩改革

学校为了促进大家全面发展，注重综合素质，从2015级开始推行学分绩改革，用等级制代替百分制，成绩单和绩点也是按照等级制计算。2015级还可以在自己任选的课程里面选择一门记通过而不记成绩，为同学们选择那些有难度的课程消除了后顾之忧。此外，还有许多改革措施，都是希望大家不要盲目追求GPA，而要注重全面的学科素养。

27. 机会

清华最不缺的就是机会。入学的时候一位学长说过这么一句话：“清华的机会多到有时候会自己找上门来。”光从专业来看，就有三个辅修、十余个双修的选择。课程更是数不胜数。还有每年两度社团招新的百团大战，还有无数社工、实践的机会。

28. 男女生节

我们有神奇的男生节（11月12日），女生节（3月7日），这两天班里都会呈现出一种男女和谐相处的美好气氛，对对方的好感也是一年中最高的。男女生节的时候，班级里面都会组织一些活动，比如做蛋糕、聚餐、郊游等等。

路边的树上都挂满了各种神奇的标语，笔者经历的第一个男生节标语便是“孩子他爹哪家强，xxx班超蓝翔”。

而在女生节，班里同学会一起去做饼干、做蛋糕，非常温馨。

29. 男女比例

说起女生节，过女生节的必要条件是班级里面有女生。但是在清华已经比较和谐的男女比（2:1）的大环境下，居然还是有的班没有女生，心疼他们。

当然了，工科的汉子是多点的，以前“五道口男子技术学院”的称呼已经变成“五道口体育学院”了……

男生较多的专业以理工科为主，而人文、社科、经管、美术等专业则女生多些。

30. 图书馆

园子里的图书馆也是非常的美，主要有逸夫馆、老馆（之前介绍过的四大建筑之一）、最新开放的北馆、高大上的人文社科图书馆（可以预约座位不用占座、座位即有插座网线，配置可以参考新广州图书馆）以及许多院系自己的图书馆，各路学霸学神在此云集，是园子里很有灵气的地方。

每到考试周，老馆总会排上长长的队伍。

31. 教学楼

园子里除了图书馆，教学楼也是各种美丽。教学楼年代差别很大，风格有很大差异。其中一教二教就在二校门后面，颇有朴素简洁的建筑风格。最新的第六教学楼，建于21世纪初期，分为ABC三区（一开始老是迷路），最高9层，是主要的教学场所。而在夏天、秋天，爬山虎也非常喜欢在教学楼外壁休息，除了六教（太高了爬不上去）。

32. 清华四季

春天的处处花丛，青嫩的柳叶。

夏天茂盛的树叶，茂密的树林。

秋天的醉人黄叶，伴着冬天的皑皑白雪，简直是人间美景。

33. 留学生

留学生很多，主要住在一列十一二层高的宿舍里面。经常路上见到美美的骑着电动车的韩国妹子或者帅帅的模特造型的韩国男生，当然还有德国、北欧、非洲等许多地方的留学生。

上个学期笔者上一门课的时候，还有两位朝鲜的留学生呢！

34. “互联网+”

现在“互联网+”的概念给园子里的生活带来了很多便利。除了平时靠网络学堂查看课程通告和交作业、看信息门户了解通知外，我们买水果、打印、甚至上课都在网上解决。笔者觉得最方便的就是可以在网上选座，不用一早跑去占座！不过，如果网上占座了不去的话，可是要记违规的！

35. 其他小知识

清华的校色是紫色和白色，清华的校训是“自强不息，厚德载物”（出自《周易》）。1914年梁启超先生在清华演讲，并用这两句话鼓励清华学子，这也成为了校训来历的一种说法。清华校花是紫荆花和丁香花，不是“奶茶”。清华的校风是“行胜于言”，拉丁文“Facta non verba”，以上两句被刻在一个日晷上，放置在大草坪南侧，也是标志物之一。

36. 平台

之前说过，在这一片充满灵气的园子里，最不缺的就是机会。

园子很大，平台更大。这里是一个大平台，有充足的财力资源、物力资源、人力资源。

这里也是一个大路口，给你充足的机会犯错。然后掉头回来，再犯错、再掉头、最终找到一条康庄大道。

这里也是一个大矿床，给你足够的深度不断挖掘，可以挖到特奖，亦可挖到更多不平凡的人生。

（本文图片皆由作者拍摄。）

32

传媒人的殿堂

——中国传媒大学的30个真相

简月宁、（校对）陈嘉苇

1. 学校前身

中国传媒大学（Communication University of China，以下简称“中传”），前身是创建于1954年的中央广播事业局技术人员训练班，后经国务院批准升格为北京广播学院，并于2004年更名为中国传媒大学。所以老北京和校友们亦称传媒大学为“广院”。

2. 位置

学校坐落在中国北京城东古运河畔，校园占地面积46.37万平方米。校园精致小巧，往返校园南北，步行只需15分钟，无须代步工具，高跟鞋、拖鞋、草鞋任君选择。南临传媒大学地铁站，出行极为方便。冬暖夏凉，暖气冷气应有尽有。

3. 综合性大学

由于传媒大学的播音与主持艺术和表演专业每年的艺考都是媒体关注的焦点，大家很容易误以为传媒大学学生都是往“台前”发展的。事实上，学校充分发挥传媒领域学科特色和综合优势，拥有以新闻传播学、艺术学、信息与通信工程为龙头，文学、工学、艺术学、管理学、经济学、法学、理学等多学科协调发展和相互交叉渗透的学科体系。

4. 校歌

“校园里大路两旁，有一排年轻的白杨，早晨你披着彩霞，傍晚你吻着夕阳……”不错，这正是传媒大学清新的校歌《年轻的白杨》。“为什么大路两旁只有一排白杨”这个问题可是困扰了许多代传媒学子啊。抛开这个多年的梗，校歌没有高大空的口号，只有白杨与春光，无疑是对美丽的校园和传媒学子的朝气最佳的描绘。

5. 校园景色

春夏秋冬，无论花团锦簇、绿树成荫、秋意深浓还是银装素裹，校园都能给人一种“秀外慧中”的独特气质。

6. 图书馆

图书馆还有一个名字，叫“大阅城”。新馆于2012年落成，采用全开放式管理方式，拥有现代化的服务功能。或许是因为丰富的藏书资源，或许是那让人难以抗拒的空调与无线网络，又或许是毗邻各大食堂的地理位

12

10

置，这儿总是同学们愿意待上一天的地方。

7. 中国传媒博物馆

中国传媒博物馆是国内首家传媒类专业博物馆，拥有传输、广播、电视、电影、印刷、广告、动漫、体验、传媒教育、口述历史等十个分馆。各个展馆均设有让观众动手参与的项目。更吸引人的是，博物馆每周都会放映两部电影，同学们足不出校便能观看到国内外优秀影片。

8. 中国广告博物馆

中国广告博物院的建筑本身如宫殿一般富丽堂皇，看似一个开“派对”的地方。还真没猜错，跨年晚会、广告学院的毕业晚会都是在这儿举行的。此馆由国家广告研究院、中国传媒大学等共同发起，筹建过程历时十年，在数字资源库建设、藏品体系建设、重点学术研究等方面已经取得一系列成果，填补了国内广告史学方面的多项空白。

9. 咖啡厅

散落在学校各处的咖啡厅自然是文艺的传媒学子们的最爱。闲来阅读、专业学习、课题讨论、朋友谈心……恬静典雅的咖啡厅都是不二选择。

10. 涂鸦墙

学校西门外的涂鸦墙可谓与时俱进。在这里你可以看到2016年最火角色的美丽脸庞。

11. 炫酷专业

中传藏龙卧虎，有许多“不为人知”的炫酷专业。由于各专业大都有自己的专业教室，所以即便是本校同学也很难有机会目睹其他专业的真容。为了曝光传说中各路大神不为人知的日常，我们随着摄影专业的同学来到了暗房。试验、曝光、显影、定影、冲洗、裁剪……摄影专业同学一丝不苟的操作和到位的解释，专业精神展露无遗。

12. “戏美”专业的作品展览

看左上图，猜猜这是哪儿的别致角落？ 戏剧影视美术设计专业（简称“戏美”）的学生所做模型真有以假乱真的境界。一砖一瓦都凝聚着无限心血，让人不禁被这充满生活气息的精致作品所感动。2015年冬季，该专业的作品更在“国家大剧院舞台美术教育系列展”之一的“旮旯——日常北京·写实模型展”中展出。“戏美”专业除场景设计方向外还有人物造型方向。服装造型和各类妆容都是人物造型方向同学的拿手好戏。

11

15

13. 表演专业

有了表演专业，在学校也能看现场《甄嬛传》。在此还要提到戏剧影视学院的一大特色——大三学生的联合实习。原创音乐剧《周末要毕业》就是文艺编导和表演专业紧密合作的结晶。

14. 播音主持专业

早上8点才匆匆离开寝室的人可是永远没机会听见播音主持专业每日早晨练声的。罗京、李瑞英、康辉、李梓萌等一个个知名的播音员，无一不是从严苛的训练中走过来的。有声语言的创作原理、语言学理论、文学史知识、形体训练……都是播音主持专业的必修课。所以播音不只是“诵读稿件”的代名词。

15. 音乐与录音艺术学院

音乐与录音艺术学院现设有音乐学、录音艺术两个专业，专业下还细分多个方向。正所谓“音工音导音乐学，扩录混编样样行。扩声举杆又编曲，我的音乐我做主”，高年级的专业课程还提供到国家大剧院、北京音乐厅、中山音乐堂的实践机会，同学们可亲身参与古典音乐录音的制作过程。广东星海音乐厅著名录音师杨震老师正是我校音响导演专业的毕业生。

16. 动画与数字艺术学院

动画是中传的王牌专业之一。动画与数字艺术学院在教学楼内外的设计上就非常与众不同，而且还有自己的陈列馆。他们有着强悍的绘画功底，动态捕捉、三维角色制作通通难不倒他们。人见人爱的卡通形象兔斯基就是“中传”动画专业的孩子。近年来，动画学院更是屡出动画界新星。2016年3月，2015届毕业作品《一指城》荣获法国罗阿讷国际动画节“评委会大奖”。

17. 数字媒体艺术专业

数字媒体艺术专业集数字技术应用与艺术创作为一体。“数媒艺”的同学们个个既是“艺术家”又是“技术帝”。摄影摄像、影片剪辑、影视声音艺术、数字特技、CG创作、节目包装、网络多媒体艺术设计……传说中的“复合型人才”说的就是他们。

18. 广告学院

广告学院内设有四个专业，广告学、公共关系学、网络与新媒体（新媒体网络经营方向）以及视觉传达。这四个专业的同学

每一个校园活动都是一次从台前到幕后的实践考验。

16

组成一家涵盖全媒体的广告公司还绰绰有余了。学院与著名广告集团有长期合作关系，学生有机会参与学院与集团的合作项目。总而言之，学院汇集了国内外众多优秀的广告业资源。从教室风格以及学院活动就能感受到广告学院有多么前沿。

19. 电视学院

电视学院的同学都会觉得自己的大学四年无比充实：新闻写作、摄影拍片、剪辑、电视节目策划、广播电视新闻理论，还有各类培养英语专业功底的课程……每个人都能找到属于自己的领域。广播电视学（国际新闻传播）作为学校独具特色的“高大上”专业之一，是中传为数不多要晨读的专业，也给予大家许多和国内外业界人士交流的机会。除了英语演讲、辩论，该专业还涵盖涉外报道技能：国际新闻采写、编译、播报，外国新闻节目研究……学校电视台和英语广播台为同学们制作英语节目提供了实践平台。

20. 新闻学院

新闻学院设新闻学、传播学、媒体市场调查和媒体创意四个专业，是新中国创办最早的新闻学专业教学点之一。依据教育部最新公布的全国学科评估结果，中传的新闻传播学排名第一，其中少不了新闻学院的功劳。院报《新传时报》更是在中国内地、香港、澳门、台湾高校传媒中举足轻重。作为新闻人的摇篮，新闻学院在中传的地位当然是毋庸置疑的。

21. 中传的工科

中传以文艺著称，但很多人可能不知道学校最初是以工科起家的。信息工程学院是中国传媒大学组建的第一个学院，也是目前规模最大的学院之一，拥有6个系级机构。就拿广播电视工程专业来说，这可是劳模聚集的宝地。电视台各种复杂的系统就是这些兢兢业业的电视工程师在搭建和维护的。

22. 学校电视台

这是传说中拥有十讯道高清转播车的CUCTV。中传电视台不止拥有众多出色的部门，每个学期还会从各部门招收优秀学生记者成立转播班。专业的指导，专业的团队，专业的实操，更有网络直播。学校电视台注重理论与实践相结合，是传媒人进入工作岗位前重要的实战平台。在这里，每个人收获的不只是专业技术，更是伴随终身的职业素养。

23. 必备技能

专业众多，虽然术业有专攻，但摄影、拍摄、剪辑似乎变成了人手必备的技能。专业的剧组在校内外随处可见。

24. 中传好声音

中传好声音数不胜数。环顾身边的伙伴，不是“风采之星”，就是“广春十强”，乐队、合唱团、阿卡贝拉（纯人声清唱合唱团）应有尽有。

25. 舞蹈社团

中传学子能歌，自然也善舞。中传舞蹈社团主要有Password、DE两个街舞社以及Amigos拉丁舞社。“舞动中传”是社团联合会主办的一个晚会，为中传的舞蹈社团提供集中展示社团文化的平台，是备受瞩目的“舞林”盛事。

24

26. 学子风采

中央电视台春节联欢晚会、国家大剧院歌舞剧及众多电视台节目都能看到中传学子的身影。受中央电视台邀请，中国传媒大学合唱团在2014年到2016年间连续三年登上中央电视台春节联欢晚会的舞台。

27. 毕业红毯

每个学部都有各自庆祝毕业的方式，理工学部、艺术学部等就有在毕业晚会设置走红毯环节的传统。牵着重要的人走完这段神圣的旅程，圆一个红毯梦——中传的许多毕业生都有着难忘而独特的毕业记忆。毕业红毯,每个人都是最美的风景。

28. 校园活动就是一次实践

从编导到主持，从舞美到灯光，从音响到特效，从晚会到网络直播……因为投入，所以专业；因为用心，所以精致；因为实践，所以成长……由于传媒大学众多专业的特殊性，每一个校园活动都是一次从台前到幕后的实践考验。

想顺利在学校混下去，能靠的只有专业和才华。

29. 拼才华

在这个人人光鲜亮丽的国度，“颜值高”“身材好”已完全算不上新奇或者优势。因此想顺利在学校混下去，能靠的只有专业和才华。

30. 结语

最后，感谢中传，感谢她自由开放和鼓励追梦的环境，感谢她让我结识各种各样有才华的勇敢的伙伴，让我的棱角不至于被打磨殆尽，有勇气成为自己想成为的人。

（本文图片15为剧组同学拍摄；图片16、27来自中传电视台；图片24来自中国传媒大学艺术教育中心，其余图片由作者拍摄。）

国民表率，社会栋梁的摇篮

——中国人民大学的30个真相

刘欣玥

5

主干的文科，精干的理科。

1. 中关村大街59号

中国人民大学（Renmin University of China，简称RUC），简称“人大”，位于名校云集的海淀区，坐享中关村大街的繁华风景，是全国首批六所重点大学之一。和北大、清华并列帝都的大学前三甲。人大为教育部直属，系“985工程”和“211工程”重点建设院校，堪称全国人文社科第一学府。根据《2016中国大学评价研究报告》，人大被列入全国六所“超一流大学”之一。

来，大家跟我一起唱校歌：从战火中走来……

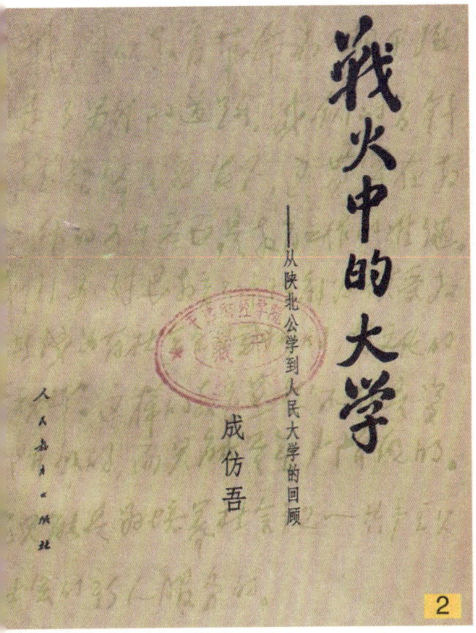

2

2. “从战火中走来”

中国人民大学有着根红苗正的革命血统与光荣历史。1937年，人大的前身陕北公学在抗日战争的烽火中诞生。其后又经历了两度改组，分别是1939年成立的华北联合大学和1948年成立的华北大学，从延安一路辗转到北平。中国人民大学于1950年正式组建落成，也成为了新中国创办的第一所新型正规大学。

3. “主干的文科，精干的理工科”

理工科并非人大的强项，因此人大的综合排名并不拔尖，但是常年稳坐国内人文社科第一把交椅。人大排名全国第一的学科包括经济学、法学、政治学、社会学、新闻传播学、统计学、工商管理、公共管理等等，在人文社会科学领域位居全国高校首位。虽然我们的口号是“主干的文科，精干的理科”，但坊间的误会到此为止吧，人大的环境学院和信息学院是有工科专业的。

4. 校门

人大究竟有几个校门呢？高端大气的西门，低调朴素的东门，开门时间捉摸不定的南门和地处静僻角落的北门，总有一款适合你。人大东门，对，你没有猜错，这就是那个办假证办到驰名全国的人大东门。从学生证、毕业证、四六级成绩单到医院请假条，江湖救急一应俱全，东门外的大街上总有抱着婴儿的各色妇女，与你擦肩而过时低声问道：“要办证吗？”

5. 校徽

人气（槽点）满满的人大校徽于2003年正式发布使用，由三个篆书的“人”字组成，分别象征“人民”“人本”“人文”，并且有同舟共济、“三人行必有我师”等美好寓意。在2004年11月，《中国青年报》举办的“公众最喜欢的大学校徽”，中国人民大学的校徽以34%的投票率名列第一。说了这么多我也是硬撑的。好啦，我知道你们在想什么，它后来就被玩坏了……

6. 人大红

从建筑到宣传图册，人大向来青睐红色。值得一提的是，新校徽采用的是取自于宫墙的深红

颜色，雍容大气，颇具中国的人文意韵，名曰“人大红”，从此成为人大唯一官方指定代表色。不是每一种红色都叫“人大红”！

7. 苏州校区

国际范儿兼中国风的人大苏州校区，由苏研院和中法学院组成。苏州校区的建筑，在人大庄严大气的传统中融入了浓郁的园林气息，亭台楼阁，荷塘映月。唯一不方便的是校区内没有公共食堂和宿舍，因此缺少了生活区的校园总是空空荡荡，图书馆永远不需要占座，任凭你打坐发呆，享用漫长的南方日色。

8. 老校区

除此之外，人大还有一个历史已逾百年的老校区，位于东城区平安大街张自忠路3号，这里也是段祺瑞执政府旧址，1949年曾用作人大校舍。毕业的时候，很多小伙伴会相约去那里拍民国学生风毕业照或旗袍照。

9. 明德楼

十几年前，人大还不是今天这般高端大气的模样，江湖上有“初入人大，从东门进是失望，从西门进是绝望”之说。近十年的时间见证了人大的崛起，从西门进来就能望见的明德广场是人大最气派的建筑群，每年的毕业大合照都会在明德广场拍摄。这组砖红色的建筑由人大最王（土）牌（豪）的社会科学院系组成，包括商学院、法学院、经济学院、新闻学院、国际关系学院等等。只有明德法学楼前面有大台阶，象征“法律高于一切”，临近毕业的凉爽夏夜，那里曾是我们弹着吉他唱着歌，喝着啤酒数星星的好去处。

10. 如论讲堂

顺着明德广场往里走，就是举办各种国际会议、比赛、晚会、颁奖典礼等大型活动的如论讲堂。每年的一二·九合唱比赛、五四文化节、“你的舞台”校园歌手大赛以及种种丰富的学生演出都在这里“你方唱罢我登台”。能够站上讲堂的大舞台，哪怕只有一次，也是人大求学生涯中毕生难忘的经历。

11. 求是石

“实事求是”是人大的校训（当然，除此之外我们还有好多好多和校训等量齐观的精神，如“立学为民，治学报国”“国民表率，社会栋梁”等等）。刻有校训的求是石位于人大东门，是大家集体出行最喜欢约会集合地点，犹记第一次见到求是石的时候，不禁脱口而出：“哇！好大一块吮指原味鸡！”

12. 图书馆

图书馆是一座校园的灵魂。坐落于校园东北角的人大新图书馆于2011年夏天启用，在现代化风格和比例尺上继续发扬“大师，大楼，大气”的宗旨，光是内有扶手电梯一点就足够倾倒众生。2013年起，人大开始使用取号与对号入座的电子系统，还有机智的小伙伴整理出选座攻略！

13. 第二教学楼草坪（俗称“教二”草坪）

人大的“教二”草坪，地处校园中心地带，四面依次环绕着人文楼、公共第二教学楼、求是楼和藏书馆，是不少“RUCer”们心中最美好的回忆，“教二”草坪也是拍毕业照人气最高的地点。积雪天打雪仗，夏夜开“西瓜会”纳凉的好去处，阳光灿烂的时候总有人躺在上面看书晒太阳，冬天我们也曾在这里放过孔明灯。

14. 毕业服

人大毕业服的配色一向不走寻常路，本科学士服使用的红色通常是其他学校的博士专用色（足见人大对红色的热爱）。在黑袍的基础上，本硕博的绶带依次是红色、蓝色和黄色。

15. 一勺池

相较于北大的未名湖，清华的荷塘月色，校园面积不大的人大只有一方小小的人工池塘，却也玲珑可爱，池中的石头背面撰联“吞吐三江水，怡然一勺池”。一勺池一年四季都值得赏玩，最惊艳的就是秋天池边的一树金黄啦。

16. 宿舍楼

人大的宿舍区，西边有品园楼群，北边有知行和宜园楼群，东边还有东风楼群。品园的设备最新，知行楼拥有得天独厚的楼内浴室，尤其是冬天不必忍受出门跋涉前往澡堂的苦寒。至于最古老的东风楼群，因为始建于“文革”时期，很好地诠释了“东风破”的真谛。

17. 喝咖啡的地方

人大的咖啡馆之多，堪称我所见过的北京高校之最，迦南美地、水穿石、大书房、漫咖啡、泊星地、Circle……它们散布在校园各个角落，连图书馆地下，公共第一教学楼都不放过，法学院内部的教师休息室也有自己的咖啡馆，足以证明弥漫在人大各个角落的小资情调。除了讨论、约会、聚餐和自习，这些咖啡馆也是同学们刷夜赶论文的好去处。

18. 食堂的回忆

人大有很多、很多、很多的食堂和餐厅，南北风味各有所长，萝卜青菜各有所爱。作为一个已经离开了人大的校友，我深深怀念着西区的早餐，北区的酒酿蛋花糖水，东区的土豆粉，中区食堂的萝卜干香肠炒饭，清真餐厅的大盘鸡，集天的酸菜鱼米线，留学生第一食堂的石锅和留学生第二食堂的泡菜炒饭……以及每一个食堂的麻辣香锅。哎，这个话题三言两语驾驭不了，足够发另一篇帖子，想起都是吃货毕业生的泪。

人生若只如初见。

15

19. “1958”土豪餐厅

传说中的“1958”土豪餐厅有很多称呼，大多是“1958”“土豪”和“俄罗斯”的各种排列组合，在大众点评上的全称是“维兰西餐厅（人大‘1958’店）”，额，为什么有种更不清楚的感觉了……谈起这个人均消费过百的高级俄式西餐厅，必须追溯到人大与苏联往来甚密的一段历史。20世纪50年代，人大曾是苏联专家最多的高校，所以在今日的人大校园东区还能看到不少俄式建筑，“1958”餐厅就坐落于学校最老的教工食堂旧址，复古装潢颇有苏联味道，以俄式风味为主，兼有美式、意式西餐。针对不同层次的学生，餐厅还推出了特供的48元、58元平价套餐，亲民的价格让高冷的“1958”突然可爱了起来。

20. “三层食堂装电梯”

“三层食堂装电梯”其实是个老梗了，中区食堂曾斥资百万打造了一个全无观景需求可言的观光

“我想爱，想吃，还想在一瞬间变成天上半明半暗的云。”

电梯，至今没有想明白原因。

21. 周末书市

学生活动中心前面的周末书市，是周末淘书买文具的好去处，从公选课旧课本，托福雅思GRE备考书籍，到盗版心灵鸡汤，烫金边的《圣经》与《毛主席语录》齐飞，而种种书页泛黄的二手旧书，充满了年代感，最是令人爱不释手，流连忘返。

22. 纳兰家的墓

因为一句“人生若只如初见”，让很多人记住了清代大诗人纳兰容若。带小伙伴游览人大的时候，我们常常会领他们去校医院后面看“纳兰容若的墓”，青草丛中还留有一对当年陪葬的石羊石马。但这其实是一则误传，这片地原来是纳兰家的祖茔，埋葬的是纳兰容若的母亲、妻子、儿子和孙子，而纳兰本人的墓地并不在这里。值得一提的是，中关村一带原本就是清朝的乱葬岗，因此20世纪50年代才迁址到此的人大，处处格外讲究风水。记得刚入学的时候，大家都被师兄师姐们讲的风水灵异事件吓得一愣一愣的。

23. 人大附中

紧挨着闻名全国、培养了无数北京市状元的人大附中，人大学生表示压力很大。据来自人大附中的同学说他们上高中的时候，老师的谆谆教导是这样的：“不好好学习就去隔壁！”……从此，请叫我们中国人民中学附属大学。

24. 人大女神

来说说人见人爱的人大女神吧！人大男女比例4：6，走在人大校园里每天都在感叹美女如云，最著名的当属2013年毕业季走红网络的人大女神康逸琨，其优雅青春的形象已经成了人大招生的撒手锏。那组流传甚广的毕业照出自人大御用摄影师毛岩政之手，被人大官网选为主页头图后，网站访问量短时间急速上升，直接导致了次日人大主页瘫痪。此后，一度掀起了一批高校将招生网页头图换成校花女神的风潮。

25. 中国人民春假大学

因为晒幸福、拉仇恨的“春假”传统，我们也亲切地称呼人大为“中国人民春假大学”。每年4月底5月初的时候人大就会放春假，月末的假期加上周末和“五一”，轻松拿下从八天到半个月不等的假期，毫无压力。春暖花开，正是“RUCer”们错峰出游的好时节，北京机场和火车站每年都将迎来一批用脚步丈量土地的学子，他们有一个共同的名字叫“国民表率，社会栋梁”。左图为人大的校花玉兰，春天遍开校园，春假即使选择足不出户，也能赏花。

26. 涂鸦墙

人大有两面涂鸦墙。一面在校外的人民大学南路上，长730米，作品出自中央美术学院的老师、“798”艺术区的艺术家和海外留学生之手，颇有看头，曾经有一篇网上疯转的《北京最值得逛的50个地方》就提到这里。还有一面比较低调，位于校内的品园楼前，现在的涂鸦多是为了校园活动做宣传。常有游客把两面墙弄混了，站在品园楼前大呼上当，其实只是走错了地方啦！

27. 英语角

人大东门的求实广场每周五晚都会有英语角活动，是雷打不动的，活动汇集了来自各高校、各年龄层及校外的想要练习口语（或结交妹子）的人士，江湖相传是全国最大的英语角。据说局面常常是几个老外被围得水泄不通，足见大家练习口语的需求和热情之高。搭讪屡试不爽的“金三句”是“Hi，how are you（你好吗）？”“What's your name（你叫什么名字）？”“What's your phone/QQ/Wechat number（你的手机号/QQ号/微信号是什么）？”

28. 学长喊你回国创业

人大人才济济，桃李满天下。说起知名校友，目前最受大家瞩目的校友当属京东创始人兼CEO刘强东了，1996年毕业于人大社会学系。东哥赚着宅男的钱，迎娶了宅男女神“奶茶妹”，现在也没人再拿“人大是清华后花园”的老梗说事儿了。如今师兄回到母校开店，而“JD+智能奶茶馆”也在中关村开张迎客，霸道总裁的爱就是这么任性！

29. “梦之队”

近年来，人大成了奥运冠军特别是跳水冠军进修学习的聚集地。郭晶晶、吴敏霞、李娜、桑雪、彭勃、胡佳、王峰、王克楠等都在人大就读。考虑到这批学生的“双重”身份——既要受训比赛，又要读书学习，人大将运动员的学制定为六至七年，前两年接受基础教育，后四年或五年进行专业学习。

30. 王小波

著名作家王小波1978年考入中国人民大学贸易经济系商品学专业，也曾任教于人大会计系。虽然这位天才作家过早了离开了人世，但是他的文字始终不曾被遗忘，继续打动着一代又一代文学青年的心。不知不觉已经写到了最后一个词条，那就摘抄一段我最喜欢的句子，献给人大，献给我们的黄金时代。

那一天我二十一岁，在我一生的黄金时代。我有好多奢望。我想爱，想吃，还想在一瞬间变成天上半明半暗的云。后来我才知道，生活就是个缓慢受锤的过程，人一天天老下去，奢望也一天天消失，最后变得像挨了锤的牛一样。可是我过二十一岁生日时没有预见到这一点。我觉得自己会永远生猛下去，什么也锤不了我。（王小波《黄金时代》）

（本文图片皆来源于网络。）

30 王小波与李银河

五院之首，袖珍学园

——中国政法大学的30个真相

何浩菁

1. 看标题就知道学校“小巧玲珑”

中国政法大学，简称“法大”。开学第一天，师兄领我到校园中心的拓荒牛前，说：

“在这里，你可以看到学校的三个门。”

一万多人所在的昌平校区，占地面积是华南农业大学的十分之一不到。

“我在宿舍赖床，起床时老师开始点名，当点到我的时候，我人已经坐好了。”

连老师也说：“我们学校，三分钟可以绕校园三圈。”

2. 看得见蓝天的“绝佳”位置

学校地处北京六环之外，六环之外有蓝天，有温泉，有十三陵。

而这一切的代价就是——即使开通了地铁，“进城”也是一趟奢侈的旅途，少则一个半小时，多则三四个小时。

不过幸好，学校处在昌平区较为中心的地带，生活还算便利。再者，毕竟身在首都，还是拥有其他城市所没有的一些资源优势。

3. 关于校名

校内人简称“法大”，旧称“北京政法学院”（现在还能在公交站牌上找到蛛丝马迹）。人送江湖外号“军都山法律职业技术培训学校”。

4. 五院之首

法大是当年兴办法学教育时“五院四系”中的“五院”之首，是中国大陆法学最高学府（在一些排行榜上）。在国内法学界的认可度，一般与北京大学和中国人民大学位列前三。接下来就来说说我校凭何在法学院校中独占鳌头。

5. 师资

作为“五院”之首，法大的师资自然是“杠杠的”（东北方言，意指好得没得说）。五位终身教授的名字都是如雷贯耳：江平、陈光中、张晋藩、李德顺、应松年；给我们上课的老师，也大都资历丰富、学识渊博、风格各异。讲课生动有趣、又发人深省的老师绝对不在少数。学校的法学名师如云，是不可错过的宝贵资源！

在此附上法大校庆时五位教授所赋的藏头题词：

一心为私权昌盛，半世求法政清明。——江平

生民即为本，自立天地间。——李德顺

法治行政，公义施权。——应松年

大哉中华律法，伟哉善治国家。——张晋藩

人权进步日，民族复兴时。——陈光中

6. 教学资源之法渊阁

说到学习资源，自然不得不提我校的法渊阁——全亚洲最大的法学类图书馆。图书馆除拥有逾百万册藏书外，还配套了JSTOR、国图等丰富的电子资料库。另外，图书馆还有自习座位预约系统，以及被锁在玻璃柜里受人膜拜的年代久远的法典……

我原本并没有意识到法渊阁的藏书量很大，直到有一天，我站在了其他图书馆法学类书籍面前才深刻意识到。

过去有一阵子的每天中午，似乎都有志愿者在图书馆底层弹钢琴，为图书馆增添氛围，但后来这一做法因有争议不断而被终止了。正在学习钢琴的笔者每次经过那架寂寞的琴都不禁驻足。

7. 法大人

从“北京政法学院”时期始，我校就有一大批闻名的教师与毕业生了：精通多国语言的国际经济法泰斗芮沐、“法学界良心”江平、中国第一部宪法主要起草者钱端升、世界国际法研究院首位中国籍院士王铁崖、诗人海子等，都在或曾在我校任教；著名校友则有贺卫方、慕容雪村、薛刚凌、马怀德、沈德咏等。在各级司法机关和各大律师事务所，法大人更比比皆是。所以，要积累人脉，找实习，听到精彩的法律学术讲座……都是非常方便的。

8. 学习氛围

法大是个适合学习的地方。除了挂太多科不能毕业，“小挂”（70分以下）太多也不能毕业哟！而且，你以为拿到70分是易如反掌吗？法大的平均绩点可以说是偏低的，绝对不是混吃混喝就能安然度过大学四年。另外，学校也十分重视诚信考试，学校对作弊者采取立即开除学籍也是有可能的。

在这个校园里，我见到的大部分人都是认真学习的好孩子，从占座之争可见一斑（有很多课室假如不占座甚至没地方坐，因为蹭课的人太多）。这能反映老师受欢迎的程度。很多时候，学生下课时还会依传统给任课老师鼓掌以示感谢，也侧面证明我们的老师都非常受欢迎！

学校规章制度并没有要求老师上课必须点名，所以学生可以“用脚投票”（即讲得不好就走人），选择性听讲是被允许的。

9. 学术氛围

学术氛围和学习氛围只差一个字，虽然可能两者内涵有些重叠，但还是有很大不同。

法大的学术氛围还是比较自由的，老师们常常持有截然不同的观点，其中有很多相当尖锐前卫，并且表达直率和不忌讳。大多数课堂里，老师们也非常重视学生的独立思考，意图让学生有所启发。校内外高质量的学术比赛、讲座等（包括辩论、论文评比、职业能力评比等方面）非常多，国内外的交流项目也不少。当然，说的都是法学的学术氛围。

10. “风水诡异”

常开玩笑说：“我校除了澡堂，没有一栋楼是正的，全……都……是……斜……的！”楼的形状也是多种多样，以致我初来乍到时总是晕头转向，认不清路（虽然学校占地面积并不大）。

但是穿梭于曲折迂回的校园小道，就会形成学校很大的错觉。建筑的采光也都很不错。

讲究风水起来，学校后面真的好像远远地有座山……

11. “破”法大

我听过这么一个段子：

“怎么总来法大拍‘文革’戏呀？”

“废话，现在北京哪儿还找得到这么旧的楼！”

不过学弟学妹不用太担心，因为大部分建筑在笔者入学前已经翻新过了。另外，说一个与“破”无关的事儿，您知道吗，电影《左耳》等不少电视剧都是在法大取景的呢。

12. 婚姻法广场

既然有不少影视作品会来法大取景，那么法大自然是有值得一看之处。事实上，入学前听说法大又小又旧的笔者在第一次逛校园的时候还是有一点惊喜的，特别是婚姻法广场。

13. 后花园

夏天爬满绿藤的走廊很美。

14. 花儿与银杏

我们的校花玉兰花，暂时还没校草。

银杏和雪“CP（英语单词couple的缩写，指夫妇）感”很强，是让华南孩子惊艳的绝妙搭配。

15. 地标

位于校园中心，象征着“开拓创新”的拓荒牛是法大地标之一，我们时常约定见面的地点就是这里啦。

学校的另一个地标是号称“昌平之巅”的主楼，楼前有漂亮的法镜。

16. “拓荒猫”

集万千宠爱于一身的“拓荒猫”，爱好是在拓荒牛的背上

15

做伸展运动，蜷缩在教室旁听课程，躺在一切小清新的场景里晒太阳（被拍照）。但小猫之前曾受伤，手术后就很少见到它了，我希望它能继续幸福地生活。

17. 宿舍

终于还是说到了这里，此时笔者的心情是惨痛的。

因为我万万没想到，大学的宿舍竟然会是初高中的一半大（十几平方米）。

接下来，我正儿八经地介绍一下：

六人间（上下铺）、四人间（上床下桌）随机分配，四人间住宿费较贵。分梅、兰、竹、菊（在校外，只住男生）四园。

无独立卫浴；无阳台（晾衣服的位置挺紧缺的）；周日至周四晚上十一点，周五周六晚上十二点断电、断网（人称“宵禁”，此处的“网”指学校校园无线网）；楼内无热水，热水站每天定时开放。

好在学校在我们这一届的宿舍安装了空调！万岁！

18. 澡堂

南方人第一次见到澡堂应该都是拒绝的——尤其是我校这种连隔板都没有，洗澡卡位还靠得巨近的澡堂。

之前澡堂大修那几天，后勤部门采取了男女生隔天轮流使用一个澡堂的举措，我内心更是拒绝的！不过应该是不大会再出现这种情况了。

19. “军都”

“军都”是我校生活服务楼的简称。一栋二层小楼竟能装进

14

大学很常见的占座问题，在“法学最高学府”引起了一场关于公平与权利的大讨论。

小卖部、精品店、文具店、面包店、维修部、水果摊、服装店、奶茶铺、打印店、书店、咖啡厅……有的还不止一间，人类的智慧啊！

但是，“军都”里面的店铺，基本上能满足生活所需了。

20. 硬件资源

教学设施、活动设备方面好像没有特别大的问题，基本可以满足需要。

但因为少而引起的资源稀缺和抢夺战，可怕！

比如一座难求的教室和自习室，比如抢课，比如笔者万万没想到自己大学了还要“冲饭堂”……

21. 占座

但本学期初，教室占座竟引发了一场没有硝烟的战争，大学很常见的占座问题，在“法学最高学府”引起了一场关于公平与权利的大讨论。有的同学表示，早上9:45上课，6:15起床就已经只剩最后三排座位……值得一提的是，我校学生抢座一度抢到对面的中国石油大学去了。

后来，图书馆有了预约系统，这规范了图书馆内自习室座位安排的秩序，但其他教室依然需要占座……

22. 选（抢）课

选课，是一门大学问。

学校的选课限制不多，能自由选择名师的课是一种幸福（虽然名额有限，选到不容易）。选课系统个人认为有待改进，不算很差，但是……那脆弱的服务器啊，远远不能承受近万人的进进出出……最崩溃的是点确定的那一瞬间掉线。

23. 食堂

学校有6个食堂：有两层楼高的第一、第二食堂，靠近国际交流中心的第三食堂、教工食堂、南方风味外卖和“第五食堂”。食堂的味道和性价比都算不错，但中午下课的时候，我是真没想过大学还要冲饭堂啊！

然后，笔者属于吃饭口味比较专一的类型，所以北方菜的味道相对于老广来说可能还是重了点。学校食堂没有“粤菜”，但有低油少盐的菜品。菜式除炒菜外，还有麻辣烫、香锅、冒菜、铁板烧、砂锅、石锅拌饭……

“第五食堂”原来是在菊园楼下的“走鬼”（粤方言，指小贩）一条街，现在相关执法机关管制严了，摊子都搬到南门或其他地方继续流窜，好可惜啊！

24. 其他资源问题

法大没有通宵自习室，要通宵得去外面，夜晚无论在校内外都要注意安全。

关于运动设施，有一个400平方米带足球场的操场、还够用的十几个篮球场、网球场、羽毛

19

最平凡的岗位里孕育出斑斓的未来，在法大不仅仅是“可能”。

球场、乒乓球场，但是游泳池出过事故被拆除了。因此，热爱游泳的笔者只好去蹭对面中国石油大学的泳池。

25. 周边环境与气候

法大地处较偏僻的昌平区，但与其他在昌平的高校相比，学校处于昌平区较中心的地带，区内交通方便，地处两个地铁站中间，校园周边也不缺食肆、商场、超市、电影院等生活设施。

法大的“妖风”太可怕，把我们宿舍楼下的玻璃门都“吹炸”了，但北方的冬天大多都是雾霾与大风择其一吧。供暖还可以，比北京市的统一供暖要略微提早开始。一般来说，每年北京市的统一供暖时间是11月15日。

26. 校园文化

对于校园文化，笔者先抑后扬吧。

作为一个高中时常活跃于社团活动的我，进入大学时是有些失望的。

与综合性大学有所不同，法大法学类（以及经济、社科类）院系的社团活动办得热火朝天，而其他活动相比起来显得存在感比较低。社团的数量和种类还算可以，但非学术类活动的质量与氛围真的比不上我母校执信中学（如果略去执信中学状况百出的设备不说的话）。笔者大一上学期学校的每一场礼堂级别的晚会都没有落下，光说做得最好的一场，尖叫喝彩也只有前三排的亲友团。正如“奇葩说”选手花希（法大在读师兄）在那场晚会开始时所说的（大致）：“我希望今天晚上你们都忘记自己是法大人。因为在法大这几年我看过的所有晚会，观众们都像人大代表一样端正地坐在座位上鼓掌。”

虽然可能有点夸张，但给我的感觉也的的确确是这样。因此笔者最羡慕清华北大的学生，主要是因为他们文艺活动的质量高、氛围好啊！

27. 再说校园文化

当然，法大也不是除了法学外就一无所有的文化荒漠。

比如笔者目前所在的校学生会内事部（名字与功能极其不符），就办过很多场与法学无关的优秀讲座，邀请过李肇星、李开复、易中天、刘墉、周国平、陈丹青、俞敏洪、马薇薇等嘉宾。

再比如非常有名的“法大玩泥巴清唱团”，唱功、编曲与舞台表现俱佳，据说场场爆满，“high”到极点，在法大期间真希望能有机会听一场他们的演唱会。

再如天空印象美工社，是一个美女如云的会跳舞的美工社。前文提到最好的一场晚会就是她们的十周年纪念晚会。

也就是说，法大不缺在法学以外领域非常出彩的人，他们也都会获得自由发展的机会和旁人的敬佩，找到志同道合的小圈子一同追梦。但纵观，学生们在非学术活动上的活跃度较低。

28. 男女比例

法大的男女比例约为3:7，女生多且质量高。法学院校的很多女生又美又气质超群，引得不少附近学校的男生来法大跑步、上课，醉翁之意不在酒，啧啧。想“脱单”的妹子不要担心，帅哥也还是有的，你可以想象他们都是何以琛。

29. 与对门中国石油大学的缘分

中国石油大学的男女比例据说是7:3。请自行对照两校在这方面的差距。法大身为斯文禁欲傲娇的一方，不得已的时候还是得求助中国石油大学。借老师、借泳池、借停车位、借自习室、借澡堂、借馒头……完美覆盖学习生活的各个方面（从男女比例上看，可能也借过不少男朋友）。而附近的北京化工大学则做起了电灯泡。

30. 关于专业和实验班

法大非法学专业除了成思危金融菁英班（学习比较辛苦，但是优势在于法商结合）外，存在感都比较低，很多非法学专业学生都会选择辅修法学或者将法学作为第二专业（毕竟即使不修法学，上的课里也有不少法学内容）。

法学专业有各种名目繁多的实验班，笔者就读于涉外法律人才培养模式实验班，以此为例说一说。涉外班是目前学校最为重视的一个项目，学校从2013年开始开办第一届，学生可以通过自招（对英语有要求）或统招进来。每个学期的课程有一部分是置入的，置入的师资还不错，等于是减轻了抢课的压力。比起普通班，我们免去了《马克思基本原理概论》《毛泽东思想和中国特色社会主义理论体系概论》《中国近现代史纲要》等不少思想政治必修课，提前开始学习法学专业课（需要完成的专业课学分是普通法学的两倍）。另外，学校为我们安排了更多涉外法律方面的资源，比如外教、特殊安排的英语课、全英文教学的法律课程、境外交流项目、专用的图书室等等。

如上所述，实验班的学生，有自招、统招进来的（填志愿时就要报），也有入校之后选拔的。可以说这些实验班学校都比较重视，会有专门的课程安排，各有发展的侧重点，这些都可在学校网站上了解清楚。

后记

入学前，我在“知乎”上看到一个问题“在中国政法大学就读是怎样一种体验”，第一眼看见这个问题的讨论结果心里就“咯噔”一下。

客观来说，不少人来到这里，会为它的校园小而偏、为它不甚完备的行政管理、为它单一专业带来的狭隘等感到失望。法大比起很多综合性大学，在国内法学排行榜上名列前茅，但国际声誉却要下一个阶梯。学生们的综合性思维偏弱，视野较窄，对于我来说，一些同学好像人生的前十八年都是“两耳不闻窗外事”，过得天真又烂漫……

但是，这里的法学学术资源和环境着实是令人惊叹的。我原本对法学并不热衷，但老师讲课可以妙趣横生得让你不想漏掉一个字，或是惊叹于他满是故事的人生，或是在他脑回路清奇的点拨中醍醐灌顶。大一在昌平区法院实习大半年，实地接触司法工作学到的不是埋头苦读就可获得的。身边同学的勤奋或天分，时常令我自叹不如。如果拥有一个法律梦，即使你是保安、清洁工、书贩……也一样能在这里实现——最平凡的岗位里孕育出斑斓的未来，在法大不仅仅是“可能”。

作为一个新生，我觉得自己无法一一说清法大的优劣。能确定的一点大概是，如果立志要学法，这里不愧于五院之首的美名。

总之，欢迎你报考中国政法大学。

（本文除图片27来自中国政法大学学生会外，其余图片由作者拍摄。）

低调霸气的“北方工科之王”

——天津大学的27个真相

蔡梓丰

1. “北方工科之王”

前不久，人民网的微博罗列出中国最低调的8所实力大学，天津大学（以下简称“天大”）一不小心排在了三甲。其实当笔者上了天大之后才发现，天大在北方还是妥妥地有名气的，号称“北方工科之王”！但在南方，特别是广东等地，不时就会沦落到“三流”高校级别，真是有点欲哭无泪。基于南方生源数量如此惨状，笔者心中燃起一团热火，义不容辞地担当起“揭秘这所北洋帝国理工大学”的“天大”责任！

2. 历史溯源

学过历史的应该听说过“北洋大学”。没错，天大的前身就是中国第一所现代大学——北洋大学。始于1895年，在2015年迎来了120周年华诞。她诞生于甲午战败的民族危亡之际，开创了中国近代高等教育的先河，成长跨越了近3个世纪的历史长河。在当时可谓是全国实力最强的学府！

3. 性价比高

如今的天津大学以理工科见长，作为首批教育部直属211和985的院校，天大可谓是“性价比”极高的高校了，在广东分数线一般比重本高40分左右（在其他省可是要高80多分的啊），涵盖专业包括机械、精密仪器、化工、建筑、自动化等各种各样想得到的和想不到的理工学科。天大的化工专业全国第一，工程管理和笔者所在的测控技术与仪器专业全国前三，建筑学专业的分数线堪比清华和北大，还有一大批全国排名前十的专业，所以说综合实力相当强的。

4. 男女比例

作为一个纯正的工科院校，我校的男女比例达到了7:3，俗称“男女比例三比七，三对情侣两对基”。

但是笔者要在这里告诉你一个残酷的现实：在大学，你基本不会和校内99%的异性接触，所以男女比例根本无关紧要。对于男生来说，虽然女生基数少，但是质量都是相当高的。女生呢？福利那就更大了：在各种优质理工男的包围下，可享受如同公主般的待遇！

5. 月考

天大的校训是“实事求是”。除了治学严谨、一丝不苟之外，对学生来说，其具体还表现为富有特色的“月考”活动。以为摆脱了高考折磨的高中生啊，你们还是太单纯了！一来天大你就会发现有一只叫“高数”的“怪物”每个月都等着吃你。笔者所在的精密仪器与光电子工程学院，搞了个“QC质量提升

培养会拉小提琴的爱因斯坦。

计划”，从大一到大三，有各种月考、实验大作业、论文等着你，妈妈再也不用担心我的学习了！

6. 刻苦学习

因此，天大的学风非常严谨刻苦，身边各省学霸如云，每天早出晚归，自习室座位都要靠抢的，人满为患。笔者同学的宿舍晚上10点半就关灯了，你以为他们是老人作息？才不，是都还在自习没回来！在这种环境下，天大的学子都锻炼出了专心致志的科研精神和一丝不苟默默做事的处事风格。

7. 宿舍条件

我们的宿舍楼叫“鹏翔公寓”，六人间，上床下桌，没有独立卫浴，洗澡要去大澡堂，随时提防捡肥皂！

8. “技术宅”

笔者的同学参加了各种科研竞赛，或者在自己的创新实验里做着高大上的项目，或者在宿舍里焊电路板、动手做各种新奇的小玩意儿。学校实验室资源非常丰富，身边各种学术科研大牛可以带你飞！“技术宅”同学们的3D打印机，4轴6轴飞行器，机器人、赛车随处可见……

9. 文体活动

也不要担心只能被学霸虐，“学渣”也有春天的——因为丰富的文体活动能让你找到自我！

10. 北洋艺术团和北洋大讲堂

学校北洋艺术团秉承着“培养会拉小提琴的爱因斯坦”的宗旨，每个学期举行大大小小的艺术活动，例如合唱、交响乐、军乐、民乐、舞蹈、相声、话剧等等，每个周末都有不同的演出奉上给天大学子，培养大家的艺术情操。还有定期举行的“北洋大讲堂”，会请来国内外知名的学者、作家、娱乐界明星来演讲，让你零距离接触你的偶像。

11. 北洋合唱团

笔者现在所在的北洋合唱团，是中国最顶尖的合唱团之一，乐团由著名的高校合唱委员会主席大师任宝平教授及优秀的青年指挥作曲家钢琴家带领，乐团成员大部分由非音乐专业的本科生、研究生还有博士生组成，获得过国内外大大小小顶级合唱赛事的金牌。

13

12. 合唱团福利

在合唱团福利非常多，不仅能学习声乐合唱知识，还能欣赏博闻大量古今中外的合唱作品。据不完全统计，合唱团已经唱过包含普通话、客家话等各地方言，以及英语、德语、西班牙语、希伯来语、拉丁语、马来语等各种外语的音乐作品，曾试过5天集训唱完了厚厚一本20多首作品的歌本，还能够到全国各地甚至世界各地举办音乐会和参加比赛。笔者进团才两年多就已经去过好多好多地方“出差”了，2016年暑假还将作为唯一的中国代表团去匈牙利参加世界合唱节的活动。

13. 校园环境——海棠芬芳

天大的校园环境绝对可以成为天津的一个旅游景点，天大的四季美如画，每年的海棠节人山人海。春回天大看海棠。

14. 大学生活动中心

天大的大学生活动中心建于青年湖上，形状像一架三角钢琴。每天经过这里，都会听到从里面传出来的歌声、琴声，学生社团大大小小的活动，都会在这里举行。“大活”还是学生创业中心，同学们不仅可以在这儿畅谈创业想法，还可分享各种校友、公司资源。“大活”还配备钢琴室和排练厅，同学们可报上一个学期的钢琴班，价格比校外可要优惠好几倍！

15. 精仪学院

说说笔者所在的精仪学院。每次说起我的专业大家都一头雾水，其实就是各种测量和控制，大到航天航空，小到微纳级别，光（光学）机（机械）电（电路）算（计算机）都要学，非常广泛。

16. 冬天之美

一到冬天，“南方的孩子看下雪，北方的孩子看南方的孩子”，一片银装素裹的天大也是非常美。

17. 教学楼

天大的教学楼，南面一侧多为现代化建筑，北面则保留着比较古老的建筑风格。

18. 北洋广场

北洋广场，就快沦为广场舞胜地。

19. 四大湖

天大有青年湖、敬业湖、友谊湖和爱晚湖四大湖。清晨，总会有装备齐全的大爷们组队去各个湖的湖边垂钓；而到了傍晚，吃饱喝足的市民就会带着孩子，溜着狗，在湖边小道上散步。湖边长椅上坐着有谈情说爱的情侣，当然也不时会有文艺青年弹着吉他，畅谈青春。

20. 公用自行车

学校里的公用自行车服务，

22

非常方便，刷卡即走。

21. “水果工程”

学校每个学期都有“水果工程”，全校每个同学都能分到一个柚子，这两年还能投票选水果——然后就会出现各种被玩坏的水果。

22. 校花——海小棠

我们的校花叫“海小棠”，学校还公然给她招男友“棠小果”……模样娇俏还有男友，简直花样“虐狗”。

23. 人性化

世界杯期间，正值期末考，但学校开放体育馆给学生通宵看球，人性化十足。

24. 建筑学院

作为全国建筑老四校之一，天大建筑学院一直在全国名列前茅，涌现出大量活跃在业内的优秀建筑师，譬如北京奥运会场馆“鸟巢”“水立方”的设计，就都有天大毕业的建筑师参与的身影。在敬业湖旁的建院系馆，晚上总是灯火通明，同学们简直是用生命来画图做模型啊！

25. “109咖啡”

建筑学院西楼里有一家深藏在角落里的“109咖啡”。我平时很喜欢去那喝喝咖啡，听听音乐，跟好朋友聊聊天。里面除了拿铁好喝之外，妹子小哥的颜值也非常高！

26. 冯骥才艺术研究所

冯骥才艺术研究所，对，就是那个语文书上的著名作家，他的办公地址简直是拍照胜地！

27. 天大美食

说了这么多居然还没提到美食，简直不是广东人风格。天津不仅有狗不理包子，还有煎饼果子、大饼鸡蛋（百姓的早餐）、大麻花等等，传统的津菜笔者还没听说过，这里大部分菜色感觉都融合了南北方的口味，但可能不太适合南方人的胃口，特别像我这种不吃辣的，每次和同学出去吃饭简直要命。

学校内官方饭堂有5个，非官方的有各种小吃街和小摊档，风格迥异价格公道，总有一款适合你的口味！一到夏天晚上，大家会不约而同地下楼“撸串儿”喝酒。减肥？明天再说！

后记

从2016年开始，大半个学校搬到了津南区新校区，那里有更大、更美、更现代化的校园。但因为笔者没有搬，而且对老校区也情有独钟，所以这次主要介绍的还是天大老校区。

今年就要毕业了，高中来的学弟（没有学妹）数量呈递减数列，我凭着最后一口气，也要给天大宣传宣传。天津距离北京也就35分钟的城际列车，非常方便，周末有事没事就可以去北京找找好朋友，可能比北京同城还方便哦！

（本文图片2来自“北洋光影”摄影协会；图片9、10由黄维旻拍摄；图片13由焦家琦拍摄；图片22由作者拍摄；图片26来自网络。）

矗立于华北港城的象牙之塔

——东北大学秦皇岛分校的30个真相

肖凌

1

1. 关于学校的初步印象

总是有人在不经意间问起：

“诶，你是哪里的学生啊？”

“东北大学秦皇岛分校。”

“噢？分校啊？那应该是个二本吧。”

“不，不好意思……是一本，是‘211’，还是‘985’。”

左上图是一张很完美的照“骗”，导致笔者一开始以为这是学校大门，一度陷入“学校门口有个美丽的湖，感觉好清新自然哦”的幻想中。然而事实上，右上图才是大门。

湖背面砖红色的建筑物是工学馆。工学馆隔壁有个大学会馆，基本上起着会议厅的作用。

图书馆虽然小，但是藏书较多，和综合楼连成一片，远看还是挺壮观的。

2. 虽然是分校，也是“985工程”

全国貌似只有三个分校是跟着本校一样是“985工程”的，一个是山东大学威海分校，一个是哈尔滨工业大学威海分校，另一个就是东北大学秦皇岛分校（以下简称“东秦”）了。顺便科普一下，秦皇岛在河北省，真的不在山东省。

3. 久旱逢甘霖

说到钱，副校长在开学讲座时说过，当初学校没有充足的教学资金，老师们也是拼了老命，认真准备了数年终于通过了“985工程”的审批，然后终于迎来了一个稍微有点钱的新时代。

4. 分校与总校联系紧密

沾着东北大学（以下简称“东大”）的光，东秦在1996年开始承担东大“211工程”建设子项目，2006年开始承担东大“985工程”建设子项目。大体而言，东秦是东大有机组成部分，分校与总校之间的关系密不可分，校训也和总校一样是“自强不息，知行合一”，去年在微信平台上东大在线与东秦在线开启强强联动模式，“情深深雨蒙蒙”“你侬我也侬”。

5. 新校区

新校区也就是南校区，据说很大很漂亮，同时离本部也挺近的。楼的名字是征集了同学们的意见后决定的，以后便有部分学院会在新校区上课。让我们由衷地为上课要在新校区，住宿却依然在本部的同学们接下来将拥有的完美锻炼时间而鼓掌。

6. 面积小的好处

东秦虽然小，但是上课方便啊——从宿舍到工学馆提前10分钟出门就没什么大问题了，不过如果是近代史这样的课程，你只

只要调整好心态，总能发现美好。

能选择坐第一排了。

7. 再说面积小的好处

由于学校占地总面积只有700亩（约45万平方米），绕着外围走顶多就是半个小时的路程，所以你会看到，每个院绕着跑的地方各不相同，有的在东操场，有的在西操场，有的绕着沉思广场跑（虽说是广场，大小也就是个比正常花圃大一点的花圃）……同时你可以欣赏到某些班级，一大群男生中只有两个女生跑操的有趣情景；你也可以欣赏到，要等前一波跑操少年结束后再到自己跑的汹涌人潮。

西操场是真草操场，平常貌似也不会轻易开放给学生跑步。2008年北京奥运会期间，这里曾成功接待巴西、意大利等9支国奥足球队训练任务，为北京奥运会做出直接贡献。

8. 跑操

说到跑操，东秦又称东北大学秦皇岛跑操分校，大一新生开学后每天早晨6点半都会在学校各处按院集合开始跑操，除了污染指数达到150以上可以不跑外，几乎可以说是风雨无阻。

如果污染达到中度，就会接到温馨的“不用跑操”的短信通知，然而一般情况下信息到达时要么你已经出宿舍了要么准备出宿舍。据说，跑操只是为了让新生们都起床吃早餐。

9. 团体操

跑操分校又别名团体操分校，大一下学期学校开展为期一个月左右的团体操训练，在每个不分白天黑夜的清晨、中午，进行堪称比军训还惨的练习，听说晚上下了自习还有特别项目。这种高强度的训练保证了所有学生在早上第一节或下午第一节的高数、线代、大物等课程上拥有充足的睡眠，同时训练的月份也完美地配合课程老师刚好讲到最难的章节，导致大多数学生考试成绩比较尴尬。（以上出自线性代数老师金口）

但是，好消息是，团体操训练今年取消了！哈哈哈哈哈，心疼学姐学长3秒钟。

10. 军训

军训时每晚都有奇妙的合唱练习，每个院分场地练习校歌和一首不定曲目，学院为了提高竞争力还会分成两队，为的是在军训后的某天在某个露天舞台上进行的比赛中取得一个好名次。一般来说取得第一的队伍，就可以在接下来的一周内不用跑操——然而并没有什么用，最后都还是会补回来的，所以真的没有任何福利。

11. 校歌

东秦的校歌叫《我要飞》，唱完以后总觉得自己真的在天上飞。毕竟比赛靠的几乎是音量，音浪太强，不飞会被撞到地上。

12. 沉思广场

绕着沉思广场走一圈，大概也沉思不出什么东西，不过这里是个拍艺术照的好地方。夜幕下的广场虽然看上去很省电，但还是挺有感觉的。

13. 校园里的小公园

校园内有一个小汤河公园，每天清晨这条小（臭）汤（水）河（沟）旁都会有认真背英语的同学们。

14. 小湖

校内有一个大家都以为叫鸡鸣湖，但其实它是个啥名字都没

15

有的湖，冬天的时候结冰了可以在上面滑，人多的话大概会摔到水里。

湖的前方还可以看到大大的“PARK”字样。

有喷泉的时候（其实是为了治理湖水富营养化而设置的曝氧装置），好像更有动感的美。

15. 校园雪景

下雪后的校园还是很好看的，地上大多是冰，笔者曾经一不小心就坐了一次雪地滑滑梯。

16. 弹弓校园

寒假回来看到学校吓了一跳，大概没有哪个校园的树会被砍成光秃秃剩一个“Y”的样子。江湖人称“弹弓校园”，差点以为学校砍了树是为了卖钱。

16

但是！校园内还是有很漂亮的风景的。有趣的地井盖也是一大特色。

17. 学校周边的商业环境

东秦据说地处秦皇岛比较繁华的地段，去市中心和大型购物商场都比较方便，学校对面有小食街，然而对“大吃省”（广东）过来的人而言都是一个味道。

当然如果你有勇气还可以尝试一下学校附近的理发店，素有“男生剪了之后都被自己丑到了”的美誉，近日还有一家理发店带着学生办会员卡所缴纳的钱一起跑路了，颇有浙江温州江南皮革厂倒闭了的味道。

18. 虽处中心，还是有不便之处

虽然地处中心，但是打电话订肯爷爷（肯德基）和麦叔叔（麦当劳）时都会以“不好意思距离太远外卖不能送达”而被拒。

19. 美食节

大一下学期会有一个美食节，其中广东人一般会以咖喱鱼丸、咖喱牛肉丸（可能味道还比不上“711”便利店卖的）博得众多学生的喜爱。

20. 寒暑假期

没来东秦前，学姐学长说东秦寒假放得长，暑假放得短。满怀期待等到寒假，才发现其实放假时长也就是广东省平均水平。至于开学晚，那是因为我们放学也晚啊（让人撕心裂肺）。近日在朋友圈看到“中山不放假大学”要从6月底放到9月初，我的心真的很慌。

21. 如何装得有模有样

由于河北省只有东秦一所“985”，所以在某些分“985”和非“985”赛区的比赛中，校赛就是省赛，所以对那些不了解的人，你完全可以说：我拿过省一等，嘿嘿嘿嘿！

22. 学霸与情侣

校内学霸颇多，每次听到有人来自衡水中学我就不由得向他们投去敬佩的目光。情侣也多，公共场合实力“虐狗”。

23. 奇葩菜式

餐厅菜品不够兼容并包，本人只能感受到咸、辣、油，然而这几天食堂推出了草莓炒芹菜、苹果炒肉、番茄滚蛋、橘子炒绿豆、西瓜炒肉等新款菜式，据说好评如潮——反正比辣椒炒月饼好吃。

虽然学校环境可能并没有那么理想，但是只要调整好心态，总能发现美好。这种积极进取的面貌才是中华少年应有的面貌嘛！

24

24. 浪漫的烟囱

宿舍楼附近一直有一个大烟囱全年无休地在冒烟，远看很像是一个白云制造厂。

25. 学校分分钟努力教你学习

工学馆内部教室信号奇差，是一个可以促进你有效学习的地方，无论啥时候人都挺多的。冬天的时候供暖很到位，与在宿舍（无暖气）形成了鲜明的对比，不由赞叹这又是一个精妙的鼓励学子去自习的好方法。

工学馆门口的标志性景象——东秦的英文缩写。

26. 晚自习

对了，大一全年要上晚自习。纪检部点名勤快到让你没有一点点防备。

27. 老师

老师们人都很好，校园内广泛流传着“挂科比拿奖学金难多了”的故事。在工学馆发现真的有老师在教师室里为同学们答疑解惑时，我不禁热泪盈眶。

28. 社团活动

校内有各种活动、各种社团，所以想干啥还是找准自己的定位。

25

29. 靠近北戴河景区

学校虽小也算五脏俱全，在小岛不仅可以感受非凡的风力，还可以去北戴河看一幢幢的疗养院，感受一下国家领导人的气场哦！

30. 附加说明

以上都是个人吐槽，不代表学校观点，我只是个孩子（作双手合十状）。当然最后还是要诚挚推荐一下，作为一所对南方地区学子而言性价比较高的学校，还是热情欢迎大家都来报考哦！

（本文图片1、12、14来源于网络；图片15、16、24、25由作者拍摄。）

和蓝翔做邻居

——山东大学的30个真相

左晟

写在前面

笔者是一名大一新生，才来几个月，所以下面写的一些东西，除了自己所见、所感，也有一些是来自网络（百度百科就直说嘛）、学长学姐及其他小伙伴的描述，正所谓，人多力量大嘛。下面进入正题……

1.“世一大”

山东大学，简称“山大”。我知道山东有很多大学，但是我们不是山东什么大学，我们就叫山东大学。山大属于“985”名校，是中国具有悠久历史的一所综合性大学。目前正走在建设世界一流大学的道路上，力争2020年前后建设完成，想想还有四年就完成了，还有点小激动呢。因此，咱们山大学子亲切地称其为“世一大”。

2. 历史悠久

为什么说山东大学历史悠久呢？要知道它的前身是创建于1901年的山东大学堂啊！在接下来的100多年里，它变啊变，从山东大学堂变成国立青岛大学再变成国立山东大学，最终变为现在的山东大学（我写到这里都觉得学校好厉害啊）！

3. 校区

目前，山大有8个校区，其中济南有6个，分别是中心校区、洪家楼校区、趵突泉校区、千佛山校区、软件园校区和兴隆山校区，此外还有一个威海校区和一个在建的青岛校区。

传说中的同校异地恋，说的就是山大吧。所以，学弟学妹们报山大要注意噢，不要两个人一起报了这里，结果一个去了威海，一个来了济南。

4

4. 中心校区知新楼

下面就说说几个校区。首先要说的就是中心校区。校区内较为著名的建筑是知新楼，取意于“温故而知新”，又寓意“苟日新，日日新，又日新”，还取自孔圣的“知之为知之，不知为不知，是知也”。体现出山东大学谦虚向学、不断创新的精神。它又高又大，是山大100多年来体量最大、高度最高的建筑。它上面还有一座钟塔，高30米，除了能报时，每天还会播放一首中外名曲……

5. 中心食堂

说到中心呢就不得不提中心校区的食堂啦！还没来这里便听说中心校区拥有亚洲第二大

食堂，总共有5层。据说能满足5000人同时就餐！然而笔者只进去过两次，还有一次因为人太多而选择放弃。不过，笔者吃的那一次只在一楼转了一下，就觉得品种好丰富，让人犯起了选择困难症。而且，《舌尖上的山大》就是在中心食堂的四楼“一多餐厅”拍摄的。

6. 中心校区设施

中心的体育馆也值得一提。我刚开学的时候去过两次，一次开学典礼，一次迎新晚会，看起来挺大的。许多重要的活动都在这儿举办。这儿还是WCBA（中国女子篮球甲级联赛）山东女篮主场比赛的场馆，山大的学生常常有机会去看这样的比赛。另外，校区内还有一个圣昆仑音乐厅，一些大型活动，像一些学院的迎新晚会、星光达人秀之类的比赛，都会在这里举办。

7. 洪楼校区

说完中心，我们来看看洪家楼校区，一般我们称之为洪楼校区，因其位于洪家楼天主教堂东侧，故而得名。楼里有政管学院、外国语学院、艺术学院和法学院，所以妹子较多。有小伙伴曾说想来这个校区是因为以为教堂在校区里面，结果来了才知道不是这么一回事。

8. 洪楼饭堂

作为一名吃货，笔者又要来说饭堂啦。洪楼校区的饭堂比不上中心那般有气势，但里面的质量却不输中心食堂，一位小伙伴表示甚至比中心的还要好！笔者也去过那里吃过一次，饭堂虽然看起来小，可样式也非常多！听说最近还新增了肠粉……而且听说周围的餐饮业也很不错。

9. 山大附中

跟许多大学一样，山大也有自己的中学——山大附中，它就在洪楼校区里面。因此一些设施都是要和他们共用的，像食堂、物理楼。在洪楼的小伙伴便吐槽说，如果晚下课便不得不和这些初中生抢饭堂。这些学生还被戏称为“蓝精灵”。

10. 趵突泉校区

好的，那接下来我们看到的是趵突泉校区（大家好，请叫我导游波），我们也称之为“西校”。这里原来是齐鲁大学的校区，因此历史较为悠久，里面的建筑也都上了年纪。在2000年时随山东医科大学并入山大，现在是山东大学齐鲁医学部所在地。这里的妹子也是不少的。山大《校友之歌》里面有句“号院的静谧”，这个号院便是在趵突泉校区。

11. 千佛山校区与软件园校区

因为我没去过千佛山校区与软件园校区，在这里便说些我所了解的。千佛山校区和趵突泉校区挨得较近，那里最低的年级是大四，其余基本都是研究生。软件园校区，顾名思义，里面大多数专业都与计算机、软件有关，不过考古专业也在那里。在那里上学的同学觉得校区太小，我报到的时候坐校车进去过，唯一的印象便是没有校门……不过听那里的同学吐槽说软件园校区的饭堂不太好，羽毛球馆的天花板甚至矮到打不了高远球……但是听说那里住宿条件是最好的。

12. 兴隆山校区

下面隆重登场的便是兴隆山校区，也是我所在的校区。虽然我们常常自称是在山里，可是听说我们这儿是济南的二环呐（然而并没有什么用）！从这里出去除了校车，便只有一路公交车，不过叫快车和打车也倒是挺方便的。

暖。之前的三四个星期，几乎每个星期都有那么三四天晚上停水停暖，我们也称这里是：山东大学兴隆山停水停暖校区。

20. 威海校区和青岛校区

除了济南的6个校区，还有另外两个校区。威海校区是独立招生，情况不太清楚。而青岛校区还在建设，占地3000余亩。不过听说青岛校区设施非常棒，去那里读的同学就有福啦！

13. 住宿条件

山里的住宿条件是济南6个校区里比较好的了，4人间，上床下桌，我们宿舍每人还有两个插头。宿舍里也有Wi-Fi，深夜的时候据说可以达到10M/s，反正我是没试过，不过网速快了倒是有的。不过所有校区的宿舍都没有空调，听各位学长学姐说，到了夏天济南非常热，在宿舍就有些苦逼了。

14. 兴隆山图书馆

山里的图书馆也是非常棒的，非常大，环境也不错，里面Wi-Fi信号也很好，因此也常常爆满，想在里面自习最好早点去。

15. 澡堂

再说说澡堂……很多南方人去到北方读大学都会对这一点很不习惯，我也是，但没办法，每天又一定要洗澡。所以就会出现当我惊讶于我的小伙伴们一个星期才洗一次澡时，他们却纳闷我为啥天天跑澡堂。有个同学还问我天天去澡堂不累吗……山里的澡堂有隔板，这是相对于其他校区的澡堂的一点优势。不过一些宿舍离澡堂有点远，想洗澡就有点麻烦了。

16. 兴隆山饭堂

对于山里的饭堂……其实也还行，但是相对于中心和洪楼自然是没法比。而且饭堂不少菜都会放花椒，对于很多人来说不太习惯。而且山里的外卖相对也少，对于一些追求多元化的吃货是一种折磨。

17. “兴隆寺”

山里大多是大一的新生，学院则以工科院为主，机械、土建都在这，这就导致了山里的妹子非常稀缺。也许学校领导贴心地想到了这一点，于是将经管政法的大一安排在山里，使这里不会变成“兴隆寺”。

18. “妖风”

最后请允许我陈述（吐槽）山里的两件事。一件便是山里风特别大，特别特别大，有时吹得我都差不多倒着走。我们亲切地称其为“妖风”。

19. 停水停暖

另一件便是山里会停水停

21. 软实力

说完了各个校区，再来说说山大的软实力。作为“985”名校，目标“世一大”的学校，山大自然是要有一定实力的。在2015年8月，山大成功举办了被誉为“史学奥林匹克”的国际历史科学大会，90个国家和地区、2600余名历史学者齐聚一堂。此前，该大会从未在亚洲举办过。

22. 师资力量

山大的师资力量也是很不错的。山大数学学院的教授彭实戈，在2010年国际数学家大会上做了一小时报告，成为第一位被邀请做报告的中国大陆数学家，而这份邀请历来被全球数学家视为殊荣。而在2015年，他又在国际工业与应用数学大会上做了一小时报告，成为第一位同时获得这两个殊荣的华人数学家。而诺贝尔文学奖获得者莫言，也受聘成为山东大学的客座教授。

23. 山大朋友圈

在山大悠长的历史中，不

少名人都与其有着千丝万缕的联系，如老舍、闻一多、臧克家、沈从文……

24. 名人遗风

闻一多和山大的关系应该是非常紧密的，中心校区的一多餐厅、兴隆山校区的一多广场，都是以他的名字命名的。他曾于1930—1932年期间任国立青岛大学文学院院长兼国文系主任。沈从文、老舍也曾先后在国立青岛大学、国立山东大学任教。与闻一多、老舍与沈从文不同，臧克家是就读于山大的。他于1930年入读国立青岛大学中文系，算是山大的校友了。

25. 周边景点

上面说了这么多学术的东西，现在就来聊点好玩的。济南的景点不算太多，趵突泉、红叶谷，以及夏雨荷在的大明湖。那聊啥呢？对于南方的孩子来说，雪自然是最好玩的啦！正所谓，下雪天，南方人看雪，北方人看南方人。

打雪仗、堆雪人，甚至还有吃雪的……难怪说南方人比雪好玩儿。

26. 南方人比雪好玩儿

之前听学长学姐说济南的雪下得晚而且小，听罢还有一丝失落。然而2015年运气好，11月底就下了第一场大雪，不但早，而且听说是近几年来最大的一场雪。记得那天早上起来一刷微信朋友圈全是说下雪，当时就飞下床跑去阳台，一看，心里那个激动哇！不过我表现的还是十分淡定的，而我的其他小伙伴们表现得似乎更加疯狂，打雪仗、堆雪人，甚至还有吃雪的……难怪说南方人比雪好玩儿。雪中的山大也是真的蛮漂亮的。

27. 回味澡堂

之前聊到了澡堂，这个还是很有说头的。其实第一次听说要洗澡堂我是拒绝的，因为，你不能让我洗，我就洗，第一我要试一下，因为我不愿意洗完之后明明很不爽却好像很享受一样。可是我洗了一个月之后觉得还可以，所以别人问我觉得澡堂怎么样我说还行，他们就觉得我变奇怪了。每次进澡堂都像是一场大战，找柜子、抢“包间”，尤其是洗完之后的“穿越水线”，有时还可以免费听演唱会，各色澡堂歌手一展歌喉，好

26

不热闹。

28. 山东大汉

来这里之前便听说山东人喜欢吃大葱和大饼，以前班主任还曾取笑我来这里之后面食吃多了会不会变得更壮（胖），我也很好奇传说中的山东大汉长啥样。来到之后发现果不其然，而且其他地方的大汉也是一大堆，185米以上身高的汉子层出不穷，自己在这里像个霍比特人一样……不过呢，老师所担心的倒是没成真，因为我吃面食不多也变壮（胖）啦！

29. 山东蓝翔

山大的教育好和山东的文化历史有着密不可分的关系，毕竟古时便有孔孟。但山东最出名的学校却不是山大。是的，你没猜错，就是那家“学挖掘机哪家强”的山东蓝翔！就连我妈都觉得它是山东教育好的一种象征……不过呢山大和蓝翔的联系也算是不少的，机械学院的同学都会去蓝翔那儿进行实践活动。看，这才是强强联合！

30. 山东学霸多

说到教育便不得不提及学霸这个物种。早就听说山东学霸多，来到之后发现名不虚传。好多人平时看似放松，考完试发现都是大神。除了山东学霸，你还可以见到被葛军虐千百遍的江苏学霸，来自衡水中学的学霸等等……在他们面前，我除了被虐成渣，还被虐成了沫……不过能和他们一起聊天、学习，也算是一大幸事。

后记

写到这儿也算是写完啦，虽然我经常吐槽山大各种不好，但其实它也是个很不错的学校。只是它在南方，尤其是广东，知名度不太高罢了。至于大家想不想报呢，就仁者见仁智者见智吧！

最后，附上一首自己写的三行情诗作为结尾吧：第一次看雪/我却想看/第一次看雪的你。

（本文图片皆由作者拍摄。）

第一次看雪/
我却想看/
第一次看雪的你。

交通大学真的不是管交通的

——西安交通大学的30个真相

郑程慧、苏倍

1 钟楼

1. 西安美景

作为“十六朝古都”，西安可去可玩的地方可是数不胜数。如果你想领略古都厚重历史，可以去古城墙、兵马俑、陕西博物馆；如果你想享用西北特色美食，可以去回民街；如果你想一睹长安别样风采，你可以去大雁塔、钟楼、大唐芙蓉园。

2. 交通

提起西安，很多人都会想象出一幅“黄土高坡+三轮”的景象……不不不，西安的确可以称得上是一座国际化的都市，虽然由于地域原因无法与北上广这些城市相比较。但是西安的交通称得上四通八达，公交、火车、高铁、飞机均具。但好玩的是，西安的地铁建设进展缓慢，据说在挖一号线与二号线两条地铁时，就挖出来上千个古墓。

3. 西安人

西安交大的学生来自五湖四海、全国各地，因此你在西交大完完全全可以与不同地方的人交流，感受各地文化差异，尤其是南北文化差异。尤要提及的便是西安本地人了，笔者接触的西安人大都聪明善谋、性格直爽，讲义气，热情好客。

4. 大西北就是黄沙满天？交大风景美如画。

西安作为大西北的门户，虽然也是十分具备大西北的气候特色，但是哪儿都有哪儿的美。交大风景更是美不胜收。

5. 校门

来到西交大，第一眼看到的便是校门啦！北门气势磅礴，面向兴庆公园；南门豪华气派，沿途走下去便是美食一条街，早上还有早市，可以淘到许多便宜又新鲜的水果；东南门相对小一些，但门外也是应有尽有，还有刚建好的西门和不太有存在感的东门。毕竟交通大学，门开得多才四通八达么。

6. 交大版南山南

交大的娃娃们也是特别有才的——比如交大版的南山南，用歌声唱出母校情怀，用视频展现母校风貌。

7. 胭脂坡

胭脂坡上，与君携手，共望长安弦月可好？

7

8. 在一个传说男女比例7:1的学校是什么体验?

实际上，照我们这级新生（嗯没错，在新生进来前我们都还是新生！）来看，男女比只是3:1而已。不过如果不算上大部分妹子都在西区的话，东区男女比例到底有没有7:1呢？这就不得而知啦。不过笔者要告诉大家一个残忍的现实：脱单与否无关男女比。笔者身在男女比接近1:1（女生比男生多）的ACCA专业（没错我就是在推荐这个听起来很牛的专业），我们脱单的女生基本都是外销别的专业。所以，脱单看的还是气质。举个例子，在机械、能动等工科类专业里是标配一对情侣三对基，所以汉子们不用担心来了后找不到女朋友啊，毕竟你们还是可以找男朋友的嘛。

“天地交而万物通”才是我们“交通”的本意。

9. 主E

作为交大的标志性建筑物之一，主E高高耸立于交大中心。它是交大的行政大楼。每每考完期中考，大家的朋友圈里都流传着这样一句话“主E十九楼，一跃解千愁”。

10. 腾飞塔

腾飞塔位于钱图的北面，高大、美丽。在塔下方有一位女神。由于她“一丝不挂”，大家都管她叫“不挂女神”。是考试前交大学子都会去膜拜祈福的神明，嗯，有种中学时考前膜拜执信先生的即视感?

11. 执信中学操场下有个架空层，交大操场下有个地下室

交大有三个操场，其中一个就在锅炉房旁边，地下是个科技及媒体类的社团办公室。每次在那开会，笔者都想起了高三住在女生宿舍A楼的日子。

12. 交通大学毕业后是要去做交警吗?

总是收到大家神奇的发问：“你们交大以后出来是要管交通的吗？”这问题就让我们有点尴尬了。“交通”之意取自于《易经·泰卦》。其曰：“天地交而万物通也，上下交而其志同也。”天地之交是最大的“交”，是万物大“通“之时。所以，“天地交而万物通”才是我们“交通”的本意喔。交大可是杠杠的综合性大学呢！

13. 康桥苑——一个有补贴的食堂

一枚水煮蛋4毛钱！4毛钱！外面一个生鸡蛋都买不到啊！于是笔者每天的早餐都必须顺带一枚蛋。并且在交大有别具一格、独树一帜的“包二奶”标配早餐——两个包子一袋奶（嘿嘿嘿）。

康桥苑有四层，一到三层都是学生食堂（有补贴的食堂真是百吃不厌），一碗刀削面，不要998！只要两块五！笔者从一开始只能吃三分之一居然到现在能把整碗吃完！据说四楼是教师食堂，很多人，都不知道喔（嘘，我只告诉你一个）。

14. 梧桐苑

交大梧桐苑就包括了四个食堂：第一层以各地风味美食为主，第二层自选餐厅，第三层则是清真食堂，还有西餐厅。

15. 八大书院，给你爱的抱抱

不同于别的高校，我们不仅有学院还有书院。书院制是以几个专业为一个书院进行生活化管理的模式。如校运会、辩论赛等都是以书院为单位的。而且书院内部还经常有自己的特色活动丰富同学们的课余生活。书院各具特色，不同书院，住宿条件也不同哦，比如仲英晚上不断电、南洋东九太子楼有电梯、崇实没有门禁……

16. 工科生只会修机器——交大多的是机灵的创业头脑

交大十分支持和鼓励大学生们创新创业，并特地开设了“创客汇”供一些有发展潜力的交大学生创业公司入驻，提供专业导师们的指导等。交大就业中心下还挂靠着许多就业引导类的社团，如JA社（对，就是与执信JA学生公司同样隶属于“JA中国”的组织形式）。

17. 至今仅存唯二的招收少年班的高校之一

西安交大从1985年以来一直都有招收少年班学生。其实少年班没有我们想象中的那种小朋友上大学的感觉。笔者很荣幸，一宿友就是少年班的学生（也就比我小一岁多嘛）。他们只是以另一种形式读高中，提前学更多的知识。像各位熟知的周鸿祎便是西安交大少年班的毕业生。

18. 你所不知道的交大专业排名

管理科学与工程NO.1

动力工程及工程热物理NO.1

工商管理 NO.1(并列)

电气工程 NO.2

机械工程 NO.3

……

交大的能源动力、电气、管理等专业都是杠杠的。

19. 学生会

交大有校学生会和院学生会之说。校学生会面向全校，所以在一个部门里你能接触到不同书院、不同专业的工作伙伴。而院学生会里都是同一个书院的小伙伴，部门规模相对小一点儿。

20. 受够了广州的回南天衣服永不干——交大让你秒秒干

笔者军训时惊讶于居然只发一套军装！天天穿，难道不用洗吗！怀揣着担忧晚上把衣服给洗了，第二天一大早起来，连军装外套都干得跟丢热带沙漠上一样。妈妈再也不用担心宝宝没有衣服穿啦！

21. 上澡堂就是下饺子？

交大澡堂在笔者一入学就进行了大“改革”！2015年的国庆，学校对澡堂进行了大改造！把它美美地装修成带隔间的啦！南方宝宝表示洗澡再也不羞羞了！

22. “犹抱琵琶半遮面”的图书馆终于摘掉了遮脸的土琵琶

经过多年的装修翻新，2015年校庆来临之际终于可以一睹“钱学森图书馆”的芳容！

23. 东、西花园——一个白天吵闹得热闹，晚上也安静得热闹的地方

东、西花园白天时，回荡着鸟儿清脆的歌声，早起学生们的朗朗书生，以及偶有老师在那给同学们答疑讨论问题；到了晚上，东花园总有那不知名的吹笛人吹奏起一曲又一曲让人陶醉的音乐，而西花园则偶有传来手风琴悠扬的曲调，而在这一切美妙的音乐做背景下，是一双又一双人的呢喃。

24. “自言本是京城女……家在蛤蟆陵下住！”

还在头悬梁锥刺股的你是

不是情不自禁脱口而出？你知道琵琶女的家就在交大吗？就在澡堂哦。洗个澡澡的时候顺便背背《琵琶行》，美哉！

25. 学习

毕竟作为C9高校，西交大是一所严谨的工科学校，因而在学习方面也不得懈怠。每学期你不得不担心的课，比如高数、大物、电磁学、复变、c++、c#、光学……跟清华北大相比，学习压力也不小。

26. 猜猜交大的别名是啥？

"沙坡村皇家男子职业技术学院。（彰显了可怕的男女比）"

"西安铁道医院泌尿外科专门医院。（这个的话，你来猜猜为什么）"

27. 交大还有小学期

小学期会让你在学校多待一个月。一般大一就是上上选修课，大二大三的出去实习。

28. 武大樱花已谢，交大樱花缓缓开矣

人人都说看樱花去武大，然而美得不要不要的樱花在交大！4月正有假期可以旅游时，竟惊觉武大樱花已落，不慌！交大的樱花正以笑脸喜迎各位（让你感受一下在偌大的校园里摩肩接踵的感觉）。

29. 西交和上交

西安交大与上海交大原为一母同胞的两兄弟。当年因国家合理布局国民经济文化建设需要和交大自身发展需要，交大走上西迁之路。

30. 最后一个大真相！

2015年是西安交大120周年校庆，在此以此文恭贺西安交大120周年生日快乐，希望借由此文让更多的人知道西安交大也是非常有实力的高校！（好吧，其实最终想告诉大家的真相是：在校庆后加入西安交大的新生们，你们将享受到校庆所带来的各种美好环境的建设及各种福利。

（本文图片1、28来源于网络；图片7、10、11为施诺拍摄；图片22来源于西安交大学生会。）

28

坐着学，站着学，裹着被单也要学

——哈尔滨工业大学的30个真相

陈嘉敏

1. 冰城哈尔滨

我就读的哈尔滨工业大学（以下简称“哈工大”）坐落于冰城哈尔滨。对于许多没有见过雪的南方孩子来说，来哈工大念书是个既能上学又能赏雪，一箭双雕的好选择。穿梭在冬日的校园里，被美美的、纯粹的雪景环绕着，真的觉得很有意境！

2. 俄式遗风

这里拥有各种高大上的俄国老建筑，当你走进校园就如同踏进了俄罗斯的异国风情里。

3. 历史悠久

哈工大最初是俄国人建造的铁路院校，所以历史非常悠久。从1920年创校至今已经有96年的历史。

4. 读书的地方

老实说，这里的发展可能比广州落后大概10年，然而真的就是读书的地方！看咱们清心寡欲的宿舍就知道了：四人间、上下床、简单的桌椅配置，除此以外别无他物，但就东北地区而言，这样已经比其他学校强多了。

5. 学风学纪

哈工大真的是个读书的地方！学风比南方高校好太多了！看我们的校训就知道了：“规格严格，功夫到家。”后来哈工大的学子还把它衍生为：“规格严格，不让及格；功夫到家，不让回家。”所以在这里，大家都为了学习全力以赴，想及格就要严格，想回家就要功夫到家。

6. 工科优势

以工科为优势的哈工大，在工科各专业领域都是可以睥睨同类型学校的。在“2016年全球大学工程研究影响力排名（Research Ranking of Global Universities in Engineering, RRGUE）”的榜单上，美国麻省理工学院名列榜首，清华大学和哈尔滨工业大学紧随其后。

7. 专业优势

虽然哈工大行事低调，但实则很多专业都“霸气外露”。仅以土建类专业举例，哈工大这些专业的硕士毕业后可在广东任意一所国家级的设计院就职。而我就是哈工大英才建筑专业的，所以我真心觉得来对了地方！

8. 交通便利

哈工大位于哈尔滨的市中心，交通十分便利。两个重要的火车枢纽，哈尔滨站以及哈尔滨

想及格就要严格，想回家就要功夫到家。

9

（得意地笑），但一般来说洗澡还是要去澡堂。

13. 澡堂文化

或许大家会对咱们的大澡堂有很多疑问，毕竟是羞涩的南方人，刚开始总会有点不好意思，但实际上也没有大家想象的那么可怕，习惯就好，慢慢地现在我都觉得在大澡堂洗澡才舒服了！

14. 饮食

不过作为一个南方人，也必须吐槽一下这里的饭菜。饭堂里的菜味道很咸，完全超出了一个南方人的接受水平，所以从这点上来说，南方孩子要在哈尔滨正常生活下去还真不是那么容易。

西站都在附近：从哈尔滨站到哈工大只需步行20分钟，也有公交可达；而哈尔滨东站以及北站离学校也不是很远。再如著名的旅游景点——松花江、索菲亚教堂，其实都在哈工大的步行范围内，简直让你学习、休闲两不误！

9. 四季分明

这里的一年四季都异常分明，天空总是湛蓝，秋天可以看到树上不同颜色的叶子交错重叠，总是给我如仙境般的感觉！

10. 气候宜人

在哈尔滨军训你不用担心中暑，因为9月份开始这里已经进入秋天了。想想9月初的南方还要靠空调送爽，随便出个门都会汗如雨滴，然而我们这边已经需要穿秋衣了。

11. 供暖

学校每年从10月15日开始供暖，到半年之后的4月15日准时掐掉。大冬天里室内都有和煦的暖气，所以说其实哈尔滨一点都不冷。倒是记得每当春节回广州，家里冷得睡不着的那痛苦劲儿，原来我已经开始习惯有暖气的生活。

12. 洗白白

独立卫浴是哈工大男生们美丽羞涩又不可企及的梦想！不过咱们建筑系女生寝室是个例外，我们至少有独立卫生间

我们真的是来投资青春，而不是消费青春的！

15. 冬天吃雪糕

不过哈尔滨还是有很多好吃的，譬如说雪糕就十分便宜又好吃，特别是咱们女孩最爱吃的糯米糍！要买就买一盒放宿舍窗外，特别是大冬天的时候，看着外面大雪纷飞，在热乎乎的宿舍里穿着短裤短衫吃着雪糕，别提有多赞了！所以在哈尔滨，雪糕的销量在冬天卖得比夏天还要好。

16. “冰”糖葫芦

孩子们，你们真的以为自己吃过真正的“冰”糖葫芦吗？其实我相信你们绝对没试过！然而我们在哈尔滨吃的才是真的——冰冰的、凉凉的，在室外下着雪看着冰雕吃着冰糖葫芦才叫爽！

17. 牛奶

还有就是不得不说这里的牛奶，真的真的十分便宜！爱死了！让我天天都想喝牛奶！

18. 赏雪

南方人第一次看到雪总是特别激动。记得有个南方的朋友12月份来学校找我玩，半夜看到下雪居然兴奋地跑出去拍照，宿舍的人都笑了——要知道，那只是我们很平常的一场小雪而已。

19. 男女比例

这里的男女比例就不说了，我的英才学院仅有十几位女生，全学院130人……

20. 再说男女比例

基于工科院校男女比例严重失衡是为常态，作为女生其实平日里也不见得能享受多大福利，反而因为周围总围着一群糙汉子，所以我们也渐渐成为了“女汉子”，脏活累活一样自己来……

21. 女生节

虽然我们已经不太当自己是女生了，但男生们还是很给面子，对我们视若珍宝，尤其到了女生节，哈工大都有一个传统是女生可以写下自己的心声或愿望，再由男生揭开并帮你完成。所以说还是蛮幸福的！

22. 集中周

前面也说了，哈工大真的就是个读书的好地方（重要的事情要重复三遍）！每个人来到这以后都鼓足了劲儿学习，还有凌晨集中周这样的时刻会让你感受到和班里的同学共同奋斗的魅力，可以说我们真的是来投资青春，而不是消费青春的！

23. 坐着学，站着学，裹着被单也要学

真不是开玩笑，每当考前、周末的时段，图书馆如果不占位就只能变成站在护栏上看书了，更有甚者，晚上11点，为了学习，把被单带出门，直接在寒风中的户外休息亭里学，不得不说说这里的学霸真是太多了！

24. 有事找小络

在哈工大没有人会不认识“小络”。联小络是哈工大学生会属下的一个联络部门，有事找小络准没错！还记得我大一的时候无意中弄丢了以前高中的一条校裤，最后还是小络帮忙让我找回了最爱的青蛙裤！

25. 休闲活动

在哈工大还能随时享受学校的电影院——想看电影，只需10块钱，而且都是最新大片！

26. 冬日活动

“这是我的家乡/美丽的地方/松花江水/我童年的海洋”……

李健的这首《松花江》不知道你们听过没？冬天最棒的活动之一就是可以在结冰的松花江上溜啊溜，别提多爽了！

23 晚上11点，为了学习，宁愿带上被子。

27. 滑真冰

大冬天里各种各样的冰面也催生了我来哈工大后最最喜欢的体育活动——滑冰！而且滑的是真冰。当然还有其他的冰面活动，例如冰猴（像陀螺一样的东西，可以在冰面上用绳子抽着让它转动）。

28. 铲雪车

在哈工大的冬天里最常见的设施不是别的而是铲雪车。每天早上都能在铲雪的声音中醒来，南方的你大概还没感受到雪给我们带来的不便吧！

29. 逢年过节有好礼

如果恰巧你春节期间要留校的话，学校还会为他们免费提供丰富的年夜饭和初一到初三的亲情餐，甚至还给留校的每个人准备了200元的新年红包，连国外留学生都领到了，哈哈，如果暑假留校也有一样待遇就好了！

30. 爱学习来哈工大

最后的最后，还是要强调一次，哈工大就是一个学习的地方，这里的学术氛围特别浓厚，学生们也不喜欢逃课。来这里，你不会后悔。哈工大，你值得拥有！

（本文所有图片皆由作者拍摄。）

中国最西部的“211”高校

——石河子大学的36个真相

鲁世林

石河子大学是国家“211工程”重点建设高校和国家西部重点建设高校，现由教育部和新疆生产建设兵团共建，是“中西部高校综合实力提升工程”（一省一校）入选高校。石河子大学是中国最西部的“211”高校，也是距离欧洲最近的“211”高校。下面我带大家走进我独具特色的母校——石河子大学。

1. 地理位置

石河子大学，被我们称为“石大”，位于享有“戈壁明珠”美誉的新疆维吾尔自治区第八师石河子市。石河子大学不在石家庄，也不在内蒙古，而在石河子……先说石河子，汉族人口占百分之九十五左右，历史上一度是新疆兵团总部所在地（后总部迁至自治区首府乌鲁木齐）；再说第八师，以前叫农八师，属于新疆生产建设兵团的一部分，这个特殊的组织享有着独特的地位；最后说一下新疆，新疆相当于十来个山东省那样大，进入新疆十个小时左右火车才会达到石河子。你可能没听说过石河子，但新中国成立以来的我国国家领导人基本上都来过石河子。是的，石河子是个神奇的地方，石河子大学是个奇妙的大学……

2. 校园风景

石河子大学校园面积和复旦大学差不多一样大，校区数量也相当。校园风景优美，绿化覆盖率43%。我们没有博雅塔，但我们有博学楼；我们没有未名湖，但我们有未名山，还有微波湖（现已改名为书香湖）。总之，我校地处大新疆，“有山有水有草有湖”。大四马上毕业了，马上就要和小师妹说拜拜了，还真舍不得学校的优美环境。

3. 校徽校训

石河子大学的校徽清新亮丽，不仅绝不和其他学校相似，而且容易记忆。校训是“明德正行，博学多能”，很踏实、稳重、朴实。

4. 石大的朋友圈

石大的朋友圈还是很厉害的：以北京大学为组长，华中科技大学、华东理工大学、华中农

八千里路云和月，一路保重。

10

业大学为副组长，重庆大学、江南大学、对外经济贸易大学、南京师范大学、华南农业大学为成员的高校团队对口支援石河子大学。我校每年大约有三十分之一的学生能够到各兄弟院校进行交换学习、插班学习和联合培养等交流活动。当年我就是十分幸运，经过层层选拔，最终在大二时得以入住北京大学的燕园28楼（北京大学最近大兴土木，28楼现已拆除重建）一年，插班学习于政府管理学院。我真心感谢石大和北京大学给我这个机会，用一句话总结一下我在帝都的大二：在北京大学的一年里，我的三观得到了颠覆和重构，感谢北京大学！

5. 国际交流

石大在“211”大学中的国际传播和影响力上是很靠前的，由于地理位置的原因，石大与哈萨克斯坦、土库曼斯坦、巴基斯坦、印度、俄罗斯、美国、韩国、日本等国家的高校保持着很好的联系，学校留学生的比例也比较高。不仅在国内，在国外我们也有了一大批朋友。“一带一路”战略的实施更是给石大的对内对外交流与合作带来了新的机遇。

6. 教学质量

我在石大政法学院学习，然后在大学四年时间里有幸听到了北大贺卫方教授、朱苏力教授、张静教授、王联教授、李强教授以及清华大学景跃进教授的课程和讲座，这真是一件非常兴奋的事情。另外，中南财经政法大学的老师直接来政法学院挂职副院长了；北大马院的博士生导师夏文斌已在我们学校担任党委副书记。还有前几年被拍成电影的感人故事的主人公孟二冬老师对石大也是一往情深，甚至在此付出了生命的代价。

韩启德、许智宏、柯杨、黄楠森、厉以宁、刘意青等200多名北大知名专家、院士纷纷来到石河子大学支教、讲学，开展讲座达300多场，内容涉及各学科领域，听讲师生达4万多人次。

7. 校名校门

我还想跟大家分享一下我们的校名和校门。校名由前任国家主席江泽民题写。你可以在校门口的一块大石头上、外国语学院楼顶上和多个校门的柱子上看到校名“石河子大学”。你要问石大有多少校门，我可以负责地告诉你——我真不知道，因为真是太多了，我所在的中区就有大七八个校门。但是我校中区、南区、北区在一条中轴线上，从北区北门进入可以抵达北区南门，穿越地下通道或者地面可以抵达中区北门，然后继续行走可以到达中区南门，然后穿越地下通道或者地面可以到达南区北门，然后继续前行又可以去到南区南门。这几个校门基本上都有江泽民主席的题字。石大学生动手能力强，还自己开发出了几个小门得以更方便地出入学校。

8. 博学楼

我要向大家介绍一下石大新落成不久的博学楼。博学楼共5层，分为A、B、C三个区，共有400个教室和大约40个厕所，可同时容纳两万人在此上课。每次上课时，全校相当一部分的学生就挤进了博学楼。博学楼还曾发生过一件著名事件，这是学校管理部门搞出来的大动作——在博学楼大厅的大屏幕上不间断播放同学们上课玩手机以及其他开小差行为的录像，引起了轰动。

9. 倒时差

我们早上10点上课，中午1:50下课，下午4点上课，下午7:50下课，晚上8:20开始上课，宿舍1点熄灯，早上我们宿舍

9:30起床。对，时差。用几件事来给大家说明一下时差的影响，大一开学我妈妈来新疆送我上学，我们到嘉峪关时已经是晚上9点，太阳却还高悬空中，后来知道原来新疆的太阳晚上11点左右才落下；平时打电话只能是早上起床或者课间的时候，否则内地的朋友会受不了；大一刚开学，学长来宿舍看我们，我们刚来新疆11点多就钻了被窝，结果学长12点来给我们敲门了；考大学英语四级、考研和参加高考时，你应该想到在新疆求学的学生很可能是摸黑起来考试的；每次放假回家都是凌晨2点睡，没办法倒时差，因为倒完时差后又要开学了。

10. 路漫漫其修远兮

刚才说到“时差”，现在说一下“时间”。当我得知被石河子大学录取的消息时，热泪盈眶（不是激动），都不敢面对江东父老，而是觉得好远好远好远。我妈也担心地哭了，都不敢告诉我奶奶了。后来想通了，非常高兴地拿了通知书，然后还放了鞭炮庆祝被录取。后来觉得其实也没多远，大一坐火车从家（山东）到学校也就50多个小时，现在快了，40个小时左右。昆明到乌鲁木齐72个小时。我有个海南的同学冬天穿着羽绒服坐火车回家，到家时基本就脱光了，就因为两地距离远，气候差异大。我去上大学时，曾有朋友深情地对我说：“八千里路云和月，一路保重。”是的，刚好是8000里左右的路程。

11

11. 一览江山美景

若论坐飞机，从济南来回新疆一趟大约要4000元，很少情况会那么奢侈的，因此大家都会选择便宜点的“坐骑”——火车。第一次坐火车去新疆时没有买上卧铺票，我和妈妈、舅舅三个人是“坐”着去的！一路经过山东、江苏、安徽、河南、陕西、甘肃和新疆等省和自治区，当时50个小时就那样坐下来了，从东到西的风景也看了个遍，下了火车感觉地面晃了一分钟，后来回家的火车又开了北线经过新疆、甘肃、内蒙古、宁夏、陕西、山西、河北、山东等省份。再后来我外出参加实践活动、会议活动以及保送研究生的面试，光2015年我就来回新疆快10次。一路风景很好，自然地貌多元，大荒漠、戈壁滩、草原、秦岭、平原……石大毕业的学生一般就会感觉中国其实也不算太大，也都锻炼出了坐火车的本领。

12. 伙食

石大的伙食很好，口说无凭，给大家举个活生生的例子。我大一刚开学的时候是130斤，然后大一寒假的时候我已经长到了180斤。是的，一个月长10斤。然后呢，大一上学期体育课老师让每个人跑2400米可真是难为了我，还好我最终是跑下来了。大一下学期我又长了10斤，到了190斤。到大二的时候，在北大，我插班学习一年结束的时候已经瘦到了140斤。可是呢，等我回新疆之后，大三寒假时我已经又回到了180斤。我们舍友，和我体重差不多的有4个人，而宿舍共6人。

13. 西北美食

石大的食堂超过10个，大体上分为清真和非清真两大类。我尤其喜欢清真食堂，经常和我回族舍友去清真食堂吃饭，什么烤包子、烤馕、烤羊肉串……真是美味可口。新疆的伙食口味比较重，油水感觉比较多，辣子（辣椒）也比较多。每次吃饭的时候，来一碗正宗兰州拉面，再来一碗汤，两个烤包子，一根烤肉，这些就差不多了。吃完饭的时候再来一瓶酸奶，正宗的新疆酸奶，我尤其喜欢喝学校里面少数民族阿姨亲自做的酸奶，特别好喝。

14. 学校周边食肆

学校的食堂还算不错，但学校附近吃的才叫多。大一的时候，我们舍友一般就是白天吃完3顿饭，晚上我们还会出门吃肉夹馍、烤馕以及烤肉。感觉学校外面的回民肉夹馍比西安回民街的肉夹馍还要好吃一些（西安的同学们别骂我）。我们班有一个苗族姑娘和一个回族汉子，回族同胞就在我宿舍，这4年来的聚会真是把石河子的清真饭馆全吃了一遍。我和同学还发现了几个少数民族的好吃的小店。

16

15. 帅哥美女

石河子大学的帅哥美女真是很多很多。我1.75米，但我们班那些新疆汉子的海拔一般都比我还高，而且都很帅气。新疆的妹子也很活泼开朗，记得大一我竞选学习委员在讲台上胆怯发表言论的时候，话还没说完，一个新疆妹子就站了起来直率地反驳了我，把我吓了一跳，后来我们成了很好的朋友，新疆的汉子和妹子就是这样直爽。

16. 学校四季

石大的一年四季是充满魅力、变幻多姿的。有的树一年四季都是一个颜色，有的树几天就变一个颜色，这儿的树种也和内地山东、河北、河南等地的树种不同，和南方更是大相径庭。夏天，学校的微波湖特别清凉，未名山更是情侣散步的好地方。冬天的石河子则是另一副面孔。大一刚来的时候，第一场大雪压塌了石河子大学和市区的许多树，像是遭遇了一场大风暴。为了适应这边严酷的冬天，石大的树生命力都极其顽强，经历零下三四十摄氏度的严寒后第二年照样生长得好好的。

17. 校园周边的风景

站在石河子大学的校园内，你可以抬头看到蓝蓝的天空，也可以向南一望看到天山。对，天山山脉就在学校的南边，从学校出来不远处坐一个小时的公交车就可以到达天山脚下，一路上风景清明、舒心。等到车停下来时，雪山就在你眼前了，你好想和它拥抱，好想和它亲吻，是的，它真是太美了。从学校出来，坐公交车向北一个小时左右，就是北湖，传说北湖与王母娘娘的发簪有关系。北湖的面积约14平方千米，夏天的时候站在北湖边上，就像看着大海一样，因为北湖真的很大，夏天的时候浪花也特别大。学校出来不远坐公交车也可以直达周总理纪念碑和石河子农场，这是中国历届领导人来石河子的必去之地。

18. 两个好去处

离石河子大学不远处还有两个比较有特色的地方。一个是“老街”，这条街从清朝时就有了，这里大都是维吾尔族和其他少数民族进行贸易的地方，如果买一些民族特色的产品来这里还是蛮不错的，你可以看到俊俏、魁梧的少数民族同胞，你的耳边充斥的可能是你听不懂的语言，抬头再一看是一座清真寺，然后你的思绪就会打开。另一个地方是新世纪广场，这是石河子市政府前面的一个大广场，广场上建了水上乐园，每到晚上特别漂亮，和天安门广场的面积有得一比。

19. 石大的老师

石河子大学有一批特别可爱、可亲、可敬的老师。举个例子，我的班主任把我们全班30多个同学带回自己的家一起包饺子过冬至，给我们全班同学买书看，创建流动图书馆，元宵节开班会给我们全班同学每个人煮好了元宵吃，甚至在同学过生日时给同学们发短信祝福。我大二在北京的时候，我在网上说“我想吃新疆干果了”，班主任就给我寄来了六大包。班主任还将属于她的班主任费偷偷给班长和生活委员当班费用。

我的大学英语老师也让人钦

佩，她能够记住自己所教班级的所有同学的名字，上课根本不用点名，她看一下就知道谁没来。记性好，又关注和重视每个学生才能做到这样吧，真让人倍感熨帖。记得大二在北京大学政府管理学院插班学习时，袁瑞军老师和王丽萍老师也能够做到如此，这些能够记住同学们名字的大学老师真让人感动。

20. 图书馆

石河子大学的图书馆刚刚翻新完毕，硬件设施十分高档。如果石河子大学的图书馆能够提供给学生更多的需求就更好了，那必将会成为中西部地区数一数二的图书馆。

21. 宿舍条件

石河子大学的宿舍条件还算可以，目前学校刚建好了一栋研究生楼，两人间、独立卫浴、空调等设施应有尽有。新疆温差大，夏天我们的宿舍是不需要空调的，因为在新疆夏天的时候背阴的地方就很凉快，晚上睡觉的时候都需要盖被子的。冬天宿舍里的暖气非常好，我和舍友就在宿舍穿着薄衣服来回走动，晚上睡觉只需要盖一床被子，和夏天一样。

22. 南中北区

石河子大学的南区、中区和北区在一条线上，中间就隔一条马路，三个区之间以前通过天桥相连接，而现在是通过地下通道。比较可怜的是东区的小伙伴，他们要上课的话就得步行15分钟到教学区，就当是锻炼身体了吧。有些东区的学霸早上过来中区博学楼上课，然后一整天就不回东区了，到晚上上完晚自习之后才回去。石大还有一个校区在五家渠市，现在慢慢都在往本部搬。

20

23. 运动

石大不缺少我这样的吃货，也不缺少爱运动的妹子和汉子。学校标准化操场每个区至少一个，也有篮球场、足球场、健身馆、体育馆、游泳馆等。记得有一段时间我嫌弃自己胖的时候，每天晚上11点半都出来跑步，跑上一个小时然后和朋友躺在草坪上谈天说地，真是美好。像我石大这样帅哥美女很多的大学在体育竞赛方面也取得了不少佳绩，且还在不断努力中。

24. 水果和干果

下面我要跟大家说一下学校的水果和干果。平时夏天的时候我们在食堂就可以吃到便宜可口的西瓜，我几乎每天都要买西瓜吃，在我放假回家时一般是不吃西瓜的，内地大多数的西瓜和新疆的西瓜的甜度简直无法相比。我们宿舍一般夏天的时候每天晚上一定会有舍友买回西瓜，然后所有人一人一块就吃了起来。哈密瓜更是特别好吃，还有葡萄和提子。干果的话有巴旦木、沙漠果等特色零食，每次放假回家如果还剩下一些生活费，我都得买点回家给亲人、朋友和老师分享。

25. 扫雪

扫雪是我们石大学子一项必备的体育劳动。每人一把铁锹，谁也别想偷懒，女生也不例外。冬天有的时候每隔一两天石河子就会下雪，我们在下课后就要去扫雪，午觉也就泡汤了。其实，扫雪也是很愉快的一件事，一个班的同学在一起打打闹闹的。

26. 拾棉花

你们学校有种棉花没？我石大在石河子有试验田，试验田可以供学生上课使用。每年获得奖助学金的学生都要去试验田拾棉花（会另外给一些补贴），说起来这也是一项颇为有趣的活动。当你蹲在田边时，你能看到一眼望不到头的棉花。每个同学一字排开，开始一起动手。一般都是直线前行，可以不用拐弯。是的，新疆地大嘛。

27. 校友

石大培养出了农业部部长以及崔万志等知名校友，他们积极为母校发展贡献自己的力量。

28. 民族舞

平时学院或者学校举办文艺演出的时候，石大学子都可以看到真真正正由少数民族教职工和同学们演出的纯正民族舞。看了三四年的民族舞，到现在为止仍然没有厌烦，我到祖国的各个地方去，只要一看到民舞演出就很激动，甚至看到来自新疆的少数民族同胞也都十分亲切的，好几次我甚至上前主动和他们说话，说自己在新疆石河子上学。

29. 气候

石河子一年可以简单地划分为夏季和冬季，因为春季和秋季是极短的。记得刚去新疆的时候，2012年冬天的第一场雪就是在树叶还没有落光的时候下的，积雪过多导致大量树干被压断，但是雪景真是太美了。全校上万人在那天早上拥进博学楼的场景现在仍记忆犹新。

30. 旅游

由于学校在石河子，我们也有更便利的条件游遍大“疆”南北。到目前为止，我去过乌鲁木齐、石河子、玛纳斯、奎屯、阜康、哈密、吐鲁番、伊犁等地，这大学本科最后一个学期一定要再去几个地方。单说伊犁，就有伊犁将军府、赛里木湖、果子沟、霍尔果斯口岸、薰衣草草原、伊犁河、伊犁师范学院、那拉提草原等地方可以玩耍。新疆美，就是有一种大度的、有魄力的美。

31. 分数线

再回来说说石河子大学的分数线。你要说考多高才能进石河子大学读书的话，这还真需要说一下。新疆本地的学生进入石河子大学的分数线近几年逐年上升，学校名声在内地也逐渐火了起来，想填报的同学要做好准备。我们那一年有老乡考了620分来到了石大，我们那个时候只要内地的学生能够达到一本分数线，一般就很有希望能进入石大。但是去年我们高中母校一位老师的孩子成绩超出一本分数线几分，填报石河子大学没有去成，最后调剂到了新疆大学（其实新疆大学也是不错的嘛。石大和新疆大学的关系就像清华和北大、上海交通大学和复旦大学一样，哈哈）。

32. 课程

石大是一所综合性大学，课程安排按照“博学多能”的校训进行设计，且大多数课程都在中区博学楼上。因此你的课表上会出现许多通识类的课程，你也可以自己选择一些感兴趣的课程去旁听，比如说阿拉伯语、植物观赏学等等。无奈石大课程实在是太多，毕业需要修够200多个学分，在世界大学中也是少有的，于是大多数同学根本没有多少时间旁听课程，然后图书馆也很少会出现其他高校疯狂占座的情况。你如果想去石河子大学图书馆学习，可以，里面环境优雅而且人少，一个重要原因就是同学们都在不停上课。

33. 端正学习态度

曾在“知乎”和贴吧上看到有一些没来过石河子的人对石河子大学有一定的偏见，当然也有一部分石大的学生对自己的母校有一定的不满。我想把我们老师说过的一句话与他们分享：你没考上北大清华，并且你都不是石大最优秀的学生，你在自己不努力的情况下说自己的学校不好又有多少意义呢？你需要做的是不断努力，让自己的能力和水平赶上名校的学生。

不能犯“浙大病”“石大病”，要一步一步踏实去干。

34. 稳步向前

石河子大学是一所比较年轻的大学，并校以来在国内的排名一直在不断上升，生源质量、师资力量和教学质量也越来越好。每每想到这里，心里还是非常自豪的。石大官网说得好：乘着振兴中西部高校和新疆兵团全面深化改革的春风，石河子大学正朝着建设“西部先进，中亚一流，国际知名的有特色、高水平大学”目标迈进。

35. 石大印象

写一封“三行情书”给我的石大和石大生活：

以前不敢触碰你，触碰之后深爱你

深爱之后离开你，离开之后思念你

离开是一种纠结，纠结是为了家和远方

36. 欢迎来“报”

欢迎报考石河子大学。

（本文图片由作者及帅丽建提供。）

新疆美，就是有一种大度的、有魄力的美。

南多春水润才学

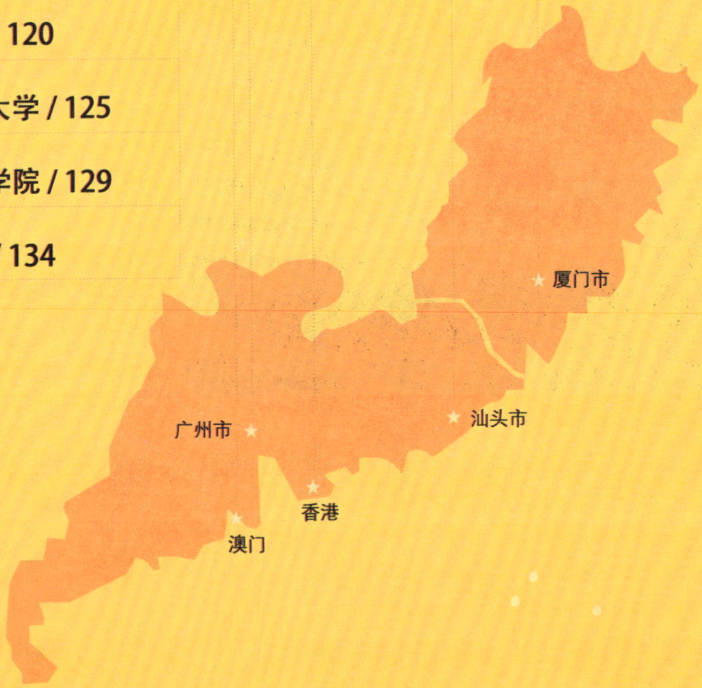

专注“汉化”五十年

——广东工业大学的30个真相

王嘉宁

广东工业大学有三个校区，龙洞、大学城以及东风路。而今天，我重点介绍最小的东风路校区。

1. 面积

东风路校区作为一个袖珍大学，麻雀虽小，五脏俱全。但是它到底有多小呢，大概就是立足学校正门，眺望不远处的那栋白色大楼——看到的话，你离学校的出口就剩两分钟路程了——大概这也是我们没有校道广播的原因吧。

3. 好“基友”

说起广工大，“基友”笑哈哈。但是对不起，让大家失望了，我们只生产直男。

4. 女生节

广工最出名的就是女生节了吧。每年11月的第三个星期，为期一周。这一周内，无论你是萝莉还是纯良，你都能“咸菜翻身做女王”，唔，请尽情享受你的“特级专用男仆”。

2. 男女比例

东风路校区有三个学院：艺术设计学院、政法学院、建筑与城市规划学院，男女比例基本为1:1。而比例较为悬殊的校区是大学城，男女比例大概是7:1。

5. 美食

由于东风路校区的地理位置特殊，位于区庄地铁站附近，所以这里称得上是吃货的天堂，周围的选择数不胜数。如果你觉得麦当劳、肯德基、贡茶、广东道、大卡司、全家、串串香、久久丫、赛百味、老班长、潮州鱼蛋粉、秦人美食、星巴克、土耳其这些不够吃的话，可以坐两个站公交到体育中心或者坐两个地铁站到地王广场又或者地铁6号线直达北京路上下九，再不行的话，那你在宿舍煮我也不反对。

6. 毗邻动物园

广州动物园离学校10分钟路程，学生票10块钱，无聊进去喂喂草泥马也不错。

7. 广工校花

广工其实也蛮萌的，看见某大学樱花遍地好评无数，所以不甘示弱，也搞了三棵，结果长出来是茂密的叶子里零星几点小白花……

哦，对了，之前还有人黑我们“广工校花”就是一棵树开满了花，那着实是太低估了我们校花（们）的魅力。

8. 交友

有人说过：下课走在路上，在龙洞看见全是妹子，大学城全是汉子，东风路全是情侣。我个人感觉吧，东风路的情侣并非想秀恩爱，而是学校根本没有地方拍拖！所以情侣活动的地点一般是：饭堂门口阶梯、别人家的车库门口、宿舍大门口，别人家的后花园。

9. “喵星人”

广工的猫是很“腹黑”的，饿了就逐户逐户敲门，不饿的话理都不理你。它们甚至霸占楼道

11

16

睡大觉，怎么舒服怎么来，妈呀，地球快被喵星人占领了！

10. 篮球队

广工的篮球也是久负盛名。经常可以看到新闻说：“广东工业大学男女篮齐获广东赛区第一名，将代表广东省参加十七届CUBA（中国大学生篮球联赛）东南赛区的比赛。”

11. 文物

或许是觉得东风路校区存在感太低，于是我们有了这个文物：山西明代牌楼门。这座牌楼门是明代山西建筑小品，距今已有500年历史。广东工业大学艺术设计学院于2013年6月将其收购，并在2014年1月立于广东工业大学东风路校区内。

12. 库卡波罗艺术馆

突然有一天，学校又来了一个“库卡波罗艺术馆”。该馆以世界著名设计大师约里奥·库卡波罗的名字命名，是目前中国高校唯一的库卡波罗艺术馆。馆内藏有“人类历史上最舒服”的座椅，价值16万元。他曾说过“设计师必须同时扮演一名艺术家、一名医生及一名工程师”这样的话，是第一位将人体工学全方位引入家具设计的设计师。

13. 留学生

广工有好多留学生，而且他们住的地方离我们特别近，想来段金发帅哥邂逅吗？不好意思，都是黑的。

14. 奶茶

广工饭堂里的奶茶：慕茶。不仅名字高大上，和贡茶也就一字之差，但味道，击败了广州百分之八十的奶茶。

15. 社团活动

东风路的广工虽然非常小，但是社团活动却杠杠的，那可谓是夜夜笙歌。每天晚上，当你在七号楼下，你的面前会聚集一圈跳舞的，身后一堆滑板的，左手边一群动漫Cosplay（角色扮演）的，右手边一堆溜轮滑的……不仅如此，操场还有打跆拳道的，舞双节棍的，还有很多埋藏在学校各个角落里进行秘密学习的。

16. 十大歌手

“广东工业大学十大歌手”应该算是最传统的活动了，每年风雨不改，初赛在东风路，复赛在龙洞，决赛在大学城。看选手表情，就知道多有实力。

17. 饭堂

东风路校区的饭堂也是萌点十足，有三个饭堂，一饭很普通，二饭很便宜，三饭很高大上，基本满足了所有人的需求。不过嘛，饭堂总归是饭堂，要求不能太多。

18. 图书馆

东风路校区的图书馆不仅看不出是图书馆，而且只有两层有书，四楼常用书，五楼专业类用书。我就不说四楼的书年纪比我还大了，不过其实也无所谓，广州图书馆那么近。但是专业用书学校还是很负责的，不管多重多厚都“买买买”。

19. 作业量

我现在一个星期两节课，其他时间干嘛呢？做作业啊！！！

21

20. 自习室

广工的自习室，环境优美，还有冷气，是炎炎夏日的绝佳去处，而且人都很有素质，没有占座的。远远望去，桌面一尘不染。

21. “供热大学”

广东工业大学又称“广东供热大学”，东风路有三大学院：“易熟（艺术）学院”“煎煮（建筑）学院”“蒸发（政法）学院”，每到夏天，大家都是鬼哭狼嚎一片。2015年，我们的“陈校长，装空调”还杀进了新浪微博话题榜。不过空调这玩意儿，见仁见智吧。在大学城校区的土豪可以买个充气池泡澡消暑。我们东风路的平民还是抱着冬瓜睡算了，毕竟用完还能吃。

22. 旋转楼梯

对了，东风路的大特色，无限螺旋式上升旋转楼梯。拍照必备神器。

23. 学习日常

由于我们的学科特殊，上课的时候我常常被这样安排：下午不上课，去博物馆看展，去美术馆看展，去南越王墓看土，去王府井做市场调研，去火车站找面料……而学校小的好处是，布展也只能向外扩展，比如最近刚拿下了机电厂以及“时尚天河”做我们的毕业展场。

24. 柱子最多

大学城校区的建筑也是蛮有特色的，据说是全亚洲最多柱子的大学。唔，不服就算了。

25. 大学城图书馆

大学城的图书馆还是很对得起你交的学费的。

26. 大学城饭堂

大学城的饭堂，据说食物种类繁多，味道也很不错。

27. 大学城美晶

下雨的话，广工还有另一番美感，《栀子花开》剧组还曾来大学城取景。

28. 偷偷布展

东风路校区的图书馆那栋楼里老是偷偷建东西，一般人都不知道——其实是筹备各种艺术展览啦！

29. “翻山越岭遇见你”

“真正的风景，都在路上！”2015年4月29日，一场名为“翻山越岭遇见你”的分享会在广东工业大学举行。7位即将毕业和刚刚毕业的大学生，用47天时间，骑行翻越西藏14座海拔4000多米的大山，并在两周内众筹了3万元，办了一场属于自己的纪录片首映礼。这几位师兄的毕业设计，还是蛮值得一看的，有兴趣的可以去搜搜。

30. 写在最后

终于写完了，高中毕业三年，江郎才尽，不喜勿喷。虽然上面的真相八成都在“吐槽”广工，但实际上，它还是一所蛮不错的大学，广工的好，只有用过才知道。

（本文所有图片均来源于网络。）

一所集美丽与智慧于一身的高校

——广东外语外贸大学的30个真相

王雪莹

7

“广外不是211，不是985，广外就是广外。”

1. 校区

广东外语外贸大学（以下简称“广外”）有三个校区，分别是位于白云山北麓的北校区、位于大学城的南校区和大朗校区。

2. 北校区

其中语言类专业都设置在鸟语花香、山清水秀的北校，也就是白云山下。北校虽然离市中心的休闲购物点有一定距离，但要出山也是很方便的。校门口有公交站直达天河城、北京路、上下九等繁华地带。步行10分钟或者乘车两三个站就能抵达地铁站，学习放松之余还可以方便地去体验广州文化。

8

3. 南校区

会计、新传、经贸、管理、计算机等学院则设于大学城内的南校区。大学城要到市区来交通相对不便，但胜在周边食肆众多，到旁边的贝岗村“视察”一周，直让人“选择困难症”发作。如果觉得不够，还可以移步至我们与中大相邻的“新天地”，八大菜系换着吃。

4. 广外就是广外

广外人心里都装着一句充满自豪感的话——“广外不是211，不是985，广外就是广外。”

5. “广外男神”

真相是，这句话出自“广外男神”——仲伟合校长2012年开学典礼上的致辞。仲校长的主要研究方向是翻译学研究、口译理论与口译教学研究，还被称为“华南同声传译第一人”。男神之所以是男神，除了因为他出色的学术成就，还因为他对教育工作的勤勤恳恳，对学生的亲切关爱，另外，深受学生爱戴的仲校长还是位“金句王”和“卖萌帝”。

6. 毕业礼

每年毕业季，毕业生都非常期待的就是在毕业典礼上仲校长的致辞和他亲自为毕业生拨穗的仪式。

7. 广外棒球服

2015年是广外建校50周年，推出了各种纪念品，U盘、杯子、明信片等不一而足，广外棒球服你值得拥有，连林志玲姐姐都穿过啊！

8. 白千层

白千层几乎成了广外的标志物之一。走向图书馆的路上白千

层挺立在两旁，庄重而神圣，但阳光之下枝叶郁葱的阴影投在校道上，又平添几分温柔和慈爱。

9. 图书馆

广外图书馆的自助借还系统非常方便，而且有丰富的外文图书和期刊。另外，还有特色的“外国语言学及应用语言学基地图书室”，收藏了国内最为丰富的语言学与应用语言学方面的图书和核心刊物，但仅供室内阅览。而“梁宗岱特藏室”则收录著名诗人、学者、翻译家梁宗岱先生的藏书、个人专著及有关研究资料。其中包括世界文学大师瓦莱里、罗曼·罗兰等赠送梁宗岱先生的多种签名本著作。

10. 梁宗岱先生

名满文坛的梁宗岱先生曾任广外法语教授，这位在民国时期有“岭南第一才子”之称的名家是我国现代文学史上一位集诗人、理论家、批评家、翻译家于一身的罕见人才。而他的故事亦在2013年梁宗岱诞辰110周年纪念活动的当晚，以话剧的方式在云山会堂呈现。由于反响热烈，多次加演，戏剧后来甚至登上了广州市黄花岗剧院的舞台。

11. CPU

广外被学生们“亲切地”称为CPU，也就是“Crazy Presentation University”，无论什么专业什么课程（大概除了体育课以外吧），都有一大堆Presentation（课堂展示）向你招手。

12. 英语课

无论你读什么专业，在广外，英语课都会占据很大比例，甚至读中文专业都要上口译和笔译课，的确是贯彻我们的校训“明德尚行，学贯中西”。

13. 小语种

广外共设有21个外语专业，除了法语、德语、俄语、西班牙语、日语、泰语、越南语……以及近几年新增的波兰语、马来语和乌尔都语。其中，法语、非通用语种群（越南语、朝鲜语、泰国语、印尼语4个语种）、英语这些专业（群）建设点，甚至入选了国家级特色专业建设点的名单。

14. 二外和双专业

报辅修课程可以学“二外”（一般是韩语或日语），此外有些专业本来就设有二外的必修课程。某些专业还设置有双专业课程可以报读，但会有一定的绩点要求。

15. 选课

选修课、体育课的选择非常多样化，但有些课程是要经过激烈拼抢才能选上的。比如影视音乐欣赏、广告创意欣赏、爱情心理学这些有趣又能学到知识的课程。而体育课方面，健美操、排球、羽毛球、跆拳道等任君选择。等等，你问我“快乐体育”学的是什么？你猜——好啦，答案是：什么都有——八段锦、呼啦圈、羽毛球……花多眼乱什么都想试试的同学不妨修修看。

16. 文化节活动

我们经常在校园内举办各种文化节活动，如世界文化节、欧罗巴文化节、亚洲文化节、中国文化节……除了特色的歌舞节目表演以外，还有各地的特色美食现场制作和售卖，立志要吃遍全宇宙的同学请看好你的钱包。

17. 花开时节

明年不用去华农挤破头啦，广外也有樱花园和一个神秘的桃花岛（嘘）。此外四时之景亦不尽相同，紫荆、羊蹄甲、三角梅、月桂等遇时盛放，让人春夏秋冬都有绽放的美好心情。

18. 猫

喜欢猫咪的你来广外要准备好被萌出一脸血，当然也要准备好每年春天晚上被吵得睡不着。偶尔还有学霸猫和你待在同一个课室，实现同一个梦想哦！

19. 留学生

校园里外国留学生随处可见，白白嫩嫩的韩国妹子，高鼻梁的西班牙长腿男生，文化交流和融汇在这里得以实现。而且学生外出交换学习的机会也十分丰富。根据官方数据：截至2015年底，广外已与美国、英国、法国、德国、西班牙、意大利、葡萄牙、芬兰、冰岛、加拿大、澳大利亚、日本、俄罗斯、马来西亚、印度尼西亚、泰国、越南、韩国、智利、秘鲁、古巴、墨西哥及中国香港、澳门、台湾等43个国家和地区的305所大学和学术文化机构建立了合作交流关系。2015年广外出国（境）学习学生人数977人次，占当届学生数量的16.3%。

20. 北校夜生活

天气晴朗的夜晚，除了“看，飞机！”以外，在北校操场看星星赏月也是极好的。白云山畔污染相对较少，躺在草地上，笼罩在布满星星的天幕下，和三五知己聊聊天，这大概是很多人对大学生活的幻想情节之一吧。恰逢流星雨时，操场上此起彼伏的“哇！”“又有一颗！”真是让我这个四年没抓住一颗野生流星的宝宝非常心痛。

21. 南校夜生活

南校的夜生活大概少不了夜跑和消夜，在大学城的内环和志同道合的同学跑一跑，学习、生活的压力也就被抛在夜风中啦。

22. 南北专车

南北校区有专车往来哦，班次间隔为15分钟左右，虽然还是会让跨校区的恋人有“异地恋”之感，毕竟车程也需要一个小时左右呀。

23. “女生不得内进”

北校的男女比例一般来说是1:7，男生可谓是珍稀动物，所以你会发现他们有自己的宿舍区而且有围墙有栏杆还有牌子写着“女生不得内进”。

24. 宿舍

北校宿舍条件参差，因为每栋楼建成的年份不同，以女生宿舍而言，住宿条件较好的是13~17栋，宿舍内设施相对新。而南校的宿舍则全部为上床下桌。除了北校某些落成较早的宿舍外，基本上宿舍都配备空调、独立卫浴。

25. 勤工助学

广外云山勤工实体旗下有咖啡厅、书屋、健身房、凉茶坊、书报亭……下课可以和同学到咖啡厅聊天休闲，到健身房尽情挥洒青春的汗水。业余时间也可以加入实体兼职工作，充实自己。

26. 指纹识别

广外没有门禁制度，但女生宿舍大门安装了指纹识别。安全是安全，可有时碰上最赶时间要跑去上课的时候，机器却偏偏一直对我们说：“请重按手指。”

27. 熄灯制度

虽然没有门禁，但是广外北校区周日到周四晚上都是11点关宿舍灯（当然小电器的插头是不断电的），12点断网。而且因为部分热水系统是太阳能的，还要做好偶尔断断热水的心理准备。

28. 无线网络

北校已经基本上全校覆盖Wi-Fi啦，妈妈再也不用担心我的手机流量了。

29. “伟大的安妮”

网络红人、漫画作者“伟大的安妮”是广外的校友，同时，她也是快看世界（北京）科技有限公司CEO、快看漫画APP创始人。她从小就喜欢在课本上乱涂鸦，画黑板报，梦想成为漫画家。在广外念大二那年，漫画家杨笑汝的讲座让陈安妮坚定了对漫画的追求。

30. 晨读晚诵

北校因为以外语专业为主，因此在校园许多角落，尤其以“二教”的架空层为甚，每天天蒙蒙亮开始到黄昏时辰，都能看到捧着书大声朗诵的学子，各国语言交杂其中，蔚为壮观。

（本文除图片7来自广外官网外，其余图片皆由作者拍摄。）

24

更好的广大等待更好的你

——广州大学的30个真相

李惠渝

1

有一种滋味，广大同学都不知道；

有一种情怀，“广大”同学才知道。

不经得起风雨（赶图）的洗礼，哪能换来就业妥妥的！

1. 广大最难录取、就业最易的学院

如果你问广大人，什么学院最难考，最好就业，99%会告诉你是土木学院！“土木”是广大的标杆学院，具有雄厚的实力（和作业）。土木人表示，选对了专业，大学跟高三一样充实！不经得起风雨（赶图）的洗礼，哪能换来就业妥妥的！

2. 广大俊男美女最多的学院

借问俊美何处有，广大遥指新传院。新闻与传播学院是广大另一王牌学院，除了实力过硬，还聚集了一大拨养眼的俊男美女。新传院拍毕业照，根本是“美在花城”的现场直播。现广州电视台的著名主持人林洁、冼一峰也是新传院的杰出校友。

3. 广大最有少女气息的学院

广大旅游学院特别之处，在于它拥有广大唯一的院服。每逢周一，旅院的白衬衫、红黑格裙都会成为校园的一道风景线。而刚成立不久的卫斯理安学院由广大与美国卫斯理安学院联合举办，致力于培养顶尖女性（该院学生第二年都会赴美进行学习）。

4. 广州大学的两个校区

广大有大学城和桂花岗两个校区。虽说桂花岗相对独立，但尽享便利的交通，新装修后宿舍大、空调冷、网速快，也算是个“享受”学习的好地方。文清楼附近有校车直达桂花岗校区，大学城的广大青年不妨前去参观。

5. 广州大学的男女比例

广大的男女比例趋于平衡，有利于彼此交流（脱单）。但也有个别学院严重失衡，譬如女生凤毛麟角的土木学院，男生誉为国宝的人文学院、外国语学院。人文师范班男女比例1:20够不够酷炫？英语专业还有全女班哦！

6. 广大三大学生食堂之梅苑

广大常设的学生饭堂有“梅苑”“兰苑”“菊苑”。江湖传闻，“梅苑”近女生宿舍故常能捕获白富美；二楼的糖水价廉物美，冠绝广大，而且扒类套餐偶会出现肉排比饭多的福利。

7. 广大三大学生食堂之兰苑

兰苑是广大最受好评的食堂，得益于性价比高的大众菜和优雅舒适的环境。无论是4元的瓦罐汤，6元的牛腩粉面，还是8元即可拥有的烧腊拼双腿饭，兰苑一直是学生的不二之选。兰苑三楼还有特设卡座，是约会聚餐的绝佳场所。

8. 广大三大学生食堂之菊苑

菊苑是一个神奇的地方，讨厌的人嗤之以鼻（被戏称为“屌

7

12

丝饭堂”），喜欢的人热爱不已。虽然笔者甚少在菊苑就餐，但可以负责任地告诉大家，菊苑除了坐拥大排长龙的沙县美食，还拥有广大种类最多的早餐和消夜。肠粉、薯条、排骨、牛肉丸……只有你想不到，没有吃不到。

9. 广大三大隐藏食堂之竹苑

竹苑教工饭堂是唯一处于教学区的饭堂，中午只招待教职员工。竹苑的特色在于优雅舒适的环境（配有空调和大电视）和分量大到根本吃不完的粉面。想尝鲜的同学要赶在5点前，不然就得轮候很长时间。

10. 广大三大隐藏食堂之美食中心

美食中心位于商业中心一楼，有近40间食肆。价钱稍贵于食堂，但胜在选择种类更多。多年来屹立不倒的炖品X、一家X、海南XX等等，慰藉着莘莘学子的胃。美食中心附近也聚集了大量餐厅，是广大人聚餐的好去处。

11. 广大三大隐藏食堂之“南五路国际美食街”

A同学：你中午吃什么?

B同学：我吃南五路。

只有广大人才知道，这不是一条路。南五路国际美食街又名小北亭，发迹于南五路，下午5点开始营业直至深夜，高峰时期愈六七十个摊位。烧烤、凉拌、卤水饭、糖水、炸鸡……一应俱全。因为美食街有一定的食品安全和卫生隐患，现在已经被取缔了，成为了广大人集体回忆的一部分。

12. 广大人可能永远不会去的地方之钟楼

广大钟楼耸立在全国最大的单体图书馆旁，你我或每日都会经过。然而，鲜有人能进入内部探个究竟。钟楼楼身标注了广州大学的校训——“博学笃行，与时俱进”，很有气派。

13. 广大人可能永远不会去的地方之密集书库

密集书库是经常出入图书馆的同学也未必造访的地方，因为愚钝如笔者根本找不到出入口。据舍友透露，密集书库时而开放时而闭馆，正当笔者想继续追问，她却幽幽地说，密集书库有种奇妙（诡秘阴森）的感觉，还是少去为妙。具有科学探索精神的同学可去探个明白。

14. 广大人可能永远不会去的地方之学生活动中心

所谓的学生活动中心就是文俊东楼对面的圆形状建筑，该中心主要承办中小型的学生活动。但由于大部分活动都会选择在讲学厅、小巨蛋或演艺中心举办，所以有部分广大人可能四年都没有机会踏进这个地方。而事实上，学生活动中心麻雀虽小，五脏俱全，晚上颇有气氛。

13

15

15. 广大人一定会去的地方之南五路

南五路是介乎宿舍区之间的一条马路（已更名为广大路），在这里，孕育出广大独特的校园文化——压马路。夜幕降临，南五路变成了另一番光景。三五成群的广大人会豪迈地席地而坐，或高谈阔论，或品味美食，或游乐嬉戏。时不时也会看见围成圈的十数人甚至数十人，那必定是某个部门的例会，或是班级活动。每年新生入学、跨年、情人节，都是南五路狂欢之时。但各位广大人压马路也要注意降低音量和控制时间，不要影响楼上的同学休息。

16. 广大人一定会去的地方之红棉路

红棉路是从宿舍区前往商业中心的一条普通小路。但每年的社团招新（即广大人所说的“百团大战”），周二下午的社团摆摊，各种商家宣传，都挤在这小小的一段路上。

17. 广大人一定会去的地方之商业中心中庭

商业中心不仅是同学们日常采购的地方，它的一楼中庭会承办各种类型的活动、比赛，晚上还会在大屏幕放映电影。待到NBA总决赛、恒大比赛、跨年倒数，中庭都会聚集一批广大人分享宝贵的一刻。

18. 广大人一定会去的地方之开会胜地

社团交流、小组讨论，大学生都离不开大大小小的会。除了南五路，想要开会，广大人还有多样的选择。全家的就餐区、教学楼的架空层、KFC还有社东、社西……

19. 广大人的困惑之行政楼之谜

广大的行政楼分为行政东楼和行政西楼，东、西楼又各分为前座和后座。而前座和后座有些楼层是相通的，有些楼层却并不然。所以要办事的同学上电梯前，记得要看一眼指示牌，看清自己要找的地方是在东楼还是西楼，前座还是后座，免得白跑一趟。

20. 广大人的困惑之分手桥之谜

“分手桥”连接图书馆和理科楼，天气好的时候，湖光粼粼，微风习习，好不舒适。但就是这样人来人往的桥，却有一个受诅咒的名字。传说中，每对走过分手桥的情侣都难以开花结果。

21. 广大人的困惑之军训时间之谜

自2013年起，因桂花岗新生无法共同参与军训，广大将军训的时间调整到入学次年的7月。这种调整虽是无奈之举，但却给师生带来了一定困扰：天气过于炎热、期末事务繁多，军训的成效似乎不如预期。

22. 广大人的困惑之消失的树洞之谜

广大树洞公众号原为：广大talkshow，是广大人寻物、咨询、吐槽首选，偶尔也夹杂着广告、谩骂等不良信息。自从树洞因不明原因被查封，广大人也少了一个了解信息（看热闹）的渠道。前段时间，新树洞（广大talkshows）再度崛起，但影响力已经大不如前了。

23. 广大人的烦恼之中华经典诵读之苦

中华经典诵读考试是广大人必过的一个难关，其艰险犹如蜀道之难，教人望而生畏。但从本学期开始，中华经典诵读成为了选考。每位在校生只可参加一次，考试通过可获取1个第二课堂学分。有兴趣的师弟师妹可报名哦！

24. 广大人的烦恼之一卡通储值之苦

每逢长假后、月末月初，都是广大人缴网费的日子。而往往就是人最多的时候，圈钱机故障的概率也就越高，连带影响了学生储值热水费和餐费。小提醒：如果学生食堂附近的圈钱机都不能运作，大家可前往竹苑和图书馆附楼的圈钱机。

25. 广大人的烦恼之六人间之苦

自2012年起，因应扩大招生的需要，原有的四人间改建成为上下铺的六人间。除了面对空间缩减，广大人还要适应“姚明专用”的储物柜，同学们都哀叹：“臣妾做不到啊。”但三年下来，不能否认，六人间也有一定的好处，终究是比较热闹嘛。

26. 广大人的荣光之微博粉丝最多的校友

笔者要科普的是广大微博粉丝最多的一位校友（暂时发现，欢迎指正）——某电台节目主持人Hugo。自称是“肥仔中的靓仔”的Hugo主持节目愈10年，坐拥逾50万的粉丝。值得注意的是，Hugo不是广大播音系的毕业生，而是土木学院的校友。

27. 广大人的荣光之粉丝最多、歌声最美的老师

写得一手好毛笔字，学得一门妙速记，唱得一首好曲儿——广大人文秘书系的邓海涛老师凭借其多才多艺，风度翩翩的儒雅书生气质（及不常点名的作风），风靡了文院的少男少女。可惜海涛老师谦虚羞涩，不常暴露其天籁之声，有机会上他课的师弟师妹，要记得提醒他：“毛笔字跟歌声更配哦！”

28. 广大人的荣光之最有特色的公选课

据说广外有一节教你恋爱的热门公选课，广大也有这样座无虚席的公选课，你知道吗？广大首门性别公选课《文化研究与性别再现》已经开课了！该公选课每节课都会邀请不同的嘉宾，内容涉及日漫、电影、摇滚等文化领域。你准备好进入自由、有趣的课堂了吗？

29. 广大人的荣光之精彩纷呈的课外活动

从人有我优的辩论赛、拔河比赛、篮球赛、男生节、女生节，到人无我有的三行情书、团支书竞赛、秘书节、雅室大赛、微电影大赛、心理情景剧、班服大赛、十佳歌手大赛、师范技能大赛、领导联系班级活动、参观饭堂日、职业生涯规划大赛……大大小小的活动，总有你发光的舞台。

30. 广大人的荣光之踏入一本招生行列

2015年4月30日下午，朋友圈几分钟内被一则标题为“广州大学正式全面升一本”的新闻刷屏了。广大人在欣然喜悦的同时，同学们也有不同的感慨。在笔者看来，只有对广大有感情的人，才有思考，才有感怀。如果要我打一个譬喻，广大就像是一个不断努力的“熊孩子”，有可吐槽之处，可更有值得肯定之处。毕竟，从最熊那孩子，到最牛那学校，背后是无数广大人曾付出的艰辛与努力。踏入一本招生行列，就是第一朵小红花，不是吗？

后记

年少多好时，广大是停泊的港湾；告别校园时，广大是我心的家乡。

但愿广州大学能让你觉得光荣，而你，亦能成为广大的荣光——永远是博学、笃行的合格广大人。

（本文图片皆由黄舒越拍摄。）

直把“醫科”当“酱料”

——广州医科大学的30个真相

林良智

前言

“你在哪个大学读书？”

“广医啊。”

“哦，广州中医药大学啊？不错啊！”

“不是广中医……是广医大。”

“啊？广东医学院（广东医科大学）？”

“广州医科大学……”

“哦，是不是还有个广东药学院（广东药科大学）？”

“嗯，我知道大家都傻傻分不清。”

1. 广州医科大学

广州医科大学创办于1958年，是一所以医学为优势和特色，开展本科、硕士、博士多层次人才培养的全日制一本高校。学校坐落于历史文化名城——广州，主校区与广州大学城隔江相望，环境优雅、设施先进，是读书治学的理想之地。

学校下设18个学院，7所直属附属医院和12所非直属附属医院，18个研究所，1个国家临床医学研究中心，包括呼吸疾病国家重点实验室在内的19个市级以上重点实验室。学校拥有1个国家重点学科，9个国家临床重点专科，一批省级重点学科和重点专科，其中呼吸内科排名全国第一、胸外科排名全国第六，临床医学进入ESI排名全球前1%。

2. 两大主要校区

广州医科大学目前有两大主要校区，主校区位于珠江之畔的番禺新造镇，东风西校区则坐落于广州的中心地带。

3. 曾隐于山水的龙洞校区

在番禺新造校区启用之前，广医大的龙洞校区（卫生管理学院、前人文社科学院）曾坐落于龙洞水库旁。隐于山水之间的龙洞校区钟灵毓秀，校区虽小，但学院学生之间非常融洽，记载着近十载龙洞学生的点点滴滴。

4. 专业棒棒哒

广医大现开设20个本科专业，其中医学类专业10个、理学类专业4个、管理学类专业3个、工学类专业2个、法学类专业1个，形成了以医学类专业为主体，理学、工学、管理学、法学类专业为重要补充的专业体系。

2012年经教育部批准，入选首批卓越医生教育培养计划改革试点高校。截至2015年11月，累计建有国家级特色专业建设点2个，省级综合改革试点专业8个，省级名牌专业3个，省级特色专业建设点4个，省级重点专业1个。

5. 我们不一定都是学医的

“你在广医念什么专业啊？”

“市场营销。”

“哇，你毕业之后不就去卖药？”

“不……我们和别的学校的市场学是一样的……”

广医大除了医学类的专业

外，还有公共事业管理、应用心理学、法学、市场营销、信息管理、统计学、食品质量与安全等专业科系。区别于其他综合性大学的同类学科，广医大的专业设置里，医学都是主干课程之一，真不枉“医科大学”之名。

6. 神奇门禁

广医大的校园安保做得非常好，出入校门要打卡、过门禁，宿舍楼也有门禁。在保障学生切身安全这点上，给广医大点个赞！

7. 谜之三楼饭堂

新造校区的饭堂楼目前内设四层三个不同的饭堂（嗯，我们知道没法跟某华南吃饭大学比）。

一楼是比较常见的家常小炒家庭菜式。

二楼有笼仔饭、麻辣烫、粥、肠粉、烧腊档、扒饭、清真餐等等。

三楼，有……唔……目前还没开。

悬壶济世，救死扶伤。

四楼，比一楼精致的家常小炒家庭菜式（笔者很喜欢这里）。

虽然美食种类不算多，但对于课程爆满的医学生而言，在课后立刻能品尝到家的味道，也是一种小满足吧。

8. 你的班主任可能是钟南山

所有录取的临床医学本科学生都有机会在第二学期参加选拔，进入南山学院（南山班）学习。南山学院由钟南山院士担任班主任哦！

南山班深入开展医学精英教育，和香港大学李嘉诚医学院密切合作，师生可以定期前往香港大学学习交流。优秀毕业生或可免试推荐攻读硕士研究生，或可推荐进入与该校有合作协议的国（境）外名牌高校继续深造，或可进入附属医院“住院医师规范化培训”工作。简直是医学生梦寐以求的班级！

9. 镇校神兽：鸭子

提起学校的神兽，大家都会想起华南农业大学的牛牛，广东外语外贸大学的黑天鹅。

我们广医大的神兽也是萌萌的，直接有图有真相。

10. “脑洞大开”、丰富多彩的校园活动

广医大的活动经常能够给同学们带来惊喜，就如之前刷爆朋友圈的广医大“求生之路”（传说中的“丧尸跑”）活动。每年的才艺大赛、歌手比赛、女生节、舞会等活动都让各位同学留

9

下了值得久久回味的大学回忆。

11. “酱料大”

在广医，会常常看到大家调侃“酱料大”，不明真相的外校同学都觉得很疑惑。

其实，是广医的校徽上繁体的“醫科”二字看起来很像“酱料”……

12. 广医大不大

“广医，大不大？”

“广医大，不大。”

笔者本来是龙洞校区原住民，入学的时候曾感慨校区5分钟可以逛遍。

后来到坐落于市中心的东风校区考试的时候，感慨学校可以10分钟逛完。

毕业之前，番禺新造校区终于启用了，学校终于要花30分钟才能逛完了。

逛完的概念是，把所有建筑物、球场和体育馆的周边都走遍。

以前笔者去中大找朋友的时候，总感慨“你们学校真好啊，好大！”

等到毕业的时候，中大的朋友来找我，他感慨“你们学校真好啊，去上课那么近。”

18

确实，从宿舍到课室上课非常快捷方便，也是一种小确幸吧。

13. 诗情画意

黄昏的时候，在广医校道上漫步，或者在湖边喂喂鱼，都充满着诗意。

14. 悬壶济世，救死扶伤

小时候，笔者生病了会到广州医学院附属第二医院看医生，一直以为广医是一个很神秘的医学研究组织（就像什么科学院）。直到报考志愿的时候，才发现广医是一所高校。

在广州市民的心中，广医大附属医院比广医大本身更耳熟能详。就算大家总会“傻傻分不清”广医大、广中医、广东医、广药几所高校，但毫不影响大家对广医附属医院的深刻印象，尤其非典时期，广医一院以及钟南山院士更是深入民心。

悬壶济世，救死扶伤。

15. 非临床生也是要上解剖课的

众所周知，临床医学生需要上解剖课，其实，非临床医学生也是要上解剖课的。

16. 广医法学生不是做法医的，但法医学确实是课程之一

广医的法学系是以卫生法为教学特色的，其他课程安排与其他综合性大学的法学系没有太大区别。

但是，如果你问我们：“你们是学法医的吗？”

或许，我们真的可以回答你：“是啊，怎么了？”

因为，法医学是法学系大三的课程之一。

17. 宿舍生活

宿舍条件一直都是考生们超级关注的问题。现在新造校区的校区有分2人宿舍和4人宿舍，都有独立的洗手间和冲凉房，宿舍楼内有公共洗衣机、空调、24小时不断网（前提是流量没用完）。饭堂就在宿舍区旁边，宿舍区内有小型超市，总体来说广医新造校区的宿舍生活还是挺舒适的。

18. 体育场馆

新造校区的体育场馆很不错，篮球场、足球场、羽毛球场、排球场、网球场一应俱全，还有室内的游泳池和健身室。

19. 小巧精致广医大

虽然广医大并不大，但其实“麻雀虽小五脏俱全”，而且从视觉上来看，也确实很有园林气息。

当你真的穿上学士服离开广医大的时候，才懂得曾经的时光有多么的珍贵。

20. 东风校区饭堂

东风校区（越秀校区）饭堂也有四层，共可提供餐位2200多个。

一楼和二楼为学生基本伙食食堂（二楼暂未营业），经营早、午、晚餐，普通膳食及消夜。

三楼为风味餐厅，经营各式汤粉面、拉肠、生滚肉粥、笼仔饭、扒饭及糖水小食、冷饮等。

四楼为教工餐厅及接待餐厅（暂未营业）。

21. 舌尖上的广医

直接上图。

22. 御用校巴“番85”

“你们学校有校巴吗？”

“‘番85’应该算是吧。”

“那不是普通公交？”

“对啊……不过也只有广医大一个站。”

地铁4号线新造站，番85直达广医大，所以它可以说得上是广医学生的御用校巴了。不过，唯一值得吐槽的就是，夜晚番85的班次间隔比较长，要30分钟（哭）。

23. 与大学城为邻

新造校区位于番禺新造镇，邻近新造地铁站，就在大学城对岸，交通非常方便，地铁前两个站就是大学城南和大学城北了。暨大的南校区也在新造镇。

24. 创业苗圃和师生活动中心

广医大近年来越来越注重创业创新实践培训，在师生活动中心开设了“创业苗圃”，进驻着初期孵化的项目。创业苗圃比较有名的两个创业项目是“老广医糖水铺”和“有个咖啡”。

25. “有个咖啡”

或许，会在YouGe Cafe（有个咖啡）里，遇见一个人，遇见一个故事。

26. 爆课表大学

医学生的课程压力是比较大的，大一到大三，课表经常是爆满的，让你每一天都过得超级充实。

27. 教学楼大观

新造校区全新的教学楼，建筑风格大气简约，不少外校来参观的小伙伴都感慨广医新造校区的教学楼确实漂亮。

28. 有灵魂的学生组织

不少同学在大学里都有加入学生组织，都参与过学生组织的工作。在台前幕后奔跑忙碌，为

同学服务，舞台上一夜的光影，幕后几十人一个月的汗水。每逢换届，部长与干事之间总是依依不舍。广医大的学生组织，无论规模大小，无论职能如何，都是有灵魂的，一代又一代的广医人，代代传承。

29. 厚德修身，博学致远

“厚德修身，博学致远”作为广州医科大学的校训，有着深远的文化内涵和现实意义。“厚德修身”强调的是大学教育中思想道德建设和修养身性的重要性，突出学校对传统美德承传以及对学生的思想道德教育、良好身心培育的重视，倡导师生员工学做人、学做事、学立身、学处世，即以高尚的道德担负起历史使命；以高尚的师德从事教育实践；以高尚的个人操守服务社会。“博学致远”强调的是学识修为的重要性，没有渊博的知识，就无法施展自己的抱负，达至人生美好的境界；只有静下心性潜心求学，博思审问，融贯中西，博采众长，才能高瞻远瞩，实现抱负。

30. 此生此世广医人

高考成绩公布之前，我从没想过自己会报考广医大。经历过最淳朴的龙洞生活，也千里迢迢去过东风校区做实验，总听着师兄们“快要搬大学城了”。到了我大四的时候，终于搬到了新造校区。好像阴差阳错的四年，却正好给了我最刻骨铭心的大学时光。在校的时候，可以每天“调侃+吐槽”学校一万遍，但当你真的穿上学士服离开广医大的时候，才懂得曾经的时光有多么的珍贵。

此生此世，广医人。

（本文图片1、25由作者拍摄；图片9、18、27由陈鸿智拍摄；图片11来自广医官网；图片21来自广医大卫管学生会微博。）

未来老中医的聚集地

——广州中医药大学的30个真相

洪学勤、姜乐盈

1. 我们学校超级棒！

作为一个完全没想过要读医的人，填志愿之前我连听都没听说过这个大学……然而“百度”了一下发现本校其实棒棒的——据很多从小心仪中医专业的孩子说，广州中医药大学（以下简称“广中医”）简直是中医界泰斗一般的存在，在广东省外的招生分数也很高呢。百度百科也说了，广州中医药大学是新中国首批兴建的4所中医药高等学府和卫生部临床药理研究基地以及中医药师培训基地之一，为中国首批拥有硕士博士学位授予权的单位。

2. 两个校区两个世界

广中医虽然是大学城里面积不大的学校，连生活区都跟隔壁好兄弟广东药科大学共用，导致无数新生走错地方报道，但实际上我们是有两个校区的，合共占地1377亩，建筑78万多平方米。

三元里是我们的主校区，7年制的医学生们会在那里度过后4年，随着学制的改革，4年将变为5年（人生，有多少个5年啊！）。三元里校区，历经风雨，以公共卫浴和饱含沧桑的墙壁，向无数怀揣治病救人梦想的中医学子发来迟到的新年贺电：选择我！你肯定好好读书！

而新建的大学城校区就截然不同，宿舍有空调，有独立卫浴，有大镜子的宽敞阳台，四人间上床下桌，甚至还有电梯——最棒的宿舍你值得拥有！

3. 广中医VS. 广医VS. 广药

被隔壁老王叔问起：“哎，姑娘考哪去啦？”

“广中医啊！”

“广中医，就是那个‘二本’是吧！我知道！”

“……”

这种场景是不是常常出现？广中医、广医、广药名字太像，身边人傻傻分不清，且看下面的分析：

广中医：广州中医药大学简称，文理都可以报名，是重本里面为数不多的中医学方向学校。

广医：广州医科大学简称，主要院系有基础学院、临床学院、人文社会科学学院等，最近也搬来了大学城附近。

广药：广东药科大学简称，广药有大学城、赤岗、宝岗、中山四个校区，大学城校区则是本部。

4. 我们的名牌专业

广中医的临床医学专业（7年）是全国首屈一指的中医临床专业，整个医学院都生存着天南地北来的活神仙，都可以上《最

为医者，学无止境！

1

9

强大脑》检验明星脸上有没有动刀整容的那种。

因为实在太有名，甚至有很多本来就是医生的叔叔、伯伯来进修研究生甚至博士专业，平日图书馆里也会冷不丁地在你对面坐下一个抱着人体解剖图册的叔叔。

为医者，学无止境。

当然，中药、针推、护理也都是广中医比较有名的专业，想去深圳就业的还有专门的“深院”，还有“宅男适宜”的医药工程生物技术。

5. 中医“没我们什么事”学院

“你在广中医啊，读医吗？”

“啊不，我读经济。”

此逻辑可以套在经管、体院、外院任意之上，让你感受到迷人的尴尬证。

虽然是中医学校但是为了建设综合性大学，广中医也开设了与医药有那么一丁点儿关系的相关专业，例如医药经济贸易、医疗保险、公共卫生管理、医药英语之类的专业。

6. 让你会挂掉的课程设置

学医、学药的同学们的课程：药理学、人体解剖学、中医基础、中药药理、有机化学……

经济学院的同学们课程：上述课程+高等数学+宏观微观经济+国际贸易+公共管理……

由于学校的特殊性，所以每个非医学专业的同学都必修部分挂科率极高的医药课程，作为一个文科生，每到期末就像苦练七十二变，还不一定能笑对八十一难，生活质量暴跌。

7. 新鲜的BODY

上文提到不知道为啥我们学校有体院，但是我必须，郑重表扬学校这一英明举措——体院是广中医男性颜值的实力担当。在男性平均身高堪忧的大学城，每天看到阳光飒爽高大帅气的男孩们随意地摆弄着篮球走在天桥上，“男友力”爆发地一辆单车前面搭一个后面载一个呼啸而去，少女心怎么能不萌动！所以，体院理所当然地成为了“脱单”率最高的学院，没有之一。

这是个看脸的世界，没有颜值请用身材来凑。

8. “We are the champion.（我们是冠军）”

广中医橄榄球队连续两届荣获全国橄榄球赛冠军！

作为肌肉界的代表，每天上学路上都可以看到他们自带可以撑爆紧身衣的肌肉，甩着汗水从训练场跑回饭堂的身影，认真拼搏的男人最迷人！

不要压抑自己的天性，在“百团大战”的时候加入橄榄球社团吧！

9. 虽然不咋大，可我们有山

基本每个新生都会被班助带着在教学区游山玩水一番。山有两座，一座是药王山，一座是时珍山，山上大多都种些珍贵的草药、灌木，春天开花，秋天结果。

刚入冬有一点点降温的时候去爬，阳光会洒在树叶上，落下斑驳的影子，路边都是不知名的小花，课本上教过的草药，虽不是一下子就让你会“哇”出来的那种美景，但是沉浸其中还是让人感觉很温馨。

时珍山的池塘旁边还有“不要998不要98不要一分钱”的四叶草，细心就可以找到很多，摘了拿来哄女孩子省力省心又省钱。

11

10. 有树

时珍山上有一棵颇古老的名贵树木叫红杉树，为了防止被偷砍所以被围了起来，只要上认药课都会介绍到它，是广中医的宝贝之一。

但自入学以来我关心的只有池塘边的银杏树和基础楼对面的菠萝蜜，毕竟一个好看一个好吃。

11. 有河流

大概是由于有山的原因？广中医的排水系统一直都很有问题，暴雨季节来临时，最壮观的一景就是药王山瀑布，孜孜不倦的学子们卷着裤脚淌着快到膝盖的水到课室上课，只为追寻中医最深的奥义，顺便应付班委点名。

12. 奇珍异宝博物馆

如果你来广中医半日游（半日足矣），不去一趟广中医博物馆就太可惜了。一进楼映入眼帘的就是十几米高的中草药标本墙，抬眼望不到顶。再往上走就可以看到中医发展史的介绍。

13. 迷之解剖楼

你要是问学校哪里最恐怖，不用猜，肯定是月黑风高夜里解剖楼的尸体池：福尔马林的味道随着阵阵阴风飘过，其实我闻起来感觉还有点酸奶味。当你在尸体池旁捞局部解剖要用的尸体，这个时候忽然从后面伸出一只湿淋淋的手搭在你的肩膀上，一阵恶臭从后背袭来……咳，其实没有那么恐怖啦，沉睡在福尔马林里的大体老师们都值得所有医学生尊敬，不过越瘦的大体老师越受学生欢迎！

14. 永不消失的I栋

广中医宿舍以英文字母命名从A~M，唯独缺少I。宿舍楼没有I栋也让很多送外卖的小哥蒙圈，至于没有I栋的说法有很多，有人说是因为I栋建的时候老是建不起来，结果变成了“二商”那个只有两层楼的建筑；也有人说是因为“和1”很像怕搞混。理由众说纷纭，不过大抵背后都有一个神秘又灵异的故事吧。

15. 补肾的一饭

“二商”由于合同问题撤离了学校，学生只好都去一饭、二饭觅食。二饭食物变化少，没什么特别难吃的槽点，也没有什么可圈可点之处；至于一饭，绝对是你肾气不足的好去处。

中医说，味道比较咸的食物是补肾的，有助于提肾气，所以以前人们配种猪都会在猪食里面用大量的食盐。一饭的一楼大众饭堂的师傅估计深刻体会到大学生每日生活艰辛，又甚是了解食盐的妙用，所以毫不吝啬，哗哗猛放，菜的口味可想而知。

16. 业界良心广药二饭

老是在自己学校吃容易厌烦，所以我们经常去隔壁广药二饭吃饭。广药二饭堪称十佳饭堂之一，所以最火的自选烫菜炒菜窗口总是大排长龙，但是这也无阻广中医人的热情，毕竟我们上课时间晚，不怕排队。

17. 人人必打八段锦

治未病是中医推崇的思想之一，养生的关键不仅在于进补，更在于运动，八段锦就是广中医校园里一道亮丽的风景线。八段锦是类似太极的一种节奏缓慢且有套路的运动，其实平时自己练练，教教长辈也是很长脸的技能，但是每到校运会，就要评选八段锦做得最好的班级代表学院参加汇演，难得的四天假期就要被八段锦所泯灭，因此甄选过程之惨烈可想而知。

18. 明星璀璨大会堂

大会堂是广中医响彻大学城的风水宝地，可容纳几千人同时观看，各大明星来广州宣传也会首先考虑大会堂，因此我们有幸近距离接触了很多大牌，比如方文山、吴亦凡、邓紫棋、刘惜君、汪苏泷等，还有好多我不记得的。总之抢票很重要，更重要的是认识学生会广播台的大佬们，不认识也没关系，你可以站在门口等时机偷偷溜进去。

19. 男女混宿

未入校之前就被贴吧上求分到混住宿舍的帖子震惊了一下，广中医的B、F、G栋是男女混住的宿舍，不是一间宿舍里面有男有女啦，是分层管理，几层男生，几层女生。不过在走廊也可以看到很多妹子穿可爱睡衣出来倒垃圾、拿外卖，也算是一饱眼福。

学习中医学相关专业的课程最大的福利其实是——下了课老师免费帮你看病！

20. 那些抢破头的课程

必修的苦就不用说了，一群医学生没什么好抱怨的，就是苦读而已，但是广中医选修课十分之生动有趣，有很多师兄、师姐强烈推荐要抢的课程，譬如宋老师的气功课。宋老师和蔼可亲，气功教学简单实用，分数客观公正，有很多上了年纪的叔叔、婶婶都来旁听这个课程，常常连座位都不够。还有经管院一大神器，院长先生的“大学生性心理”课程，其课堂气氛轻松活泼，还附送院长对爱情的深层次理解。

21. 中药文化节

要说全校最有钱的院系，头一号就是中药学院，中药的有钱不仅体现在一周内搭舞台抽奖品的中药文化节上，更是体现在学生会旗下组织均可报销这个小事上，连辩论队打印都可以申报，可怜经管学校拿了冠军还要自己拼命花钱印稿子呢。

22. 中医生的日常

“亲爱的，我刚刚上了解剖课，灌胃了12只小鼠。”

“我也解剖了4只蟾蜍。”

“针刺千，方药千，熟地当归迁；胡黄连，苦黄连，了断了眷恋。”

我就想问问你们看懂了没有！这就是中医生的日常对话，贯穿着水谷精华，对世间万物阴阳两极了然于心。

其实真正的日常是饭堂的艾灸味和楼下打太极的人群，平淡释然，却感受到对生命的赤诚。

23. 名医震场

就像在北影的同学能隔三岔五地见到影后级别的明星或者张艺谋级别的名导一样，广中医的名医很多，邓老凉茶的研制人邓铁涛先生就是广中医的教授（我真的不是在给邓老凉茶做广告）。而我们也时常邀请老中医们回来给新生开讲座，比如俞云教授年年都会回来讲切脉针灸如何怼癌症，修宗昌教授也会回来带领新生叩响中医之门，此外和百年难得一见的大师们进行面对面交流真是不可多得的福利啊！

24. 老中医福利

说真的，学习中医学相关专业的课程最大的福利其实是——

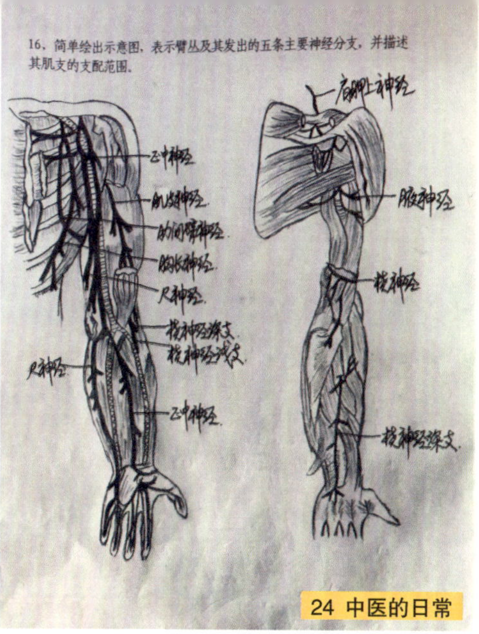

24 中医的日常

下了课老师免费帮你看病！看过柳下挥的《天才医生》没？老师一把脉一口一个你肾虚——这真的不是梦啊。当然我不提倡这种行为，一下课近百人一窝蜂冲过去找老师看病，一人一句话都能把老师淹没了……

25. 太极队和醒狮队

在迎接新生的传统仪式里，“百团大战”绝对是重头戏。住C栋的男生们表示每年看到楼下密密麻麻的摊位都会顿发“密集恐惧症”，天秤座的“选择困难症患者”更是不知道往哪个摊位挪步。各位客官不妨赏脸往空地那边看看广中医两大明星社团——太极队和醒狮队。

陈、杨、孙、吴，你想学哪一路太极，只要有足够门派贡献点都能拿到修炼秘笈。别以为太极是老头老太的晨练招数，广中医的师兄师姐能瞬间把你震飞。

传统的广东狮已经由醒狮队传承了二十五年，男狮威风凛凛，女狮娇小可爱，单双膝、坐头、夹腰等难度动作技惊四座，广东省各比赛冠军常年被醒狮队收入囊中。

顺便一提，太极队和醒狮队之所以声名在外，是队员们辛苦训练的成果，每年雷打不动的魔鬼暑假训练让小鲜肉们欲生欲死欲罢不能，俯卧撑、小飞燕那都不算什么，半个小时的平马就让你感受不到自己的大腿。

26. 气功

近年来气功、中医这些国粹被各路江湖人士妖魔化，但笔者在这里要理直气壮地告诉大家，有一门课程叫作《医学气功学》，学中医的肯定是要练气功的，气功也不是虚无缥缈的。虽然我们不能“炼气筑基结金丹，凝脉成婴破虚空”，但是练一练易筋经来洗髓伐脉，像少林达摩一样强身健体还是可以的。作为前车之鉴，实习的师兄、师姐说，不练功的同学给患者针灸推拿时做不到气灌针尖、指尖，就会先把自己累得虚脱。

27. 穴位

和气功一样，穴位的存在问题在近些年也是一番六大门派围攻光明顶的场景。那么穴位到底存不存在，哑穴、笑穴、死穴等等金庸小说里天花乱坠般神秘的穴位到底存在吗？答案是——没那么神奇，但是穴位真的存在。

上文提到的“推协”有一位台湾教授，曾在去年的一次授课里用凤眼拳轻击我同学膻中穴三下，结果那朋友刹那间呼吸不畅，教授再从后背三击解穴，他又恢复如初。然后教授一脸严肃地警告我们：“不能随便点穴，要是点了又解不开，是要遭天谴的。”吓得我们都不敢乱在同学身上做实验了。

28. 针刺和推拿

时常有人问，针灸不是很疼吗，针那么尖一刺下去肯定就出血啦，但经过笔者不入虎穴焉得虎子的测试证明，只要下针手法高明，是可以使毛细血管和神经自动避开针尖的。虽然不疼也不流血，但是在提、拔、拧、转各种手法下笔者还是能感受到酸、麻、胀、痛、冷、热等奇妙的感觉。

推拿不单是按摩放松！推拿也不是盲人按摩！推拿更不是

不能随便点穴，要是点了又解不开，是要遭天谴的。

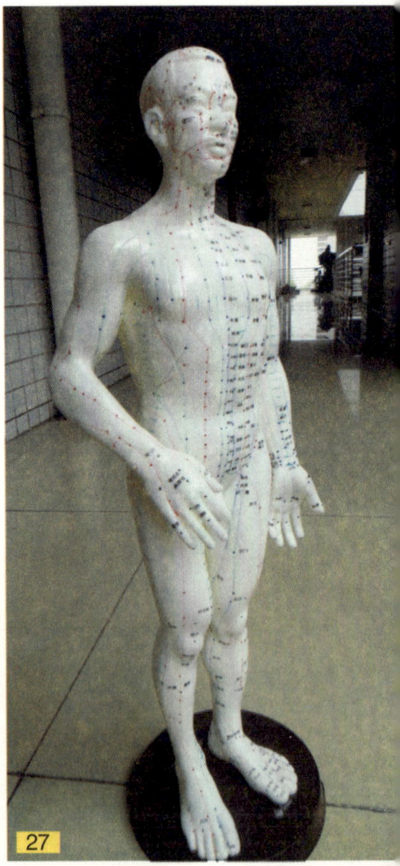
27

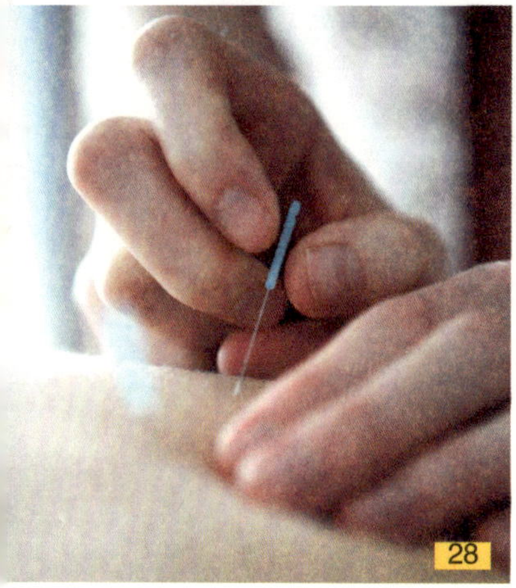

28

保健！不知道从什么时候起，推拿再也回不去那个纯洁善良的推拿了……虽然有全身推拿服务，但是人家绝对是安分守己的良民呀！回到正题，推拿是用滚、揉、拿、拨、按摩、擦抹等单一或综合手法进行治疗，以期达到疏通经络、推行气血、扶伤止痛、祛邪扶正、调和阴阳等疗效的非药物自然疗法。一个优秀的推拿师除了手法要得当，功法更是不能放松，上文提到的易筋经就是我校“推协”人人必练的功法。

随着现代人的养生意识越来越强烈，养生馆也是遍地花开，连本校都有御浮生养生馆，可见中医师自食其力肯定是没问题的。

29. 文科生也可以来！

什么，文科生也可以考广中医？你不是耍我吧？ 当然可以，难道扁鹊、华佗、张仲景、李时珍这些名医也要指树含树，谁能担保他们不会在“范德蒙德行列式（一种线性方程式）”面前一脸狐疑？文科生当然可以考广中医，而且还可以报中医临床、针灸推拿等王牌专业。

30. 我爱你

“明乎世间的阴阳理／芥子须弥／遗世独立的荒岛里／亦安亦喜”……（请搭配《南山南》的曲调唱出声来。）

母校就是你一天骂它十遍却不许别人骂它一遍的地方，愿世界能以更温暖的怀抱去接纳中医药这个神秘的学术，也希望中医学子永远不忘初心，厚德博学，精诚济世。

（本文图片皆由作者提供。）

30

华南地区直男、宅男、理工男大本营

——华南理工大学的30个真相

黄冠寰、梁志豪、娄思童、庄文龙、冯展翔、赵芯妍

华南理工大学，乃学院界名门大派，门下弟子数以万计。自63年前立派起，华苑子弟便以理工专精名震江湖，其中尤以善建筑者为甚，近年知名建筑如世博中国馆者背后多有华苑子弟身影。华苑之修学，重数理逻辑、物件析构，辅以机巧之术……啰唆够了。没图没真相，下面直接进入正文吧！

1. 校区和学员构成

华南理工大学（以下简称“华工”），拥有大学城校区、五山校区和天河客运站校区。学生由男生、男生、男生、“女汉子”“男妹子（！？）”和少数妹子组成。

2. 老建筑

墙上红泥旧，阶前青痕湿。一栋1933年的建筑一直沿用至今，其棱角的中大印记，是否在向后人诉说着当年的故事——华工中大500年前是一家？

3. 美景“佳人”

林中小筑，落日余晖。你是否幻想过拉着妹子在校园里并肩凭栏远望？可转头一望却是一脸不情愿的“基友”。

4. 基本路线

我们相约舍友去教学楼上课，跟着学霸去图书馆自习，当然，我们很少去西区饭堂那些妹子多的地方，因为老人家说这样容易分心。

5. 北湖

历史传说，谣言四起。据说这是一个真实的故事——北湖所在的地方曾经是北7号楼，如果你晚上出来散步，遇到一个女生问你：

“同学，我找不到我宿舍了，你能帮帮我带下路吗?”

“你住哪栋?”

“北7。”

“……”

6. “华南施工大学”

众所周知的华工最著名的学院是建筑学院，有着令人瞠目结舌的庞大建筑设计经验！华苑内那些看上去最漂亮、最高大上的楼，不用问，一定是建筑学院设计的！然而作为实验失败品的歪瓜裂枣嘛……嗯大家都懂的了。华工可是有着“华南施工大学”美称的啊！

2

7. 建筑学院

壕强建院，游遍神州。建筑学院的学生经常出省写生（兼旅游），但也总是要通宵赶图，痛并快乐着。

8. 机械与汽车工程学院

机械与汽车工程学院，人数最多，男女比例（9:1）最高的学院。在这个男生最多的学院，你可以看到班服当班旗挂、礼仪小姐要向隔壁班借等神奇现象。据小道消息，有的男生学习动力居然是不让妹子有转专业资格。

9. 数学学院和物理学院

理院纷扰，分分合合。数学学院和物理学院总是分分合合，一会儿合体变身理学院，一会儿又拆开，主要都是看院长们如何选择。

10. 北湖泛舟

再望北区，基友遍地。

北湖翻新，鸭鹅成群。

群鸭之中，横一小舟。

……

居然有人跑到宁静的北湖上碧波泛舟，虽然不知道是哪个院的同学想出来的创意，但是，真勇气可嘉。

11. “分手亭”

我大华工最为用心险恶之地乃西湖之上情侣亭！无数情侣在这里邂逅，在这里秀恩爱，在这里秀恩爱，在这里秀恩爱……最后，在这里诀别。离人湿青衫，婆娑斑竹泪，纵身一跃身饲西湖鱼。

13

于是，这个亭子也有了一个悲伤的名字——分手亭。

12. 正直的华工男

既然是理工科学院，就不得不提华工男的无比正直啊！有一位仁兄，曾在朋友圈发过这么一条：

各种原因，六点半起床。

梳洗毕、出门、刚下楼，一个女生叫住了我，

是自行车掉链了。

（过程略）

修好了，女生拿出手机说，

加个微信吧！

……

我拒绝了。

值得一提的是，关于此人，日后还发生了一件事：一日大雨倾盆，此人被困北门，一陌生学妹撑伞与其同行，结果……结果依旧什么也没发生……

请为此君的正直默哀三秒钟……

13. 逆天而行

然而总有那么一些人，誓要逆天而行！在这个男女比例7:1的学校里，竟然也有无数闪光弹！

对此只有默默祝福了呢：这么可爱的一定都是男孩子哟！

14. 北湖栈道

谈笑间，“单身汪”灰飞烟灭！问君何人尔？情侣档是也！为方便同学（情侣）们赏风景，北湖旁新修了湖边小道，道上还有椅子供行人坐下休息。然后……我们再也没有去临幸那风景优美的小道。

15. 住宿条件

关于宿舍，南校和北校北区的宿舍一样是上床下桌，并且有空调。而西区和东区同学想要享受空调可能还要再等待一段时间，如果运气不好还有可能被分到上下床的宿舍哦，虽然挤挤倒也能促进室友间的友谊啦。

有一点必须写明！现在华工北校教室已配备空调，北区宿舍也装齐了空调！简直大学界的良心啊！

16. 纸巾消耗

不知道为什么，男生宿舍的纸巾总是用得特别快。这已成为

并不是所有的大学生，都像大家高中时想象的那样轻松。

21

新一代的华工校园传说。

17. 宿舍活动

其实，不管宿舍好坏，只是换了个环境打游戏而已，空调有没有才不会影响段位呢！

18. 着装标配

听说华工男，短裤和拖鞋更配哦！

19. 稀有物种

所谓华工男女7:1，一对情侣一对基，剩下四男是苦逼。我们必须要说说华工的妹子。因为稀少所以珍贵，而且是异常珍贵。

20. 金工实习

金工实习，必修之一。连外语学院也要做金工实习，然而数学专业并不用。

21. 实验频频

实验频频，试管胶瓶。基本上除了文科专业，都会有各种的实验，华工有着各种高大上的实验室，很多还是禁止拍照的。

22. 馆内自习

馆内自习，必修之二。大学要是没有去图书馆自习过，那你的大学生活一定是不完整的。

23. 体育课

东区田径，攀岩爬壁。东区的田径场边上有一块专门拿来练习攀爬的墙壁，但体育课中还设有攀爬这一门供学生选择。

24. 饭堂

饭堂众多，差异巨大。华工有着非常多的饭堂，饭堂间的差距也非常大，有些饭堂让你天天都想去，有些就……

25. 工科为王

工商管理，竟属工科。工商管理专业的学生，毕业获得的是工科的学位证书。

26. 择课有道

慎选专业，课如高四。有些专业的课非常少，有些专业的课则会非常多。并不是所有的大学生，都像大家高中时想象的那样轻松。

27. 何镜堂教授

何老之名，建院之巅。“何老”何人？华南理工大学建筑学院院长、教授、博士生导师，华南理工大学建筑设计研究院院长、总建筑师——何镜堂！

2007年，何镜堂教授主持设计的方案从全球344个应征设计方案中脱颖而出，被选作2010年上海世博会中国馆的实施方案。

辉煌依在，威震华苑。何老先生的办公地就在华工。

28. “华工三剑客”

无线电78级，华工三剑客。华南理工大学无线电78级，同北京电影学院78级一样，被外界

27

评为中国的“超级班级”之一，因为它培养出了三位影响中国彩电业的企业家，陈伟荣、黄宏生和李东生，被称为“华工三剑客”。曾经三星同辉，分别为康佳、创维、TCL顶头大佬，如今却悲喜浮沉际遇迥然不同……

29. 校园穿梭

华苑之大，步行维艰。华工北校之大，从东区田径场到北区步行至少要一小时，没有自行车很不方便，而下雨天骑车又会非常麻烦。

所幸有校巴来回穿梭。然而，校巴通常是挤满人的。特别是上课高峰期，想要挤上去，需要有非常好的心态、身材，还有运气……

30. 前途似锦

踏破苦逼尽处，大好前程招手来！

尽管在华工的生活是如此奇葩，华苑子弟依然以卓越的成绩证明了我大华苑作为南国巨擘之一的声名并非浪得虚传！数据统计，华工有三成学子毕业后进入世界与中国500强企业，98.3%的本科就业率和99.7%的研究生就业率简直在诠释什么叫作就业保障！甚至在党政机关就业人数上，2014届毕业生也达到了81名本科生与178名研究生之多！

总而言之，走过了苦寂生活的华工子弟们终将发现，这一切的挣扎磨难都是有回报的！前方的辉煌之途，正等待着华苑子弟足迹的亲吻！

（本文图片2由黄臻颖拍摄；图片13、21由作者提供；图片27、30来自华工官网。）

走过了苦寂生活的华工子弟们终将发现，这一切的挣扎磨难都是有回报的！

我们不只出产农民

——华南农业大学的30个真相

彭旭葶

3

1. 概况

华南农业大学（以下简称“华农”）是一所以农业科学为特色，涵盖农、工、文、理、经、管、法、艺术八大学科全面发展的综合型大学。

2. 与农为伍

农学专业出来不是都当农民的。我们院长说，我们是指导农民生产的，当然还有卖化肥农药的。

3. 下地种田

农学院的学生都要下地吗？虽然机会不多，但实践还是检验真理的唯一标准，所以我们时不时还要亲力亲为。看上图，这是我们班种的玉米！

4. 全华南最大

华农只有一个校区，占地面积全华南最大，排名全国前五，从启林北走到华山估计要半个多小时。

5. 紫荆花海

华农里面不乏各种动植物，尤其到了春天，校园里的紫荆花海都会吸引大批游客前来参观游览。

6. 华农是个大公园

华农郁郁葱葱的绿化和大片的森林真的很适合闲逛，当然，我会把这认为是“喻学于乐”的一种方式啦！

7. 湿地公园

华农里面还有个小小的湿地公园，许多公公婆婆会带小孩来玩耍。

8. 鸟兽虫木

电影《栀子花开》也有来华农拍摄，其中有一个在大草坪的场景，昆虫学老师说那里曾发现过有红火蚁。

9. 课程设置

农学院的学费绝对性价比最高，因为国家还补贴一半学费。但课程量倒是一点也不含糊，几乎每天排课都能排到晚上……

10. 最有钱学院

全校最有钱的学院你可能猜不到是哪个，不是经济管理学院，而是与温氏集团有合作的动物科学学院。

11. 热门专业

风景园林专业很吃香，据说专业排名全国第八，以前叫“林学院”，现在改名叫“林学与风景园林学院”。

12. 养猪课

华农动物科学学院里有一门

5

课《养猪学》，学生们上完课可以把猪剖了带回去吃。

13. 艺术学院

全校最潮最多话题的学院肯定是输出了不少选美冠军的艺术学院。“2014世界华裔小姐大赛”冠亚军都是华农的学子！

14. 不明觉厉的专业

全校最不明觉厉的专业——蚕学，据说八九个人一个班……老师比学生还多。而蚕丝科学系的退休教授黄自然在2013年还捐赠了40万元人民币，在学校设立“自然奖助学金”以激励学子，同时还携手有关企业一起探索蚕学专业创新型人才的培养模式，共建“自然创新实践班”。

15. 神秘传说

教五B栋教室号从“02”开始算，没有01号教室，此处有一个关于活埋还是处刑台的传说，此处省略一万字……

16. 华农酸奶

说起华农最为人熟知的产品，莫过于华农酸奶（它的生产基地真的在华农里）。随着产品的差异化发展，华农酸奶已经演变出了多种口味，譬如“华农绿色酸奶”就比“白色酸奶”贵五毛，原因是绿色的多两种酶，至于多哪两种，自己买来试下吧！

17. 华农饭堂

华农饭堂的创新菜式“原只番茄蒸蛋”极富创意，然而重点是番茄里面还大有乾坤——打开里面还塞了一团肉丁。

18. “三角市”

华农内有个传统市场，俗称“三角市”，基本上囊括了所有蔬菜、肉类、水果、火锅料一应俱全。

19. 西点屋

学校里面的西点屋，尤以三角市附近的那家特别受大叔大妈欢迎。每到下午时分新包上市，一群大妈便蜂拥而至，争抢那一块钱三个的包子。

20. “夺命紫荆桥”

华农有一条著名的紫荆桥。在紫荆花开的季节，桥两边茂密的紫荆花在夕阳的映射下蔚为凄美。这座桥除了是情侣、游客的挚爱，它还有一个别名叫“夺命紫荆桥”。据说由来有二，一是由于桥的坡度大，骑自行车的人要耗费九牛二虎之力才能骑上去；二是据说军训拉练的时候从操场走到紫荆桥已经足以把人累趴下。

21. 表白

华农人最喜欢表白的方式是“摆蜡烛”，成功率大概在65%。

22. 交友

一般情侣喜欢在宿舍楼下、操场、自习室等地秀恩爱，而我就喜欢静静地坐在自习室最后一排看他们“虐狗”。

23. 人身安全

华农男厕里曾发生过猥亵事件，所以不仅女同学们需要注意人身安全，男同学们也要保护好自己，毕竟大学还是一个相对开放的社区。

24. 军训

华农的军训都是在冬天进

行，确实比夏天要舒服些。

25. 华农神兽

华农神兽，经常在华山区出没，据说是鹅跟什么物种的杂交，一般群体行动，特别有纪律有组织。

26. 校巴

华农校园那么大，绿油油的酸奶校巴必不可少。不过有时走路比坐车还快就是了。

27. 飘香路

跃南操场往泰山宿舍区那条路被称为“飘香路”，不知是发酵的化肥的“异香”还是来自地下管道的淤堵，总之走过的人无不深受其害。

28. 草地音乐会

跃进操场晚上不时有人会开草地音乐会，虽然音响效果不佳。

29. 丁颖故居

华农行政楼门后有丁颖院士（我国著名农业科学家、教育家，中国现代稻作科学主要奠基人）的故居。

30. 奇康水

自从做有机化学实验测出亚硝酸盐含量比自来水高之后就默默地买了个热水壶。

（本文除图片13来源于网络外，其余图片由作者拍摄。）

广东娃，你们的老师基本全来自这里

——华南师范大学的30个真相

林小仪、杨明慧、彭伶俐

前言

不是跟你开玩笑。

了解了华师，

说不定你就了解了你的班主任。

1. 不止“师范”

华南师范大学（以下简称“华师”），又名“石牌/小谷围/南海师范技能培训学校”，作为南粤名师的摇篮，它培养出了一代代伟大的人类灵魂工程师（也可能是中小学生午夜的梦魇），撑起了岭南教育的脊梁。

比如很多笔者从小到大都非常敬重的老师都来自这里，甚至澳门的学校里也有很多人类灵魂工程师来自华师！为此澳门还专门给华师颁了奖！

但是，华师也有非师范专业的，而且非师范专业也毫不逊色。譬如华师的心理学专业在全国名列第三，在广东可是傲视群雄的！笔者之一也就读于法学非师范专业——当然很有可能你会在学校的熏陶下毕业后去考个教师资格证。

总之，华师是一所省部共建的综合性师范类院校，所以啊，亲爱的朋友们，答应我，不要再问我从华师出来当不当老师了！

2

2. 校徽和孔夫子

我们的校徽，长这样（见下图）——大家来找一找图中有多少个“人”。不是四个，是三个，取自“三人行，必有我师焉”，不愧是师范大学呀。

2

体现我校师范大学特点的还有石牌校区的一组铜像，中间的一位，就是学生们哭着喊着最崇敬的“万世师表”——孔老夫子！

3. 吃饭大学

华南师范大学，又名“华南吃饭大学”。这个真的是名不虚传，你一定要相信我。华师饭堂的美味，主要指的还是石牌校区的三个食堂，但是大学城校区也并不虚！

石牌校区的陶园、沁园、雍园各具特色，风味多样，性价比超高。尤其是陶园，作为全国高校百佳食堂，可谓一试倾心，欲罢不能。一碟简简单单却“镬气”十足的酱油炒粉，已足以俘虏你的心。

而在大学城校区，严重推荐楠园的煲仔饭、铁板烧和翰园的兰州拉面，绝对是饭堂界的门面担当。

楠园的铁板烧究竟有多好吃呢？前几天我从生活北区跋山涉水去吃了一次（楠园在南区，过去得翻过一个小山坡）。排队吃铁板烧的整条队伍里只有我一个是华师的学生，其他人分别来自广大、中大、星海和华工。

另外，翰园和楠园之间还有一段不能不说的故事。传说，楠园的微博简介是——“办中国最好的饭堂！”而翰园的微博简介是——“做比楠园好的饭堂！”作为“吃货”的我不得不感叹一句：“本是同根生，相煎何太急！”好啦好啦，本王轮流宠幸你们俩还不行吗！

4. 又“滑”又“湿”

华师，又名“滑湿”。为什么呢？因为下雨的时候这里都会变成水上乐园啊。

你可以像北方娃一样在湿滑的冰（水）面上玩打滑完全没有压力啊！但最不开心的是随时可能在走廊滑倒，风度尽失。然而对于一个懒汉来说，最开心的是不用上体育课。

5. 女多多男少少

华南师范大学，又名“华南女多男少大学”，作为师范院校，这里的男女比例可想而知。

在这里，满目皆是肤白貌美腿长的“千颂伊”，然而，目前，笔者所在的生活区里，还没有捕捉到“都敏俊xi”。希望只是因为我视力不好，不是真的没有（哭泣）。

然而所幸妹子们都不错，因此另一名笔者表示，当年在石牌校区念书时，还经常可以看见华工的男生特意过来吃饭……妥妥的醉翁之意不在酒。当然也有可能只是因为华师的饭堂实在太好吃。

6. 其他名片

除了“华南吃饭大学”和“滑湿”，我们还有其他校名。

华南师范大学，英文名“South China Normal University”，因此又名“南中国一般大学”。我买了一套明信片，封面写的就是朴实的“南中国一般大学”。当然也可以翻译成“南中国普通大学”。

还有，因为英语听力考试的音质实在“一般”，所以也被广大华师学子爱称为“华南沙沙大学”。

写到这里不得不感叹华师的名字真多啊！

7. 广东省军训第一高校

入学前，不少华师的新生都会搜索到华师官网查一查新生指南，比如军训须知之类的。

华师“广东高校第一训”也非浪得虚名，站军姿这些是很小儿科的了，最令人崩溃的是内务检查。刚从家里运来的床垫要原路运回家，不能拉蚊帐，必须把整个寝室积攒四年的灰尘全部清理干净，阳台不能有一点点水渍，牙刷头要统一方向摆放，毛巾开口也要统一方向，地上不能有脚印，女生宿舍不能发现一根头发丝。

最理想的情况是你趴下，张开嘴，伸出舌头，也能毫无压力地掠过你脚下的地板。出一点差错，后果自己想吧。

最惨的是，我们宿舍还被抽中检查了。别问我为什么记得那么清楚，因为我是舍长。

不过，值得庆幸的是，一直以来，作为广东唯一一个军训需要强制剪短发的高校，华师今年取消了剪短发的规定。这让不少师姐在回忆往事时，无言以对，唯有泪千行。

8. 论校区宿舍的千姿百态

官方的《本科新生入学指南》是这样介绍我们宿舍的：

石牌校区：宿舍分4人间、6人间和8人间不等。宿舍配套齐全，部分安装了空调，全部装有热水供应系统，定时定量供应热水，桶装饮用水由学生自主选择供应。

大学城校区：每个房间约15平方米，4人一间，均有独立卫生间。公寓配套齐全，全部安装了空调，实行统一分时段刷卡供应热水，也有桶装饮用水供应。

南海校区：公寓分4人间和5人间，均有独立卫生间。公寓配套齐全，大部分安装了空调，实行统一分时段刷卡供应热水，也有桶装饮用水供应。

所以，大家请自寻重点。

PS：其他校区我不太清楚，但是，我要自豪地说：“华师大学城校区不断电！不断网！”

9. 啊！北13！

据说，在北区15栋住了两年的学姐，也不知道北13栋在哪。

毕竟它的位置是这样的：北10、11、12、14、15、16都围

绕着圆心广场排列。而北13则在14栋和15栋的后面。那种自己叫的外卖都时不时要去别人宿舍楼下拿的心酸，你们可懂?

10. 不但有个大酒店，而且有个考试院

华南师范大学，一所包罗万有的大学。

在石牌校区，它有一个属于自己的地铁站（3号线华师站），它有一个属于自己的酒店（华师粤海酒店），它有一所广东首屈一指的中学（华南师范大学附属中学），它还拥有一座考试院!

是的，令大家闻风丧胆的“广东省教育考试院”就毗邻华师石牌校区。华师，“华试”，广东中小学的各种考试，和省教育考试院以及华师都有着密不可分的联系。

有传闻说，笔者所居住的宿舍楼旁边那栋楼，貌似就是给来批改高考卷的老师住的。我想华师学子的福利之一就是可以在校区内亲眼见证神奇的高考改卷吧……

为人师表。

11. 居然有校服

想必大家对大学的期待中，有一项一定是不用穿校服吧……然而华师就是还有校服!

不过广大的新生们不用担心，因为通常只有三种情况你需要穿校服：一是升旗仪式。是的，你没看错！华师有升旗仪式！一学期两次！6:50集中！二是体育课。当然这个要看老师的要求，如果老师没要求一定穿校服的话你还是可以不穿的。三是当你所有的自己的衣服都不干的时候。你以为真的没有这个时候吗？想一下回南天吧，宝贝们!

12. 回到原点

笔者上课的华师文学院院楼前有一块“原点石”，守望着美丽的砚湖。

传说2011年广东高考作文“回到原点”的命题灵感正来源于此。

实际上并不是。

原点石的出现晚于高考作文哦!

所以说，即使高考要改考全国卷了，但准备中考的朋友们还是可以来华师走走，找找题感的。

13. 砚湖美

闲来逛一逛砚湖，是极好的。

春天，湖边全是花，肆意绽放，浪漫非常。

晴天的时候，天空是难得一见的蓝，倒映在砚湖中，恍惚中竟然分不清白云是飘在天上还是游在湖中。

清晨，无数学子在砚湖旁读书背词，这大概是华师一天之中显得最有朝气的时刻。

夜晚的时候也有别样的美。凉风习习，繁星点点，路灯朦胧，情人坐在砚湖旁的木椅上，互诉衷肠。

啊，它的确很美!

然而，身为一个没有文化的单身理科生，我平时在砚湖旁边散步的时候注意到的却是有个男生坐在长椅上玩手机脚下躺着两条狗，或者这四棵树的高度呈等差数列……

印象最深的是在一个星星都冻得躲起来的晚上，因为白天没有去上《近现代史纲要》的我和同学在这里借着手机电筒微弱的光，贪婪地汲取着下个星期期末考试老师画的重点……然而最后我的近现代史纲要的分数也不高……大概是因为字丑吧。

14. 其实这真的是个坝

华师的砚湖上有一座桥一样的东西。

17

我一直以为它真的是一座单纯的桥。

直到春天来临，淫雨霏霏，砚湖水涨。

这时我发现，这座桥一样的东西，其实行使的是一个坝的功能——没想到你是一个如此善于伪装的坝！

15. 校训比拼，华师撞脸

之前看网上的一篇文章讲到，据统计全国高校校训里面出现频率最高的词是“求实”“创新”“博学”“严谨”等，华师居然……中了三个。

不过，我们是师范大学！自然要有点自己的特色！所以我们还有一句“为人师表”！

学校把这句话列入校训，大概是希望师范生从接受本科教育的时候，就开始以自己是一个未来教师的身份好好约束自己，管理自己，将来才可以以身作则，培育英才吧。

用心良苦呀！

不过我一直很好奇非师范专业的同学每次念到这里会想些什么。

16. 我们校歌的歌词是“黄家驹”写的

记得笔者在开学典礼开始前和几千新生一起跟着音乐老师像小学生学队歌一样一句一句地学唱校歌的时候，看见歌词纸上赫然印着“歌词 黄家驹”五个大字。

心中怨念顿时一扫而空，听，多么熟悉的声音：海阔天空！光辉岁月！

然而，笔者后来百度了一下，发现不是那么一回事，只是同名而已……这位填词的“家驹”哥哥是我们华师的校友，而非真的明星。

17. 最美不过晚霞

这里的晚霞，往往指大学城校区傍晚壮丽的景致（石牌校区的景色也很美，但是毕竟周围高楼林立，更多的，是华灯初上的繁荣之景）。

入学以来，每到下午5、6点的时候，我会习惯性地望望天空，看看今天的霞光是否绚丽一如往常。

俗话说“朝霞不出门，晚霞行千里”，明天的天气也一定会很好，也一定很适合出去浪（才怪）。

18. 我们真的有一个体育公园

华师大学城的生活北区和生活南区由一堆树分开，俗称“小树林”。小树林上有路灯，时坏时好。我一直以为它只是一个普通的小树林。

直到有一天我打开地图，发现那个位置上赫然写着“华南师范大学体育公园”的字样。我尝试过在体育公园里背演讲稿。临近黄昏，空无一人，只有鸟叫。效率史无前例的高。也尝试过在体育公园里开展“法律微格课”，甚至10个人聚在一起大声练普通话，吓得鸟都不敢叫，但在相互取笑中走向进步。

其实它真的不是一个普通的小树林。因为它承载了一些回忆呀。

19. 美丽地活着

笔者在大学城住的是北区的宿舍，每天都过得非常“伪”文艺。

比如早上可以上顶楼或者去操场看看日出，晚上还能时不时听到来自隔壁星海音乐学院的同学们的歌声和乐器声，男高音、女高音、萨克斯、小提琴……凡所应有无所不有，简直就是欣赏免费演出嘛。

啊！宿舍外面的生活，才是生活！

20. 蝴蝶一样的教学楼

大学城校区的教学楼一共有6栋，教1自成一座，教2、3、4、5、6则是另外一座。

两座教学楼和它们附近的一座亭子在空中看，像是一只振翅欲飞的银色蝴蝶。该亭子遂得美名：蝴蝶亭。

非常多的活动会在蝴蝶亭举行，比如轮滑，比如吟诵，比如各种活动的排练，还有情侣之间约饭，说一句“蝴蝶亭，不见不散。”——未与其共餐，便已觉浪漫。

不过这个不是重点。

重点是，因为教2、3、4、5、6是连在一起的，所以，去找上课的课室的时候，一定，一定要看清楚你上课的课室名和你所在的教学楼名——请不要问我为什么要强调。

还有，每次去上电脑课的时候请务必以神圣的态度来对待，因为这可是高考评卷老师用过的电脑！到了6月份，你也会看到教3的外墙会挂着一对红色标语：“评卷老师，您辛苦了！”“评卷老师，您是公正的传播者！”

21. 亲切的校史

聊了这么久，让我们来谈点正经的——校史。

华南师范大学始建于1933年，前身是广东省立勷勤大学师范学院。

说起前身“勷勤大学”，不得不提一个人——勷勤，全名古应芬，字勷勤，是中国国民党早期一位很有能力的组织家、活动家，国民党元老，是孙中山先生最重要的助手之一。

1904年，古应芬与朱执信、汪精卫、杜之林、胡毅生同时考赴日本留学，1905年在东京加入中国同盟会，追随孙中山先生参加革命活动。

1913年，“二次革命”起，古应芬与胡汉民、朱执信等起兵响应。

所以执信中学的同学们若来华师会感觉特别的亲切噢！

22. 文院独家

下面来介绍一下文院师范生的必备技能与特别福利。

技能一：高考完的这个悠长暑假，别人清华大学布置读《平凡的世界》，中山大学布置读《弟子规》，而我们华南师范大学布置——写自传，字数5000以上。

这不是重点，重点是要用400字原稿纸手写。好消息是，国庆假期后交。

我才不告诉你们为了写够5000字高三从未熬过夜的我奋战到凌晨4点呢（迷之微笑）。

技能二：大一这一年，你一共要写30篇作文，每篇字数2000以上，两个学期各15篇，开学第一周交。

看到这个篇数不用激动，因为，每2000字算一篇。也就是说，不管你写多少篇，只要你字数写够3万字/1个学期，就可以了！

然而，还是要手写，还要加封面加序言，换言之就是弄成一本书。如果你觉得自己以后有做一个大作家的潜质手稿将会很值钱的话，也可以把手写原稿留下来，交复印稿上去。

技能三：师范生会有一本实践手册，大一的寒暑假需要访谈4位中学教师，其中一位初中、一位高中、一位普通、一位优秀。

所以奉劝各位老师，推荐您的学生去读师范专业的时候，要做好

蝴蝶亭，不见不散。

被采访的准备哟。

技能四：差点忘了，我们上个学期交了280个字的书法作业。不是硬笔，别开心得太早。

没有基础的同学赶紧趁暑假好好练练吧！

福利一：因为是师范院校，学校的讲座大多是关于师范技能的。所以你会有很大概率在讲座现场碰到你以前的老师。而且这些讲座有时是能算教育见习的。

福利二：给你上课的老师，可能是你老师的老师。我有个同学穿着高中的校服裤去上课，被老师看到了，于是有了下面一段对话：

“你是XX学校毕业的吗？”

“是。”

“你认识XX老师吗？”

“认识！您和她很熟？”

“我学生！”

所以，我们光荣地成为了恩师们的师弟师妹。下次回母校，可以直接跟老师打招呼：“师兄（师姐）好！”

福利三：高考后别太急着把你的粤教版课本撕掉、烧掉、扔掉、卖掉。找个地方好好珍藏起来，大学后时不时拿出来欣赏一下，你会发现——现在给你上课的老师，是当年你用的课本的编者。

给你上课的老师，可能是你老师的老师。

23. 触不到的法学院

笔者之一在法学院念书。还没开学的时候去逛校园，死活找不到法学院的院楼。后来才发现，法学院和文学院共用一栋楼。之所以没发现它，是因为路过这栋楼的时候，“法学院”三个字被一棵树挡住了，我只看到了文学院……嘤嘤嘤。

不过法学院并不虚！它拥有一个功能甚多的模拟法庭！功能多到什么地步呢？可以演舞台剧哟！

24. 抢课！抢课！

说到选（抢）课，大概每个大学生都会有一份独家秘笈！在我们华师，每到选课之时你会看到好多份师兄师姐提供的独家秘笈——

渠道一：学校各组织的公众号推送。

渠道二：华师百科。温馨提示：华师百科虽然比较齐全，但是最新的一份貌似都已经是2012年的了……

建议还是直接请教师兄师姐吧！

25. “学到昏厥”

大学城校区有一座极具现代感的图书馆，藏书量巨大。不过，图书馆当然不止这个功能。我校学子对学习的热爱已到了“学到昏厥”的地步，君不见，图书馆满目皆是漫卷诗书座无虚席之景，不愧“211”之名。

26. 什么，上了大学也要早读早操？

作为大一“小鲜肉”，我们的目标——不是没有蛀牙，而是每天早上要去早读和做早操！所谓早读，其实跟中学早读不太一样，只是8点前要到教室看书读书（对啦，我们8点半才上课）。而早操，其实就是一个体科院的师兄或者师姐来教你跳一套有点像街舞的操。持续一个学期。然而我觉得自己跳得像在打军体拳……

27. 你以为上大学很轻松是吗？

还没上大学的同学们可要好好努力啊！因为上了大学，你就——还是要吃苦的。

那些告诉你“上了大学就解放啦！”“上了大学就没有作业啦！”的三姑六婆，你可以跟她们绝交了！

那些跟你说“上了大学可以到处去浪什么都不用管！”“到处约会才是最美好的青春！”的男女朋友，你可以跟他们分手了！

我才不告诉你们这个学期开始我们文学院晚上要上课啦！上的还是不能逃的专业课！

我也不会告诉你们法学院大一“三下乡”、大二实习、大三司考、大四工作没有暑假！

听说物电学院的同学们还要上晚修。

其实大学都是这个样子的呢！马上就要开始（或结束）高考的孩子们呀，抱着“浪四年”的心态进来可是很危险的哟！

多人行，便成道；多人错，不复蹈。

28. 多人行，便成道；多人错，不复蹈

“其实地上本没有路，走的人多了，也便成了路。”鲁迅先生这句话的的确确是千古真理。

校园内某片草地就遭遇了这样无情的践踏，于是极具才气的华师学子祭出了这么一句劝告的话：“多人行，便成道；多人错，不复蹈。”

29. 壕气体育馆

进入体育馆看表演要注意保护好眼睛！因为华师财大气粗，灯光效果分分钟闪瞎眼。啊！那一闪一闪的灯光，都是白花花的银子啊！壕！

另外，华师大学城还有专门的游泳馆，“小鲜肉”宁泽涛还来这里参加过活动噢！然而笔者当时还只是刚拿到高中毕业证却还没有拿到录取通知书的无业游民，所以并没有机会看到他（哭）。

30. 喵喵喵

听说大学城的生活北区有三只小花猫。我们把它们命名为大花、中花和小花。

但是我每次到北区13栋的时候都只能看到一只猫，不是在扒拉垃圾桶，就是在睡觉。每次我看到的猫都跟上次的体型差不多，让我无法通过对比观察判断出它到底是大花、中花还是小花。在这里待了大半年之后我猛然醒悟——可能北区，只有一只猫。然而，另一个笔者刚刚摇醒我说，19栋楼下也有一只猫啊！感觉自己是盲人摸象，井底之蛙。

华师不但有猫，还有鸡。翰园楼下时不时就会出现两只鸡，隔一段时间又会神秘地消失。

后记

尽管在赞美中包裹了这么多的吐槽，尽管在吐槽中还有这么多的补刀。但这并不代表我不认可我的学校。吐槽和补刀华师是华师学子的专属权利，其他人如果随便说几句不好，我可是不干的！

毕竟这是我要度过四年青春的地方呀。所有的吐槽和补刀不过都是段子。多年之后我只会记得你的好。

记得在南区操场上的奔跑。

记得在砚湖边的欢笑。

记得偶尔乘坐B25来到本部，惊艳地看到紫荆花落满校道。

记得雾中你犹抱琵琶半遮面，若隐若现惹人恼。

记得晴时你鲜花满道绿树招摇，我只想随手捡一本书找个地方看个天荒地老。

还有刻苦读书的同学和学识渊博的老师。

四年青春在他们的陪伴下走过。

漫不经心又命中注定。

我会记得你的好。

华师，希望你越来越好！

（本文除图片2来源于网络外，其余为作者拍摄。）

30

中国第一侨校

——暨南大学的30个真相

刘昱辰

1. 校区

暨南大学（JNU，以下简称“暨大”），国家“211工程”院校，一共有五个校区：

（1）位于广州市黄埔大道西的校本部（石牌校区）；

（2）珠海校区；

（3）广州市瘦狗岭路的华文学院，这个校区的学生主要是外招生，包括港澳台地区学生以及国外留学生，主要进行华文教育；

（4）大学城校区（又称南校区、新校区，校区为广州大学城二期，于2014年9月份迎来第一批学生）；

（5）深圳旅游学院，主要发展旅游专业。

本文主要讨论校本部，其中亦会讲述一些其他校区的趣事……

5

2. 中国第一侨校

暨南大学是国内仅有的两所高等华侨学府之一（另外一所是位于福建的华侨大学），但是暨大的历史较华侨大学悠久得多，故被誉为“中国第一侨校”，隶属于“国务院侨务办公室”，而不属于国家教育部管辖。

3. 校门

或许在众多外人看来，暨大最有特色的建筑就是大门了。大门为白色拱形，拱顶有金色的叶剑英元帅所题的“暨南大学”四个大字。校本部拱门高16米，大学城南校区拱门高约19米。近于门口而观之，十分大气。

4. 历史

走进拱形大门，便可看到刻于大理石上的“百年暨南”。回溯暨大的百年历史，其前身是由清政府于1906年创办于江苏南京的“暨南学堂”；后迁至上海，易名为“国立暨南大学”；再于抗日战争期间迁往福建建阳；后又再次迁回上海。现在广州本部校区是在1958年重建的。暨大的命运真可谓“历经坎坷、几经波折”。

5. 校园

虽说暨大是百年老校，但校园不像其他老牌高校般古色古香。暨大99%的楼都是新建的，走进校园完完全全就是一所时髦新学校的感觉。老楼早已消失，历史的沉淀也随时间的洪流不见踪影，对于从小在暨大长大的我来说，着实，是一种悲哀。

6. 地理位置

暨大本部虽然地处繁华的广州中心轴旁，与珠江新城遥相对望，但旁边没有地铁（对比广州其他几所高校如中大、华工、华农，应该只有暨大没有地铁了）。最近的两个地铁站是3号线的岗顶站和5号线的谭村站，但这两个站都要走上20分钟左

右，如果不想多走路只能坐公交车，交通便利程度见仁见智。

7. 图书馆

值得一提的是，虽然暨大的老楼被新楼取代了，但这也并非全无好处。譬如说，暨大的图书馆就让人感觉气势恢宏，而且藏书丰富，从人文书籍到自然科学书籍，从散文小说到专业工具书，可谓样样俱全，而且图书馆内环境优雅，书香气息弥漫，是再好不过的自习地方（相信足以让不少高校学生羡慕嫉妒恨）。

8. 明湖

"明湖"是暨大里的一潭湖，湖中的小岛上有座亭子，有很多人将这里选作婚纱的取景地，碧湖环绕，青草油油，别有一番情韵。湖水旁边生长着婀娜多姿的柳树，每到夜晚，总有一些情侣出没于柳树下的长椅上，披着月光，吹着湖风，依偎着……明湖湖畔——谈情约会的不二选择！小提醒：夏天请自带花露水！

9. 游泳池

暨大的游泳池真的只能用"呵呵"来形容了。第一，水不是特别干净；第二，开放时间非常短，还是间断开放的，加起来一天不超过三个小时。这里推荐游泳爱好者可以去暨大西门对面的华附游泳馆，水质较干净，而且还是室内恒温的。

10. 情调小店

暨大校内最近新开了几家情调小店：位于图书馆后面的"书吧"，可以边看书边喝着咖啡，度过一段闲暇的午后时光；位于礼堂后面的"大益茶室"；位于南海楼前方的"JNU咖啡厅"，夜幕降临后，树上的彩灯点亮，星光熠熠，五彩斑斓，更有意境。这几家店都挺有情调，不失为小资同学们的聚会首选。

11. 宿舍

暨大的宿舍条件非常不错，基本上是四人一间，华文学院的是两人一间（因为都是外招生，所以条件相对更好一些……）。不得不说，由于大学城南校区2014年才投入使用，所以那边宿舍里的设施都非常新，说不定还能成为宿舍的首批住户哦。宿舍上面是床，下面是书桌。本部宿舍Wi-Fi全覆盖，一年四季不断网！

12. 社团活动

暨大的社团内容非常丰富，一般在新生入学一周之内会举办社团联招，有双节棍协会、吉他协会、街舞协会、光学设计、微电子元件设计、数字信号处理……文娱、实践、学术、体育，应有尽有，数不胜数，每年还有社团文化月。新入学的"小鲜肉们"颤抖吧！

13. 饭堂

暨大有两个食堂，一个是学校食堂，一个是回民餐厅。两个食堂是挨着的，学校食堂的菜味道还是不错的，不仅有普通的窗口饭，还有拉面、粥、烧味、扒饭、糕点、现点现做的小炒、清新爽口的糖水……关键是价格便宜！回民餐厅就是清真的了，大西北风味，不过菜的火气比较大，有火焰和烟熏的味道，容易上火的朋友要注意了。

14. 周边美食

如果饭堂的饭吃腻了，没关系！从暨大小西门出来，走两步便看到一条小吃街，东北饺子、重庆小面、湖南津粉、日本寿司、港式茶餐厅、山东煎饼、隆江猪脚饭……汇聚全国各地美食，无所不有！如果想要环境更优雅、更高档的餐厅，可以去国防大厦对面的"太阳新天地"，它是距离暨大正门最近的商场，平常逛街买衣服、零食、日用品也都可以来这里。

15

15. 万国墙

由于暨大是侨校，故其接纳了来自五洲四海之学子。为了展现这一特色，暨大于2001年在图书馆广场前建起了“万国墙”，上面记录了从1978年至2001年暨大留学生的所在国国名。

16. 土风舞大赛

暨大是中国境外学生最多的大学，因此，暨大的“土风舞大赛”应运而生。暨大每年都会举办“土风舞大赛”。所谓“土风舞”，即各个国家地区的本土风俗舞蹈。在大赛上，你可以看到印度舞、草裙舞，来自墨西哥的哈拉贝舞，来自巴西的桑巴舞……这不仅是一场视听盛宴，更是文化习俗的碰撞！

17. 连通港澳

暨大不仅海外留学生非常多，港澳生的比例也要比其他学校高很多，所以暨大南门是从香港、澳门开来的中旅大巴其中一个“落客点”。

18. 《感谢》

著名诗人汪国真毕业于暨大中文系，在2006年暨大百年校庆时，汪国真写了一首诗《感谢》赠送给母校：“……当我走向你的时候，原想收获一缕春风，你却给了我整个春天……”

19. “飞人”

说起暨大，不得不说“飞人”苏炳添，他是暨大经济学院国际经济与贸易专业的学生。在2015年5月31日国际田联钻石联赛美国尤金站100米决赛中打破中国纪录；8月23日，在北京田径世锦赛男子100米半决赛上再创佳绩，苏炳添成为首位杀入世锦赛百米决赛的亚洲运动员。注意哦，他读的可不是体育专业！

20. “皇阿玛”

暨大是有艺术学院的，不过比较新，成立于2005年。艺术学院隐藏在北门幽静的小树林后，学院楼以前为旧办公楼。艺术学院院长可是“皇阿玛”张铁林哦！

21. 邵逸夫体育馆

国际上一些重要的体育赛事

16

都曾在暨大的邵逸夫体育馆举办，国家乒乓球队来过这里比赛，林丹也曾数次来暨大参加比赛。说不定在暨大读书的时候就能看到这些体育明星来打比赛呢！

22. 不用军训

暨大在招生时最大的吸引力就是暨大是不——用——军——训——的！因此，暨大对外有一个很响亮的名号“不用军训大学”。暨大的新生只需参加为期10天的新生训练营，新生训练营以学院为单位，每个学院举办的活动是不同的。在这期间，将会有拔河、定向越野、武术，或通过一个个人移动位置来摆出创意造型等活动。每年的新生还有不同的创意服装，比如2014年是粉色的“小苹果”，2015年是紫色的“小葡萄”。当看着自己的高中同学顶着烈日汗流浃背军训时，你就偷偷乐呵吧！

23. “北极光”歌唱大赛

一年一度的“北极光”歌唱大赛也是暨大的一大亮点，“北极光”水平并不亚于“快男”，也并不比“超女”逊色。作为暨大的一个老牌活动，在镁光灯的闪耀下，“北极光”已走过了30年历程。

24. “威尼斯分校”

暨大的排水系统曾经是学校的一大黑点，夏天一下大暴雨就不管用，因此暨大已经不知道被淹了多少回，甚至“威尼斯分校”这样的名号还能屡现报端。不过这几年，经过工程队的不懈努力，排水系统已经修好了，几乎没有再被淹过。

25. 专业

暨大的强项是经管类和人文类专业，管理学院、经济学院、新闻传播学院都是很不错的学院，因此金融、新闻类专业都非常热门，招生分数线也相对较高，尤其是新闻学专业，在全国可是名列前茅的。相比之下，理工类、医学类专业就相对薄弱一些。

26. 暨大礼堂

暨大的礼堂除了作为大型表演的会场外，还会经常播放院线最新最热电影，约上自己的好闺蜜，带上自己的好“基友”，一起去体验一下千人看电影的感觉吧！门票可比电影院便宜多了！

27. 暨大南校

暨大的大学城南校区，有很多人说像是度假村，连食堂也像是度假屋（见上图）……在这里学习，远离烦嚣，委实美好惬意，不失为一种享受。

28. 超棒设施

南校区在2014年的开学“新生训练营”时还举办了一场饕餮盛宴——自助餐！

再看看南校区宿舍楼，跟高级住宅相差无几……学校还特别为学生出行考虑，提供可免费借用的自行车500辆！

29. “面糊大战”

作为侨校的暨大，还有一个特色活动，那就是华文学院每年举办的“东南亚泼水节”。泼水节泼的不只是水，还要向别人身上擦奶油和面粉，现场完全变成了“面糊大战”。

活动还有抽奖环节，还曾送

29

暨大是不用军训的！

出过泰国往返机票呢！

30. “华侨文化”

总的来说，暨大在中国的众多高校中，管理是非常自由开放的，这也可能归因于暨大是一所侨校。暨大作为一个华侨学府，在高校中的外招生数量是最多的（帅哥美女也特别多），因此很有自己的特色，“华侨文化”是在其他高校体会不到的。就像《尚书·禹贡》中所说：“东渐于海，西被于流沙，朔南暨，声教讫于四海。”暨大将中华文化传播到了五湖四海，亦让海外的同胞们有栖居之所，让海外华侨能投身中华文化的怀抱之中……

（本文图片3、5、8、15及30由作者拍摄；图片16来源于暨大新闻网；图片27由马咏诗拍摄；图片29来源于暨大华文学院团委学生会官方微信。）

30

未来白衣天使们的皇家疗养院

——南方医科大学的30个真相

麦思瑶

4 顺德校区正门

1. 基本情况

南方医科大学前身为中国人民解放军第一军医大学，2004年整体移交广东省，更名为南方医科大学。虽然不是“211”“985”，但在全国医科院校中属于第二梯队，广东省排第二，坐拥三位院士及大批教授副教授，师资水平和专业实力还是很强的。

2. 人体解剖博物馆

南方医科大学人体解剖博物馆是世界三大人体博物馆之一。馆藏3000多件人体标本，其中有1000多件管道铸型标本，可以让我们清晰地了解到人体主要器官管道的形状和运行原理。

3. 科研成果

20世纪80年代，国家鼓励学校自主创业以赚取经费。学校以自主研发的“三九胃泰”“正天丸”“无限极口服液”“尿毒清”等产品为基础，先后创建了深圳南方制药厂（三九集团前身）、南方李锦记营养保健品有限公司、广州康臣药业有限公司等国际知名的医药企业。学校还研制出了国际上第一个SARS抗原检测试剂盒、第一台国产“X-刀”、国家Ⅰ类新药B超心脏造影剂、地中海贫血诊断试剂盒等高端科研产品，并成功实现产业化。

4. 校区分布

学校有两个校区，一是位于白云区的校本部，二是顺德分校区。目前学生的分布情况是：临床八年制的学生前两年在长沙国防科技大学进行军校体验，然后回本部开始医学知识的学习；临床创新班一直都在本部学习；其他专业的学生前两年在顺德校区，然后回本部继续学业。

因为笔者目前还在顺德所以以下叙述均为顺德校区。

5. 校门

校门口的照壁正面是“南方医科大学”几个大字，书体是毛体，体现了办学指导思想。因为它的字形，有人戏称它为“南方酱料大学”（不过医科大学基本上都有这个外号）。照壁背面是大学的校训“博学笃行，尚德济世”。

6. 开发荒地

进门会看到大片未开发空地，大好的一片田地又不种花又不种菜就长杂草，不能看又不能

6

本校的挂科率排名全国第十五，全广东第一，不认真你就输了！

吃，荒废在那里好心痛啊。不过校园里还有一部分荒地被分给了学生们种菜、种花、种树等，去锄草浇水什么的也挺好玩的。

7. 最美校园之一

学校建筑的外观和名字都非常古色古香，也因此被评为中国（风）最美校园之一。

8. 面积

虽然学校地图上好多栋楼显得校园好大的样子，实际上算算比例尺就知道宿舍楼到饭堂约200米，饭堂到教学楼约200米，即使是最偏远的春晖园到秋实4栋（解剖楼）也不到1000米，所以偶尔起晚一点也没什么太大的关系，跑快一点就不会迟到了。

9. “马岗皇家卫校”

穿越村落聚集地，跨过马岗工业区，就来到我们地处偏远的学校了。但也因为地理位置偏远，这里空气清新，人烟稀少，因此还得了个外号叫“马岗皇家卫校”。

10. 凌云塔

学校的标志性建筑是凌云塔，众多学生都认为它是歪的，具体原因不明。刚入学的时候，作为地标的它在帮助学生找路方面颇有功绩。不过等熟悉了校园，它就只能静静地继续当座塔，毕竟里面几乎什么都没有，除了镇妖辟邪就只有偶尔观光了。它还是个拍微电影的胜地，但毕竟在高层建筑上活动，行动上要注意一点，以免引起误会：负责危机干预的老师很紧张的，别轻易吓他们。

11. 文化广场

凌云塔底下是文化广场，这里经常有社团组织活动，唱唱歌、跳跳舞之类的。这里也是轮滑社的训练地点，那些高难度的动作看得我心潮澎湃。

12. 小山坡

校园里有香山、冬岭等几个小土坡，视野优良、景色秀丽，是个野餐的好去处。黄昏时分适宜来此观赏群鸟飞舞，感受又大又冷的“校风”。香山脚下及园区内的部分田地里一年四季都种着不同的蔬菜和农作物，也不知道最后是进了谁的肚子。

13. 饭堂

民以食为天，吃饭是很重要的。这里可以吃饭的地方分别有陶然轩和如意坊，如意坊是以门店的形式存在。陶然轩除了普通打饭窗口还有各地特色小吃，三楼还有包间，约会聚餐都可以选这里。

14. 图书馆

图书馆也是大学很重要的地方，在我看来，这里的专业书籍以及文学名著倒还是很丰富的，然而消遣性质的现当代小说方面更新换代比较缓慢。在这里借书有着象征性的100本的上限，实际上只要你拿得动，把整个图书馆都搬回去也是可以的。

15. 紫荆坛

在图书馆和行政楼中间有一栋建筑叫紫荆坛，主要功能就是开会，别的仍待开发。

16. 挂科率

来到这里一定一定要认真学习！本校的挂科率排名全国第十五，全广东第一，不认真你就输了！要明确一个概念，现在的痛苦是为了以后减少病人的痛苦，痛苦少了，医患矛盾就少了，矛盾少了，医患冲突事件就少了，冲突少了，社会就和谐了。由此可见，好好学习是多么重要呀！

17. 宿舍

这里独具特色的一点在于，宿舍是男女混宿。宿舍楼的结构大概就像是DNA双链，一般情况下男女各占据一条链的五碳糖和磷酸，隔天井相望。而相邻宿舍的阳台之间是部分连通的，简直是暗送秋波、月下谈心、私相授受、穿墙私会的必备良品啊！

18. 天井

DNA中的碱基对和氢键由天井来担当。天井会在各种活动中派上用场，比如招新快闪、民谣晚会、光棍节晚会等。旁边还有桌椅，开小型会议的时候很实用。

19. 扫楼

宿舍必不可少的活动还有扫楼，主要职能是宣传或者推销。刚开学的时候几乎每晚都会有扫楼："请问这里有来自XX的同学吗？同乡会扫楼。""你们有兴趣加入XX社吗？""你们买了白大褂、解剖图谱吗？"……在特殊的时候也会应季推出时令产品，比如四级真题、调频耳机、下学期教科书。扫楼的宗旨是：只要你要，只要我有，全部为你，准备就绪。

20. 操场

操场是假草，晚上照明不佳，军训的时候打军体拳都看不见。所以喜欢踢足球的同学要将就一点，有夜跑习惯的同学也要小心。不过在草坪上看星星还是不错的体验（如果有星星的话）。打球倒是可以，球场的能见度还过得去。

21. 做实验

晚课最常见的就是实验。要在大晚上跑到实验室做解剖，想想就有点小兴奋呢！尤其是在考解剖之前，会有不少同学趁着晚上人少跑到实验室练习的。其实这也没什么可怕的，习惯就好了，只要学了医，心理承受能力翻个几番都是少的。

22. 大屏幕

春华堂（教学楼）有一个私心想提的地方就是大屏幕。其实屏幕上只是写着哪些教室可开放作为自习室或者偶尔发布一下通知（比如领书）而已，然而晚上在昏暗的环境中突然看到一抹红光就颇为诡异，第一次留意到这一点的时候还震惊了一下。

23. 空中长廊

教学区还有一个特色就是空中长廊，连通各栋教学楼，是非常人性化的设计呢！换课室上课不用先下楼再上楼，下雨也不用担心没带伞了。

24. 腾飞石

教学楼前方有一块石头，写着"腾飞"，它跟"南方酱料大学"有异曲同工之妙，因为它有其他各种别称比如死猪、烧烤、尼玛……关于这一点，作为一个学楷书的人表示，每个学行草或草书的人眼中都一定有个不一样的奇幻世界吧——我等无法理解的世界。

25. 考试月

既然说到教学就不得不提考试月，顾名思义就是考试的那个月啦（但是一般要考试的时间跨度都比一个月长不少）。这时候考试还是挺集中的，要分配好复习时间。另外，这是一所非常非常非常喜欢机考的学校，机考率达到了50%以上。这个设定节约纸张和改卷人手，节能环保，不过美中不足的是每道题有答题时间限制，因此不一定能深思熟虑再回答，并且提交之后无法回头检查修改。

28

29. 桥

湖上有11座桥，3座是有名字的，分别叫虹桥、得月桥、碧云桥。另外8座分别叫1~8号桥，根本没有另外3座桥文艺。至于为什么这样我也不知道，也许是因为它们做工不够华丽，也过于短小精悍以至于不知道叫什么名字吧。

26. 合唱团

“走在昏暗的校道上，四周的清风是我同伴，那远方的车库传来歌声，是妖是鬼是仙乐还是合唱团……”

没错，合唱团最大的特点就是训练地点一般在行政楼的车库。

27. 军乐队

“训练它比牛更苦，假期它比谁都短，军号嘹亮，军鼓声响，少年英才就是军乐队……”

军乐队是公认训练辛苦的大型组织，还会自愿牺牲假期时间进行训练。至于成效方面，因为军乐队里大多是零基础的业余人士，水平方面也不能过于苛责，毕竟只训练了一年左右，要给予他们足够的耐心和包容嘛。

28. 湖

学校里有很大面积的湖泊，但是没有种荷花之类的水生植物。动物方面就是鸭子了，经常能看到小鸭子游来游去或者在岸上跑来跑去，它们一点都不怕人，超可爱。这里也是龙舟队的水上训练地，平常就用来放龙舟。

30. 蚊子多

湖边有好几座亭子，和湖边小道起共同作用：一是供朋友们嬉戏玩耍+被蚊子咬；二是供喜欢安静的同学们学习+被蚊子咬；三是供学乐器的朋友们练习+被蚊子咬。由于学校有大片的水域，加上整个校园都是树多草多园林多，我们学校还有一个称号“南方蚊子多大学”。

（本文图片皆由作者拍摄。）

29 虹桥

造星梦工场

——星海音乐学院的30个真相

周唯一

1. 校区

是的，星海音乐学院只有音乐专业。有两个校区，一个在沙河顶，叫沙河校区或老校区，一个在大学城，就叫大学城校区。除了乐器工艺系（就是制作提琴和钢琴调律）和舞蹈系，其他都在大学城。

2. 学子

要说星海哪个系美女最多，有人觉得是舞蹈系，有人觉得是民族声乐系，我觉得哪儿都是。校道上空手的是准备去“华师”食堂吃饭的，拿着外卖的是回宿舍的，经过男生宿舍时总是会惊现裸男（上半身），有时还会听到远处传来的销魂歌声。好像男生多多少少都会弹一点吉他，而整个学校每个人都会的那就是钢琴了，只是能力水平不一罢了。

和声被大家戏称为“音乐中的高数”。

3. 学制

学校以前除了作曲系是5年制以外，其他都是4年制，但是听说好像以后都要变成5年制了。我们那一届还有个“合唱指挥系”，全系只有一个人，但是平时上课什么的好像都跟作曲系在一起。我们学校每个系的人都不是很多，所以有时候有些大课就会几个系一起上，比如马克思等政治理论课和体育课。

4. 音乐中的高数

要说起音乐学院的学生最害怕的课，弄个投票的话，我猜和声一定高票领先。和声被大家戏称为“音乐中的高数”，除了作曲系以外其他系都要修两年，也是唯一一门要用笔写功课的学科。在学校如果看到有人拿着五线谱本和铅笔绞尽脑汁写作业，肯定是在做和声作业。

5. 排练

因为我们要写的功课很少（除了和声），所以排练成为星海音乐学院学子的常修课。宿舍楼下的空地和走廊通常是大家排练的地方，练琴和排练就要花费很多时间。体育课的舞蹈要排练，合唱要排练，形体课要排练，奥尔夫课要排练，乐队要排练，合奏要排练。晚上的星海走廊是很忙的，特别是到了学期末的时候，那时大家还要去争地盘。

6. 现代音乐系

沙龙厅，是专属于现代音乐系的一个音乐厅。该系的音乐会非常受欢迎，要提前半个小时去才会有位置坐。现代音乐系的学生自己组乐队，所开音乐会大部分都是爵士音乐会，音乐会的很多歌也是他们原创的。这个地方他们也是用来上课的。在每年的下半学期毕业季的时候，他们会经常开音乐会，大家可以留意学校到处像小广告一样的海报，感兴趣的都可以免费过来听。

7. 冼星海雕像

沙龙厅外面不远处有一个冼星海先生的雕像。每年到了他的诞辰，风雨无阻地，全校都会一起在雕像前纪念他。作为全国九大音乐高校之一，学校本来是叫

9

“广州音专”的，后来为了纪念广东音乐家冼星海先生才改名为星海音乐学院。先生的《黄河大合唱》也成为了学校交响乐团在音乐会上必演的传统曲目。

8. 流行音乐系

位于排练楼的观摩厅，流行音乐系的许多音乐会在此举办。他们的音乐会很受欢迎，嗨爆全场，提前半小时都不一定有位置坐。有好几个星海的毕业生也在学校开过毕业演唱会，还有大家都知道的歌手“笔笔”周笔畅也是星海流行音乐系毕业的。

8. 声乐考试

我们的声乐考试和一部分的钢琴考试在观摩厅举行，考试时要穿礼服，化舞台妆。礼服有的会去外面买，有的会上淘宝买，价格从几百到几千元不等。考试那天，大家会几个人一组，分别请化妆师到对面的琴房楼帮大家化妆，然后换好衣服，排号考试。现场有钢琴伴奏，几个评委老师坐在下面现场打分，但评价和分数现场不会告知。其他任何人想去听都可以进去，只要不打扰到考试的同学。刚进学校选导师的时候，声乐专业的同学也是要在观摩厅跟老师进行互选的，当时我们就看到一群喷着香水的贵妇个个拎着个“LV包”走进来，那画面也是有点震撼的。

9. 器乐

校道上会经常看到背着琴的学生，像倍大提琴这种重型乐器，背着太重，推着也是棒棒的。星海大部分的学生兼职都是做老师，但是管弦系小提琴专业的就特别一点，什么酒会的表演啊，楼盘的开业都会叫他们去，之前还看到上游艇去表演，羡慕嫉妒恨！毕竟带着小提琴去也方便嘛，总不能叫我们抬着钢琴去演出吧。

10. 教学楼A栋

教学楼A栋，是专业老师的办公室。平时大家的专业课（除了钢琴声乐专业的，其他都会带着自己的乐器过来）都是在这里上的。因为临近外环，所以路过外环的朋友有福了，可以中途停下来欣赏音乐。有些声乐老师比较严格，上课规定学生必须穿裙子、高跟鞋和化妆，所以有时你会看到同学上午走休闲风，下午马上名媛风了。

11. 教学楼

教学楼B、C、D是上课的地方，大部分的文化课都在这里上。教学楼前面的水塘里好像总是有鱼，但我们疑惑这么脏的水，鱼是怎么活的。有两栋楼是有电梯的，但是很慢，走楼梯可能会更快，而且要小心困电梯（我们曾试过十几个人困了半节课，不过当时大家都很淡定）。

12. 专业课

有走廊连接着A、B、C、D四栋教学楼，上课时间会看到人来人往，大家都是去上专业课的。有时候上课时间冲突，实在

专业课不去太亏了。

11

调不了课，大家会偷偷地从大课溜出来，去上完专业课再溜回去，因为专业老师不是每天都在学校的，一般一周会来两到三天，所以学生都集中在那几天。而且专业课不去太亏了啊！现在一节课的课价都要三位数以上了，时间的话每个老师不同。

13. 音乐厅

传说学校最豪华的地方是星海音乐学院音乐厅！左边是室内乐厅，有两层，在二楼和三楼，右边是交响乐厅，有三层。虽然说是属于学校的音乐厅，但是学生活动要借用的话好像还是很麻烦的，手续比较繁杂，还可能会不批。

14. 室内乐厅

一般中小型音乐会都会在室内乐厅举办。拍照时刚好碰到有老师在给学生们排练节目，那应该是为了过一会儿的演出彩排吧。这些学生可能是民族声乐系的（声乐系有美声和民族声乐专业），还有，右下这张图的男女比例就差不多可以代表学校了。

15. 交响乐厅

一般大型的音乐会会在交响乐厅举办，像学校每年的新年音乐会、学校的大的乐团，比如交响乐团和民乐团的演出，还有一些系的迎新晚会都会在这里举办。我的印象中最早一次进这里好像是军训开会，最后一次就是毕业典礼了（我们最遗憾的就是毕业典礼时，校长没有跟每一个毕业生握手，帮每个毕业生举行拨穗的仪式，有幸的只是每个系的几个代表）。

16. 琴房

琴房里有各种涂鸦，大家都喜欢在白板上乱画。夏天这里是最受欢迎的地方了，因为这里的空调比宿舍的给力多了！琴房只有这么多，每个学生一间肯定不可能，所以如果多人排队的话，你只能练两小时，时间一到，就会被“赶”。有时会看到趴在琴上睡觉的人，我猜可能是练琴累了要休息一下吧。

17. 再说琴房

夜晚的琴房楼也很浪漫，然而这场景好像是无意造成的哦！有钢琴的琴房分三种：小三角钢琴（钢琴系专用）、普通钢琴（任何一个有一卡通的人）、双钢琴（有两张一卡通的人）。当然这里也是恋爱圣地，经常可以看到有人结伴来练琴，伴随着悠扬的乐声，羡煞旁人。

18. 三说琴房

琴房楼一共有5层，每一层大概有100多个琴房，大部分琴房都有一到两架钢琴，除了功能性的，比如流音系的“唱K”房（里面有麦克风、音响），“band”房（这个房要申请，

乐器需要自己搬进去），民乐系（4个人一间，大家错开时间练琴）。我们可以看到垃圾桶现在都放在走廊，琴房里面都没有，大概是因为以前大家都喜欢违反规定，带东西进去吃吧。广东地区的英皇考级代表处就是我们学校，考试地点在这栋琴房楼一楼。

19. 古筝课室和星海走廊

勤奋的同学们会在晚上过去古筝集体课教室练琴（因为白天要上课，只有晚上才开放给练琴的同学）。可是，晚上的星海教学楼里，走廊是完全没有灯光的，所以不约上小伙伴而自己一个人来的话，想想也是有点怕怕。看着白天把灯光调暗后所拍摄的星海走廊，大家想象一下走廊晚上完全没有灯光而只有隐约的月光的景象吧，是不是感觉凉风阵阵呢。

21. 体育馆

体育馆一楼是羽毛球馆，二楼是乒乓球馆，以前晚上校内校外人员可以随便进去打球，但现在好像要出示本校学生证才能进去了。听说是因为隔壁华南师范大学的同学过来“霸占”我们的地方了。我们的体育课当然不会这么简单，一年是球类，一年是舞蹈，当然不会那么“凶残”地要求男生也跳舞，但是形体课，男生也要上的。印象中好像是跳阳刚一点的舞蹈。

22. 图书馆

图书馆比较高大上，并且不用学生证就可以进去，当然借书要一卡通哦。和其他学校不太一样，我们图书馆珍藏很多乐谱，大家一般都是去找谱子的。理论方面的书籍，老师若没有要求阅读，图书馆就没什么人气。特别值得一提的是3楼的岭南文化馆和4楼的视听室：我下午4点去到那想拍个照，结果明明是4点半下班的视听室已经锁门了，图书馆老师说有事明儿请早。

23. 大学城互通

大学城目前只有10所高校，听说图书馆是互通的，拿着本校的一卡通可以借十所大学图书馆的书。我们学校有些文化课好像也是隔壁华师的老师过来上的，至于选修课，我就选过广美的老师过来开的课，不知道我们学校的老师有没有去其他学校开选修课呢?

24. 学生公寓

学生宿舍分为A、B、C、D、E栋，D、E栋是男生宿舍，A、B、C栋是女生宿舍，B栋宿舍最多人。因为古筝太重，大家都不会抬到自己的寝室，而是放到走廊，这样带去上课很方便。并且放在过道两旁一般也没有人拿，所以一进宿舍大门，就能看到过道两边堆满了琴，基本都是古筝。宿舍有“宵禁”，12点要关灯，并且大门会锁，晚回来要登记，但不知道要不要扣分。

25. “星海小贝岗”

左上图是“星海小贝岗”，右上图是星海食堂。食堂最近两年升级了，不再只有大众餐，品种增多了，貌似比以前好吃了点吧。而“星海小贝岗”最近因为城管严打，都没什么人气。以前一下课这里可是挤满了学生，大家都喜欢打包回宿舍，一边上网一边吃饭。现在这种现象好像完全没有了，因为“小贝岗”被拦起来，不让过去了。但听说“星海小贝岗”有了新招，开了外卖，哈哈！

26. 与“华师”对望

跟星海音乐学院遥相对望的就是华南师范大学了。就是因为这么近，所以发展了不少“跨界”的痴男怨女。粗略地、不科学地统计一下，音乐学院女生的男朋友中，学美术和体育的是最多的，但是这一类恋情也基本从高中就开始。隔壁华师的学生，近水楼台先得月，也抱得不少美人归。

27. 操场

切记！如果你要来星海玩，请远离操场。因为这里不仅是好朋友们散散步，看看星星，聊聊人生的绝佳去处，还是情侣们的秀恩爱圣地——想想看，你一个“单身狗”，望着身边的俊男美女成双成对的，是不是会感觉很凄凉……不过现在大家都很注重健康，大学城晚上很多人会夜跑，勤快一点的可以跑跑外环、内环，跑不了那么远的也只能跑跑我们的200米操场了。

28. 音乐季

学校每年9月到12月是音乐季，会有很多免费的音乐会可以听，比如音乐教育系声乐老师的范唱会、外国优秀音乐家们过来进行艺术交流的乐音会等。音乐会一般通过电话订票，但是打不打得进去就看运气了，我曾试过连续打了40分钟打不进去，都准备放弃了，第50分钟打进去，却被告知没票了。我们猜是没放票，不然就是内部赠送派光了。

29. 跨界演唱会

下图是广美的叶正华老师与我们学校音教系的曾慧君博士在学校室内乐厅开的“跨界Fun钢琴动漫音乐会”。这种音乐会一般特别难抢到票，基本上都被音乐家们分发给自己的亲友团了。

30. 高大上的老师

最后说一下我们高大上的老师们吧！学校大部分专业课的老师都有留学经历，也是国内外著名的音乐家。外教的话我知道的不多，钢琴系有个波波娃教授，现代音乐系主任是法国著名的音乐家彭小波老师，还有德国的小巴老师。小巴老师以前开过两堂选修课，挺有意思的，而且人长得帅，古典吉他弹得棒，他老婆是管弦系的老师，中国人，但是好像是在德国认识的，所以小巴老师的中文说得也不错。上课的时候，他夫人也会在旁边当翻译，公然在讲台秀恩爱我就不提了，哈哈！

（本文所有图片皆由作者拍摄。）

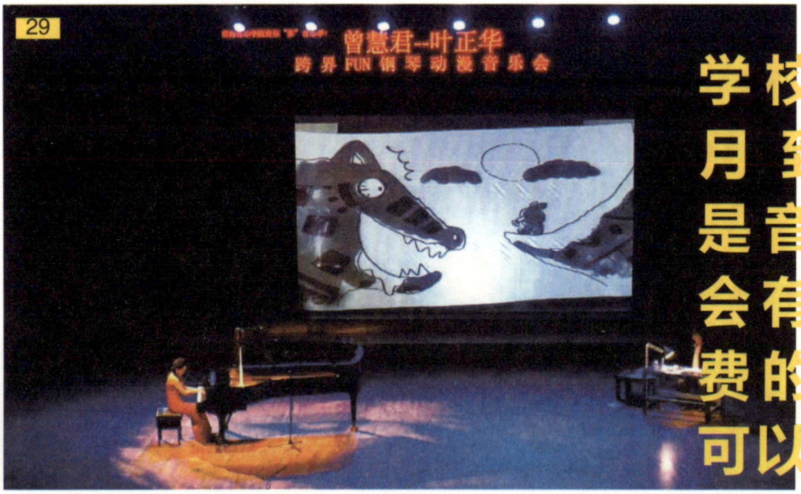

学校每年9月到12月是音乐季，会有很多免费的音乐会可以听。

这里再也不是中山“不放假”大学

——中山大学的30个真相

黄雅婧

1

1. “逸仙魔法学校”

中山大学（以下简称“中大”），又称“逸仙魔法学校”。魔法技能点有孙中山铜像传送阵、南校园猫头鹰、毕业典礼的魔法长袍与权杖和突如其来道友渡劫般的暴风雨等。曾经以三学期制的“不放假大学”技能点闻名于世，然而这个技能点已经被完全废掉，现恢复为两学期制。

2. 校区

中山大学有3个校区5个校园。三个校区分别坐落于广州、珠海以及深圳。其中在广州校区有海珠区的南校，大学城的东校和越秀区的北校；珠海校区在珠海唐家湾；深圳校区在深圳光明新区（在建）。真没有在中山的。还有一个很低调的在广东顺德的中山大学——卡内基梅隆大学国际联合研究院。

3. 铜像和牌坊

年轻的我以为每个校园都会有孙中山爷爷的铜像和国立中山大学的牌坊，后来被很多小伙伴吐槽之后才知道，原来铜像的确是每个校园都有，而牌坊，虽然它是一个拍照留念的重要道具，但是牌坊只有南校园和东校园有。

4. 校内异地

珠海校区虽然距离其他三个校区远了一点，但是它是重本的本校的一部分，不是2B院校分校什么的。所以在报考的时候请注意，不要一个人报了数计院一个人报了中法核，不然你就等着异地4年吧。

5. 校区的妙用

我们有句话叫“学在南校、住在珠海、吃在东校、‘死’在北校”。

6. 游泳达标测试

中大要求每位同学毕业前都需要通过25米游泳达标测试，就是无论你用什么蝶泳、背泳、蛙泳、自由泳、狗扒泳还是自创未知姿势，都要游过25米。所以如果找了位中大的伴侣，从来不需要担心被问我和你妈妈（或爸爸）同时掉在水里你要先救谁这种问题。

学在南校、住在珠海、吃在东校、“死”在北校。

2

7. 文艺南校

南校大部分是基础学科和研究生，而且因为是老校区，红砖绿瓦，树木葱葱，充满着浓郁的人文气息 ，在南校读书真的很有知识分子文艺青年的感觉。

8. 婚照圣地

因为南校的环境非常有味道，所以经常有准夫妻去南校拍婚纱照。但是外校的情侣申请是要交钱的，同地点3000元，两个地点4500元。但是，中大毕业学子是不用的！所以，嫁（娶）我省3000元！

9. 神秘传说

鬼故事是每个学校必有的元素，而关于中大的鬼故事很多都是在南校的。例如永芳堂的楼梯，文科楼的正门，东12的故事，岭南堂的选址，等等。

10. 问路难

因为南校很大，大路小路大楼小楼很多，地方又古色古香，所以如果你去南校玩想问路，经常会被好几个路人表示"……不好意思，我也不知道你说的那个什么地方在哪里！"

11. "养老校区"

珠海校区被称为"养老校区"，因为珠海环境非常好，空气清新，海风轻抚，到处都有散步的好地方。但是由于是在唐家湾，距离中心城区香洲和发达的拱北都需要一段车程，而且校区附近大型娱乐服务设施也比较少。

12. 珠海校区图书馆

珠海校区的图书馆有两栋楼噢，有很多很多层。到了高层会有超级棒的豪华海景哟！两栋楼中间被一座天梯隔开了，想当年年纪轻轻去爬这个天梯，还是蛮累的。

13. 珠海校区的湖

珠海校区的湖非常多，不知道是不是因为靠海的缘故，教学楼前的若海，教学楼后的隐湖，岁月湖食堂旁的岁月湖，还有看夕阳圣地沕水。除了沕水有一些令人惋惜的事故，其他湖皆是小情侣拍拖的好地方。

14. 珠海校区面积广

珠海校区面积很大，据说是当时珠海市长和中大校长站在唐家湾的某个山头，然后珠海市长对中大校长说你现在看到的这大片地方都是你们中大的！

15. 珠海校区的学院

珠海校区的学院，像哲学、岭院、外国语等很多学院都是在珠海校区待两年然后回南校继续学业的 ，但是外国语学院和翻译学院这种漂亮妹子比率较高的学院实在是为珠海校区增添不少魅力啊，当然还有很苦逼的中法核学院。但是由于学校改革，珠海校区的学院专业据说将会发生巨变，即将毕业的我也只能拭目以待咯。

16. 体育课

珠海校区的体育课有着其他校区没有的特别项目，像高尔夫和攀岩等。当然中大的体育课很多都很有趣，例如定向越野、棒球、跆拳道、龙舟之类。

17. 彩虹社

彩虹社是一个带有传奇色彩的组织，是中山大学批准的在珠海校区成立的同性恋维权学生社团。该社团是中国大陆第一个合法注册登记的有关于同性恋的学生社团。但由于外界的舆论压力，到了2008年的时候基本上已经转入地下组织，后续的事情基本就不清楚了。笔者只是觉得非常可惜。

18. 中大北校

北校是中大医科生的圣地，中山医学院、护理学院、公共卫生学院、光华口腔医学院的大本营都在那里。但是那里是没有大一生的，因为大部分医学生都要在东校区折磨一到两年才能够回到北校这个家，还有八年制的医

学生大一先在南校待一年才回到北校。

19. 中山医学院

中山医学院的医科真的很强，强到什么地步呢。有中山大学附属一、二、三、四、五、六医院以及光华口腔、眼科中心和肿瘤防治中心等等。而且很多老广州是对中山医更加熟悉和了解的。

20. 北校住宿条件

由于北校的面积小，又位于市中心，而且校史又长，因此住宿和教学楼的条件都比较糟心。很多学生的宿舍不是常见的上床睡觉下床书桌，而是高中那种上下铺而书桌是单独出来的，而且摆放的位置极其乱（因为去过某个好朋友的宿舍），而且有些宿舍楼是男女混宿（也可以当成一种大福利）。由于新中大男神罗俊校长的到来，貌似要准备规划一栋31层的宿舍楼了。

21. “死在北校”

“死在北校”说的是那里由于实验和教学的需求存放了一定数量的动物还有尸体，而且那里附近还有好多好多医院，中山一院、广药一院、中山附属眼科医院、肿瘤医院、光华医院、广东省人民医院等等。想当年我的人生规划就是住在东山口、执信中学毕业、中山医读书、中山附属一院工作……感觉真的要死在东山口了。

22. 通宵自习室

北校有两个通宵自习室，由于北校医学生是出了名的刻苦，课多、实验多、学霸多、压力大，因此通宵自习室在考试前都是人山人海，经常会出现“昨晚才看到三点，室友都没睡，我是不是太奢侈了”这种朋友圈。

23. 资源抢夺

北校园处在人流量较大的市中心，因此校外人员经常会到北校园里面，抄个近道，吃个饭堂，跑个运动场。而北校园也想了很多方法防止校外人员夺走本校学生的资源。北校的小伙伴经常向我吐槽，说北校并不是北校学生的饭堂，而是执信中学和十六中的饭堂。

24. “吃在东校”

“吃在东校”是名副其实的，毕竟位于偏僻的大学城，在吃的方面性价比确实高。东校有正牌饭堂或食府6个（一、二、四饭，清真，行政楼，明城）和非正牌饭堂不知有多少个。以前都城负责的二饭和郡城湖畔餐厅代表了东校饭堂最高水平，但是现在二饭被金贝子代替了，湖畔餐厅也被四饭负责了。现在的饭堂各有春秋吧，一饭的蒸饺浓汤套餐，二饭的蒸饭粥粉，四饭的小炒扒饭等都还不错。三饭由于之前的饭堂经理跑了，现在一直没开，真是一大憾事。

25. 东校周边美食

东校的非正牌饭堂包括旁边“新天地”3楼和什么都有的贝岗村以及外卖大军。曾经中环至二创业街（其实就是小摊贩聚集地）非常昌盛，大江南北的美食你都能买到，但是由于2015年12月城管突然加大力度严管乱摆乱卖，创业街已经被打击得不剩什么了。

26. 东校周边娱乐

除了吃在东校，东校的娱乐方式也是颇多的。不说“新天地”一期实现了宿舍下楼五分钟即可唱K，自从“新天地”二期开了以后，妈妈再也不用担心我10分钟不能走路到电影院，吃不到必胜客，买不到“全家桶”了。而贝岗村也是一个很神奇的地方，有“状元食府”和“一品天下”等夜宵聚集点，也有各种桌游、密室逃脱、棋牌、饭店和咖啡店，在贝岗牌坊处还有市场。但是贝岗深处巷子错综复

杂，鱼龙混杂，我自己真是没有进去过。

27. 校外住宿

如果要说来中大玩住哪里，笔者最熟悉的是中大南校和中大东校。南校校内有紫荆园、西苑和学人馆，学人馆虽然价格偏高，但是环境真的超级棒，楼下还有个看上去品味非凡的学人馆西餐厅；而南校校外就有7天、如家，但是在考研期间还是要早早订房要不就会被订满。东校区住宿有东苑、盈点和新天地二期的J酒店，当然学生党们去得最多的应该是贝岗遍地的小旅馆。

28. 东校建筑

东校区的建筑风格是比较普通的，没有珠海校区大片大片的绿化湖泊，更没有南校园的古色古香，但是东校区也有很特别的建筑：有像打开的一本名著一样的东校区图书馆，有像古罗马斗兽场的工学院广场，有坐落在湖边的行政楼餐厅，更有被我们誉为“马桶广场”的传设院楼。

29. 校巴

不用998！只用3块钱！中大东南北校随意走！个人认为中大的校巴系统做得比较全面和靠谱，地铁从东校到南校可能差不多要站1个小时，但是校车在下午交通较顺畅时坐半小时就到了（本人试过最高纪录27分钟），而且工作日白天基本1小时1班车，晚上从南校回东校更是只需20分钟，对于辅修双专、双学位的各位学霸来说实在是大大的方便。甚至有各种住在南校或者北校附近的同学坐校车回家。到珠海校区坐岐关车也很方便，会有学生优惠哦！

30. 爱我母校

其实还有蛮多想说的，像草地音乐会、逸仙泉、传设院万圣节“鬼屋”、维纳斯歌手大赛、岭南学院和中山医的前世今生等等，但是只剩下一个点不知道要挑哪个出来讲。如果每位中大学生都去写一篇“关于中大的30个真相”，每位同学挑的重点都会不一样吧！尽管每个人对母校最深刻的印象是不一样的，但我相信，每个人的爱都会是一样深。

感谢李婷妮、黄静怡、林友培、肖卓行对内容的校对和萧诗迪、黄哲、陈兆琪、张耀的摄影协助和配图提供。

（本文图片皆由作者提供。）

28

有钱任性，离世界很近

——汕头大学的30个真相

钟健涛

1. 地理位置

汕头大学（以下简称“汕大”）在汕头经济特区，而汕头市在广东省东面，所以汕头大学是一所位于广东省的高校。

2. 汕大不大

汕大一点也不大，但我在A、B、C、D座而你在G座也算得上是异地恋，或许也是一个分手的好理由。

3. 大学路

汕大坐落于汕头市大学路243号，这是一条通往雪国的路。据从小在鮀浦长大的同学说，大学路从他小时候就开始修了。但令人惊讶的是，现在这条路竟然修好了。

4. 没有荷花的荷花池

汕大的荷花池是真的没有荷花的，所以不要再纠结它为什么没有荷花而叫荷花池了。

5. 校训碑

汕大的校训碑是一个神一样的地方，如果你跟它合照了，那么你的英语四六级就真的很难过了。

6. 凤凰花开

行政楼旁边的凤凰花真的不是一个传说，它真的存在过，据说它盛开的情况跟那年的毕业生就业率是成正比的。

7. 距离不是问题

在汕大最遥远的距离就是我在二饭，你在三饭，而我们约定在2.5饭堂约会。

8. 汕大水库

汕大的水库每年都会招新，此处省略一万字。

9. 汕大市场

汕大有一个小市场，是的，也就是这么小。

10. 司考秘籍

汕大法学院的司考通过率挺高的，这也是得益于学校不惜重本买下市场上比较出名的培训机构课程视频来给学生进行集中培训，而且是面向全校不同专业的同学。

11. 学霸的世界

汕大图书馆是学霸的世界，但这种情况也只会出现在考试周里。

“汕头大学离广州很远，但离世界很近！”

14

16

12. 最美图书馆

汕大的图书馆曾经在湖南卫视的《天天向上》节目里跟南京大学的图书馆进行了一轮最美图书馆的PK战。

13. 诚品书店

汕大图书馆会给你一种台湾诚品书店的感觉，因为它的建设者就是诚品书店（高雄大远百店）的设计者陈瑞宪。

14. 水上图书馆

汕大图书馆是水上图书馆，而水就是在这里了。

15. 自我与无我

图书馆门前的这个大小人，其实它真正的名字叫作“建立自我，追求无我”。

16. 气膜体育馆

这个大馒头是新建成的气膜体育馆，其设计理念是“空中公园”。它也是广东省第一个气膜篮球馆。

17. NBA标准的篮球馆

汕大这座新建的体育馆是按照NBA标准进行建设的球馆，得益于李嘉诚先生每年都参加我们的毕业典礼，这座体育馆在2015年6月基本竣工了。

18. 宿舍

当你还听说汕大的宿舍比较烂的时候，那么你已经“out（落伍）”了。全新的宿舍楼是仿照美国大学公寓式宿舍建设并以书院的形式运营的，而且新的宿舍楼已基本落成。

19. 新医学院大楼

新建的医学院造型也非常奇特，2015年12月大楼落成仪式上，大楼外墙还进行了非常酷炫的大型灯光投射表演，让人叹为观止。

20. 行政楼

学校的行政楼现已重新装修完毕，目前供汕大与以色列理工学院合作创办的“广东以色列理工学院”作学习和办公的临时教学楼，这个学院将从2016年起进行全面招生。

21. 电影取景地

由“萌叔”吴秀波领衔主演的青春音乐剧《我的青春高八度》有一部分镜头是在汕大取景的。

15

18

19

去组合搭配。

27. 任性的饭堂

拿着两块五你可以干什么——在汕大，你可以吃一顿饭，就是这么任性。

28. 十二铜人

十二铜人雕塑作品的由来可谓是众说纷纭，但无论如何它是汕大日月湖边一道美丽的景观。

22. 家的感觉

李嘉诚先生每年都会来汕大参加毕业典礼并进行毕业致辞，校长说只有家才会让一个人每年都想回来看看。

23. 首富的保镖

李嘉诚先生身边的保镖已经迷倒汕大许多女生了。

24. 距离

当人们抱怨汕头离广州很远的时候，汕大人总会骄傲地说“汕头大学离广州很远，但离世界很近！”

25. 潮汕肉丸

当你吃过汕头的肉丸以后，其他地方的肉丸就是浮云了。如果你没有这种感觉，想必你是在饭堂吃到的。

26. 汕头夜粥

汕头的夜粥很出名，其实粥也只是一锅白米粥，而重点是你可以放各式各样的海鲜、肉类进

29. 真理钟

汕大真理钟是汕大新的标志性建筑之一，其设计者是林徽因的侄女林璎。

30. 《大学问》

《大学问》是汕大毕业典礼上必唱的一首歌，这首歌是由李嘉诚先生买下Beyond乐队的名曲《光辉岁月》的版权，并邀请林夕填词的歌曲。

（本文图片皆由作者拍摄。）

28

文艺小清新的梦想胜地

——厦门大学的30个真相

简浩然

1. “厦门人民公园”

厦门大学（以下简称“厦大”），我们都亲切地称为“厦门人民公园”。

2. 取景胜地

来厦门大学参观的游客们经常会站在思明校区门口错误地称呼厦大为“艾利斯顿商学院”，但《一起来看流星雨》大部分是在漳州校区拍的，跟思明校区（我们称为本部）没有半毛钱关系。《同桌的你》也不是在思明校区拍的，谢谢大家一直以来的错觉。

3. 校区

厦门大学现在有三个校区：思明校区、翔安校区和漳州校区，从思明校区去翔安校区大约需要一个小时。如果君住思明，妹住翔安，恭喜你，这就是传说中的同校异地恋。

4. 再说校区

哦，对了，厦大已经没有学生在漳州校区上课了。说来话长，总而言之，新建了翔安校区之后，厦大就从漳州校区撤出，把校区留给了厦门大学嘉庚学院。有钱就是这么任性！

5. 最强学院

厦大最强的学院，我个人觉得是化学化工学院，因为我在马路对面的麦当劳都能搜到该学院的Wi-Fi信号。好吧，其实经济学院才是普遍被认为是厦大最好的学院啦，财政、统计、经济都是老牌位居全国前列的专业，另外会计专业是全国第一；生化专业也是状元考生聚集地。

6

6. 海景课室

也有传闻说厦大新闻传播学院也很牛，作为该学院的学生，我表示我们有的是海景课室！

7. 宿舍

说到海景，如果你以为我们住的都是海景宿舍那就错了，只有部分石井宿舍楼和海滨宿舍楼才能看到海，而且还有一部分悲催的学生（比如我）不住在本部，住在一个叫“曾厝垵”的偏僻地方（对不起，这不是旅游景区“曾厝垵”）。

8. 海景幼儿园

但是海景幼儿园是真的！在建的时候我一直以为那是厦大豪华私人会所，建成后我才知道是厦大豪华海景幼儿园，每个教室都能俯瞰白城沙滩！

9. 白城沙滩

顺便一提，白城沙滩也是厦大的，所以“厦门人民公园”的称号还是名副其实的。

9

10. 男女比例

厦大男女比例1:1.2，艺术学院是厦大美女最多的学院（新闻传播学院的妹子提出严正抗议），但是在本部一般看不到这些美女们的身影，因为本部去艺术学院非常远，艺术学院的同学们也都不愿来本部吃饭！

11. 颜值

传说厦大妹子都很漂亮，但其中有相当一部分是女游客。

12. 饭堂

厦大的饭堂有好多好多个，游客只能去芙蓉餐厅三楼，经常听到游客抱怨，为什么游客餐厅这么多学生。芙蓉餐厅已经被“大众点评”收录，消费人均30元，好评只有3星，其中名声在外的是手撕鸡拌面，走过路过千万不要错过（来自“大食省”的我，根本不懂有什么好吃的）。

13. 美食

上回说到，部分学生（说的就是我）住在一个叫“曾厝垵”的山旮旯地方，我们称为海韵公寓，海韵公寓的食堂就像海澜之家——一年去一次就够了。厦大美食排行榜中，赫赫有名的有勤业餐厅的沙茶面和馒头（对！是馒头！每天傍晚打包十来个馒头的阿姨大叔已经成为一道靓丽的风景线），南光餐厅的早餐、沙茶面和老婆饼（对！就是广州满大街的老婆饼）。每天下午6点开卖，每人限购两个，5点半开始就有人排队，6点已经排到餐厅门外。我已经写好了从“大食省”批发老婆饼到厦大贩售的商业计划书，欢迎风险投资人联系我！

14. “厦大第一沙茶面”

“厦大第一沙茶面”的称号一直是个有争议的话题，南光派以汤底的甜见长，而勤业派则强调汤底的酸，但我个人觉得咸鱼白菜各有所爱吧（我还是比较爱南光的沙茶面啦）！

15. 米饭免费

厦大所有饭堂的白米饭和稀饭对学生都是免费的，但是馒头不免费。

16. 豪车

厦大本部最高的楼江湖称“主楼”，主楼附近是豪车聚集地，宾利、保时捷、捷豹比比皆是。

17. 情人谷

厦大景点中有一个名字取得很好听的地方，叫“情人谷”，其实就是厦大水库，晴空万里、白云朵朵的日子，学长们经常去钓鱼抓乌龟。

14

18. 红木座椅

本部有个建南大礼堂，里面看起来陈旧的椅子，都是红木做的，前段时间厦大还将礼堂的每一把椅子拿来做校友捐赠，从2万元到5万元不等，其中被柱子挡住的座位只要2万元，2万元买不了吃亏，买不了上当，2万元就可以买个建南大礼堂红木座椅的捐赠证书！

19. 拉风的校选课

厦大真的有爬树课、高尔夫课、潜水课、荒岛求生课和帆船课，都是校选课。厦大高尔夫练习场周末对所有师生开放，学生一盒球两块钱，价格公道，童叟无欺（校友也只需10元）。

20. 夜生活

住在本部的才俊佳人经常过来海韵宿舍区体验民间疾苦，顺便在小摊买买水果，吃吃消夜，因为本部的夜生活基本是空虚寂寞的。

21. 厦大鹅姐

本部有个芙蓉湖，湖里有厦大鹅姐，鹅姐在学校师生的指导下开了个新浪微博，对了，新浪微博上还有一个叫厦大鹅姐夫，每天只会“嘎嘎嘎”。

22. 敲钟

厦大上下课的铃声是用敲钟的，从6点30分开始到18点10分结束，每天敲钟19次。大家不要以为是隔壁南普陀寺的钟声。

25 这是我个人比较喜欢的EA咖啡厅，现在已经可以让游客消费了。

23. 南普陀寺

说到南普陀寺，这是学生们经常求不挂科、“单身汉”求脱单的神圣地方，吃货还能买到著名特产南普陀素饼。寺内有著名的闽南佛学院，万一哪天不想读哈佛了，还可以试试就读“闽佛”。

24. 翔安图书馆

虽然翔安校区不在厦门岛内，但人家可是“逼格”满满，翔安校区的图书馆堪称殿堂级，全馆配备苹果电脑，还向学生免费出借kindle——那都是别人家的图书馆！

25. 咖啡厅

朱崇实校长说，要有咖啡厅，因此几乎每个学院都有（或将来要有）一个咖啡厅，连图书馆都要有一个。20个咖啡厅分布在本部的各个角落（注意是本部），大部分咖啡厅隐蔽得很好，尽力不让游客发现，而且只有师生才能进入（某些更厉害的学院咖

传说厦大妹纸子都很漂亮，但其中有相当一部分是女游客。

21

啡厅只有老师才能进去）。

26. “保研路”

国内很多大学都有“保研路”（不懂的请咨询各大高校学长学姐）。在优雅的厦大科学与艺术中心右侧，崎岖不平的“流产路”静静地等候着每一个过往的学生。但是！在学生们的严正抗议下，学校把所有修好的“流产路”都人工凿平了！

27. 校长早餐会

厦大有个传统叫校长早餐会，每个月通过网络抽签的方式挑选20名学生与校长共进早餐，其间可以无限吐槽。

28. 游客中心

厦大正在动工建游客中心啦，游客中心传说还有诚品书店。厦大你这么牛，为什么要在我毕业之后才建啦！

29. 排队游客

厦大每天中午12点到14点，下午5点开始对游客开放，游客只能从西门和南门进入。下午5点在西村门口排队的游客，可以绕校门围墙一圈。

30. “总理厦大路线”

2015年4月底，国家总理李克强来访厦大，其行进路线为：西村大门、群贤楼校史馆、群贤楼“厦大时光”、自钦楼（学生活动中心），然后就走了。

（本文除图片30来源于网络外，其余由作者拍摄。）

认真工作，尽情玩耍

——香港大学的30个真相

肖璇

只要学校选得好，年年期末胜高考。

1. 历史

香港大学，简称“港大”，英文缩写是“HKU”，内地生都喜欢叫“坑U”。港大建立于1911年3月30日，是香港历史最悠久的大学。十几年前，香港人眼中的名校就只有香港大学和香港中文大学两个，香港科技大学那时候还排不上呢。

2. 大山的儿子

香港山多平地少，港大就是一个山中的学校，俗称“Hill Kingdom University”（HKU）。我们是隐居于深山的世外高人！正因为这样，面积很小的港大，却是一个3D迷宫。

整个校园就是一个巨大的建筑物，一出地铁站就会发现自己已经置身于港大高楼之上，整个港大各栋楼已经连成整体，不分彼此了。

初来港大的时候，总是在爬一条条渺无人烟的山路。后来才知道，原来是有电梯的啊。用2D的地图对付这个3D的校园，分分钟逼死路痴！

3. 校门

我以前一直以为上面那个A出口就是校门，直到后来终于见到了真正的校门。

这这……这也太低调了。阳光一旦过于充足，这个字根本看不清楚嘛。让想拍到此一游的小伙伴怎么弄呢？

大概这个问题确实引起了校方的关注！于是就出现了一堵纯粹用来做拍照背景的墙。

4. 地铁A出口

地铁A出口会被我当成校门还是有原因的。学校在地铁站内把港大一百多年的历史都画在了墙上，一边走一边看真的有种时空穿梭的感觉呢。

在上面可以找到张爱玲喔！

5. 自习室

以前我印象里的自习室就是桌子、椅子、书，现在才知道原来还可以是这个样子的——可以看海景，虽然有楼挡着视线；累了还有懒人沙发可以小憩。

复习周期间真的有学霸不回寝室直接在这里住下了哦！然后他可以早上醒来可以发一条朋友圈“我从6000平方米的房子中醒来”。

然而这些都是我们的学费堆起来的。还有这个“游动的学费”——不过有时让眼睛从书本中解放出来，欣赏一下游鱼欢跃，也很不错。

7

6. 宿舍

我们的hall（即学生宿舍，香港地区也称为舍堂）是这个样子的呢！

一般多为双人间（也有单人间的），晚上翻身再也不怕吵到下铺啦！

有大大的厨房可以做饭，还可以叫上一帮好朋友一起，一解舌尖上的乡愁。

7. 再说宿舍

嗯，港大真的是太小啦（大约是香港中文大学的三分之一），所以连宿舍都装不全，很多宿舍区落下了，掉到学校周围的一村、二村、三村、四村……

四村是最远的。有人会安慰说这里可以看到无敌海景，四村的“村民们”（学生）会认真地看着你：明明是“无敌坟景”啊！

宿舍外表像古堡一样，很神秘！

8. 所谓的“高桌晚餐”

宿舍会有High Table Dinner（俗称“高桌晚餐”），会到陆佑堂这样高大上的地方举行。然而逼格其实是“参差不齐”的，有些明明就是low table啊！

9. 迎新营

以前觉得港大不用军训，就不会辛苦，不会被晒黑了！然而“Too young too simple!”港大有“Orientation Camp”（迎新营），连续三天都挨到凌晨两点睡，早上七点就得起床，一整天跑来跑去地做任务。

不过收获也是满满的。每晚都有评估的环节，大家围成一圈，反思和互提建议。记得训练营指导员跟我们说过，做好任务很简单，难的是坦诚，是率真，而这才是最重要的。

确实，也因了这难得的真，我们得以通过他人的眼看清自己，进行更有效的反思；关于如何成为更加靠谱优秀的自己，也多了一些方向。

晚风习习，初识的我们围坐一圈，坦诚相交，友情就这样自然而然地滋长。其实港大学生很容易缺的一个东西就是归属感，因为打破了班级的概念，中学时所习惯的班集体没有了。宿舍多是两人一间，舍友能互相带动的圈子小得可怜。幸运的是，有迎新营这一群人，他们是你在异乡的第一批朋友，第一个家。

10. Mentor

除了“O Camp”以外，还有一个对新生来说超级暖心的，就是“mentor-mentee”制度！每位内地生入学的时候都会有一位指导员。

属性：学长/学姐

技能：专业咨询、地图导航、食肆推荐、抢课指南、借钱、借课本、借笔记、蹭饭、约喝糖水；获取其他学长学姐的黑历史；“卖萌”耍宝；秒变“大白”，暖心指数为最大值、介绍对象……

只有想不到，没有做不到！

11. “出pool”

我们一般把谈恋爱叫作“出pool”，是脱离单身舞池的意思，就是恋爱双方要收心了。港大有一个独特的校园文化，就是若然“出pool”了，就要请所有亲朋好友一顿“出pool”饭。

我觉得这个文化超级好的，人生有些阶段就要有仪式感，给人要有一种特别郑重，特别认真的感觉。

12. 期末

一直觉得香港和内地有时差。“只要学校选得好，年年final（期末）胜高考。”

13. 主楼

主楼大概是港大最美的地方，第一眼就被秒到啦。喜欢它

13

严谨考究的设计，喜欢这种浓厚的历史感，古朴中带着神秘。择一个阳光灿烂的午后，行走在这里，仿佛穿越至19世纪的英国。我的达西先生，会穿过溪流和小树林，来到我的身旁。

电影《色戒》《玻璃之城》都曾在此取景。

17

14. 有韵味的建筑物

“May Hall”（梅堂）和“Eliot Hall”（仪礼堂）也特别漂亮。

张爱玲和龙应台，两位才华横溢的女子，都曾寄居于此。

不知是古朴的舍堂孕育着灵性的女子，抑或是女子的才情增添了校园的韵味，每次行走在这里，脚步就会不自觉地放轻，心也变得宁静澄澈，明明山下便是闹市，车马喧嚣，这里却有着偏居一隅的安谧。

15. 荷花池与中山先生

荷花池，虽然不大，却是满塘的绿意。

荷花池边，树荫底下，静坐着中山先生。高中的校园里也有荷花池和中山先生像，在这里又看到，分外亲切。

中山先生曾就读于香港西医书院，香港大学的前身。这里自由开放的环境，让他了解到西方文明优于当时封建帝制之处，从而开始思考救国救民之路。

中山先生1923年在陆佑堂演说的时候，讲了句“I feel as though I have returned home.”而这句话，也在一代代的港大学子心中，留下深刻的印记。

16. 荷花池周边

荷花池的周边，也随处是美景。午后的暖阳，将树叶映成晶莹剔透的浅绿。飘落的黄叶，却似一只蝴蝶，让人不禁屏息，生怕将它吓跑。

17. 黄丽松讲堂

黄丽松讲堂也在荷花池的附近。

从外面看，就似树梢上的仙宫。

从里面看，也是一室的青翠。

18. 校园怪谈

香港大学是不少鬼故事的萌生地，其中流传最广的就是庄月明鬼故事。

庄月明文娱中心，是港大一个重要的连接点，上下课都是人来人往的。

但其楼道却十分难走，电梯只上不落，楼梯也是迂回曲折。

其实，据说，是怕生前残障行走不便的庄月明，会下来。

如果你从上空望下去，你会发现，庄月明文娱中心的外形，是一座棺材。

就连楼梯的扶手用的木头，都是一种常用的棺材木。

如果你抬头，你会恍恍惚惚间看到，三炷香。

19. 时光隧道

如果在十点后走入“时光隧道”，遇到有同学背对着站在前面，千万不要跟他打招呼，因为，当他回过头来，你会发现，他，就是另一个时空的你。

现在问题来了，这个“时光隧道”在哪里呢？我们“O Camp”的一个任务就是找时光隧道啦。

猜想1：A出口下面的隧道，边走边看仿佛真的见证了港大百年的风风雨雨。

然而错！

猜想2：校园里好神秘好梦幻的一座天桥！

然而又错！

真相只有一个！它就是——作为连接主校园和百周年校园（百周年校园是2011年，即百年校庆之际开启修建的）的一条隧道，确实是时光隧道，穿越百

年呢。

20. 馆藏珍品

中医药学院有很多标本呢！

美术博物馆也是一个可以开眼界的地方，有许多书画和瓷器。建在大马路边上，每天外面都是车水马龙，里面却是精致古朴，气韵非凡。

21. 饮食

香港大学有17家食肆，选择还是挺多的！

“美心”有粤式早点，日式的和风铁板烧，韩式炸鸡拼红酒牛肉，越式河粉，东南亚咖喱……和风铁板烧，酱料倒在铁板上“呲啦”一声，听觉和味觉都满足了呢！遇到韩式双拼我就忘记减肥啦。

“太古”是内地生的天堂。有了酸辣米线和辣子鸡的诱惑，在那里听到普通话比广东话还多呢。

“一念素食”是全港高校唯一一家素食餐厅，最吸引人的应该是它的情怀了——“Preservation of life is preservation of the heart（守护生命就在于守护心灵）”。虽然我不是素食主义者，但也特别喜欢这样的观念。

这里的椅子也是变废为宝的哟！椅子后面的话，看着就会心情变好（见上图）。

“SU餐厅”是地铁A出口一出来就可以看到的，是最方便抵达的一个餐厅，也是最难吃的，没有之一。

为了“爆四”，心甘情愿放弃对食物质量的要求，就近解决吃饭问题好继续看书。当然解决吃饭问题的更快方法就是直接叫外卖啦。

新出锅的“格仔饼”（一种地道香港小吃），刷上糖浆、花生酱，生活都变美好了呢！

22. 教学语言

这里官方的教学语言是英语。但是偶尔也可以见到萌萌的中文字。

23. 体育馆

校园虽小，但是校园之外还有三个大大的体育馆也是港大的呢！

游泳池很大，水很清！体育馆的跑步机和自行车机也棒棒的——终于找到了赚回学费的方法。然后期末考试的时候，他们还可以摇身一变，成为考场，哈哈！

24. 赚回学费方法绝不止一种

虽然很多人说香港是文化荒漠，但其实这里有很多接触文学艺术的机会呢！

校内就有很多钢琴独奏、小提琴独奏、村上春树研读会、诗歌翻译欣赏……

校外的活动就更丰富了，而且对于学生，票价打折后会便宜很多。追求艺术的成本瞬间就小多啦！

25. 假日学校

我们学校除了是“Hill Kingdom University”，还是“Holiday Kingdom University”！和“中山（不放假）大学”形成鲜明对比。

中秋节、国庆节、重阳节、清明节有假！圣诞节、复活节、耶稣受难日、佛诞日还有假！最重要的是学期中间的“Reading Week（读书周）”！名义上是用来刷“reading（阅读）”，赶“paper（论文）”，但实际上都是用来旅游的。

不用羡慕中国人民大学的春假，我们相当于有春假和秋假呢。而且Reading Week的时候不是国内的黄金周！此处应该说三遍！不论国内游国外游，只要避开游客高峰期就是胜利！

26. “打边炉”和糖水

“打边炉”和喝糖水，减肥的两大劲敌，却也是港大学生无法拒绝的美好呢。打边炉就是火锅啦。氤氲的热气中，有满满的幸福呢。

“糖水”不是葡萄糖溶液，

港大虽小，却胜在依山傍海，参差错落。

还真的有小伙伴一开始就认为糖水就是葡萄糖溶液！然后被指导员笑了一个月。糖水也是香港传统美食。内地生联合会在期末考试季会免费送糖水来加油呢，特别暖心。

27. 夜行太平山

如果友人聚会只有吃吃喝喝，未免太局限。我们还会约着夜行太平山，没错就是去那个著名的景点！但不像一般游客一样乘坐缆车，我们是走校园后面的小路上山，所以太平山也可以被看作港大后山。

小时候看《哆啦A梦》，大雄他们有一个神秘的后山，给他们带来了无限惊喜。现在我们也有了呢，得天独厚的机会，当然要珍惜啦。

四处静谧，连月儿也躲在了云层里。与往常不同的角度，俯瞰这座城市，别样的美好。港大虽小，却胜在依山傍海，参差错落，有无数条小路皆可上山，以为山穷水尽，却是别有洞天。

海边也是一个特别好的地方。轻柔的海风，涨涨落落的潮水，真想跟身边的朋友，就这样坐到白头。

28. 港大生活

在内地的小伙伴眼里，我们在境外读书就是浪，浪，浪。

其实这是对的。

不过在浪之余我们还要跟“quiz” “test” “essay” “report” “assignment” “group project” “presentation”大战三百回合。“Bloody November” “due山due海” “KB刷夜”更是常态。

单单是刷夜还不够，还要在老师面前卖萌耍宝求个好评哦！

熬完11月，12月还有黑暗期末考试季在等着你。然而考完之后……又快放假了，过年啦！

29. 香港问题

父母和朋友都有问过，港生会不会歧视你们啊？其实还好啦，在这里感受到更多的是温暖和友善。在这里学到最多的是求同存异。他们可能跟我们的政治倾向不一样，生活习惯不一样，但这并不妨碍大家一起齐心协力做一份完美的计划，不妨碍他们在我们需要时主动伸出援手，不妨碍跟着他们一起去吃好吃的、去探险。

当然，总还是有些“不同的眼光”啦，但是这些负面的东西，就像沙滩上的字一样，一阵海浪打过来，过了就过了。印象中留下的都是善意和温暖，需要记得，需要珍惜，需要感恩，需要回报。

也有人担心过，你们会不会被洗脑呀?

放心。记得学校民主墙上贴过大字“HK is not China.（香港不是中国）”而不久，便有内地生在旁边补上“Yes, it belongs to China.（是的，香港属于中国）”有外国教授提到香港时说成了“country（国家）”，我们也会第一时间提出质疑。

来到境外接触到纷杂信息并没有使我们迷失，反而使我们学会理性判断，学会独立思考，做出自己的选择。

图书馆有丰富的藏书，英文，中文简、繁体字都有，足够我们汲取知识的琼酿；教授和同学都很好，他们很优秀，并且拥有着细节处帮助他人和替他人着想的好习惯；校园的一草一木皆有灵性，小麻雀更是让人看着便心生欢喜，海边有绝美的落霞，夜晚的路灯柔柔的光，照得心都是暖暖的。远方的亲友，我们在这边过得平安喜乐，勿念。

30. 爱港大

刚入学就要学HKU Cheers（其实有点像军训喊口号）。

“Working hard and playing hard in HK HKU. You and I shall never fall for we belong to HKU.”

当时还是短袖，如今已换上了棉袄。

慢慢也更加体会到这种港大精神——玩，我们要玩出千般花样，玩得疯狂，玩得有逼格；学，我们也要全力以赴，要高质高效，要力求完美，可以西装革履自信潇洒地做presentation，也可以素面朝天朝九晚十二地泡两个星期图书馆。

生活不只是眼前的苟且，还有诗和远方，

边炉和糖水，

上庄和住hall，

Project和final。

不知不觉中，发现港大还是给了我那种最初以为会缺少的归属感。

纵然和中学有许多不同，需要适应，我却已经爱上这里。

以前叫港大“坑U”，多少是有点心理落差的意味，现在却觉得是一种特别亲切特别萌的称呼。

我只知道，入“坑U”，我不后悔。

（本文图片13由楚君拍摄；图片17由Wendy Mao拍摄；图片28来源于网络；其余由作者拍摄。）

入“坑U”，我不后悔。

独占山头的入世哲学

——香港中文大学的30个真相

古宇轩

1

1. 八大学院

香港中文大学（以下简称“港中大”）不是只有中文系的，我们有文学院、工商管理学院、教育学院、工程学院、法律学院、医院、理学院、社会科学院八大学院。

2. 动物园

香港中文大学又称“香港中文动物园”，有猴子、蛇、野猪、老鹰、猫和各种大小各异的昆虫……有没有一种置身丛林的感觉？话说我们后山还有未被开发的地方呢。

3. 语言政策

港中大不是只讲中文的，我们的语言政策是两文（中英）三语（粤语、普通话、英语），有些学院，例如法律和医学，基本上只用英语。

4. 中文

中文系当然是用中文教的，北岛是用中文写诗的。

5. 天人合一

新亚书院的“天人合一”号称“香港第二景”，而全香港没有人知道第一景是什么，于是这里成了拍摄婚纱照胜地。

6. 未圆湖

未圆湖是用来喂蚊子的地方，你也可以过来喂鸟，很多“龙友”（摄影爱好者）在此偷拍。

7. 占地面积

校园面积是香港各大学中最大的（应该比其他几所加起来都要大很多），有好几个山头，还可以眺望吐露港的海景。传说当年在半山腰挖出的大学中央的百万大道，运走的土方建了船湾淡水湖的水坝，水坝超过2000米长……

8. 巴士司机

因为校园太大，所以我们有免费校巴，每辆校巴上面的司机都是一个传奇。

9. 著名教授

我们有三名教授和一名校长获得过诺贝尔奖；菲尔兹奖、沃尔夫数学奖、图灵奖等都曾被我们的校友收入囊中。丘成桐、杨振宁、蒙代尔、高锟（前校长）等名人，偶然在学校里也会碰到哦！

6

7

11

10. “祖尧BB”

我们现在的沈祖尧校长是抗非典的英雄，与钟南山院士齐名。当年被《时代周刊》评为“亚洲英雄”，深受学生爱戴，人称“祖尧BB”。

11. 仲门

大学图书馆前面的“仲门”雕塑是朱铭先生的作品，是模仿两个人切磋武术（左边的人被踢了？）的形象。有人说毕业前穿过仲门的话就不能毕业了，也有人说穿过以后就能以“一级荣誉”毕业……胆小的我还是在拿到毕业证之后才穿过了它。

12. 餐厅

港中大有29间餐厅，其中最好吃的东西应该是医学院下面的餐厅的柠檬批。其他的请随意吐槽。

13. 学霸

如果你和一群从内地高考来的本科生一起玩，一不小心你就会踩到某省的状元、榜眼、探花……毕业生去英美名校读研读博或者进入各种大公司的比比皆是。

14. 交换生

只要你愿意，几乎一定能去外国的大学做交换生！至于能去哪，就看你GPA有多高了。

15. 餐友

众志堂餐厅有很多麻雀飞进来跟你一起吃饭，或者吃你剩下的饭。

16. 学院vs. 书院

学院是拿来学习的，书院是拿来玩的。

17. Dem Beat

Dem Beat 是“Demonstration of Beat”的简缩语，港中大独有的学生文化，在各种学生活动（尤其是以香港本地生为主的社团）的宣传中，组织者会喊着有节拍的词句，一边拍手跺脚做动作，以声势浩大、beat词有趣为荣。

18. 新生营

各个书院、学系还有内地生联合会都会给刚到港中大的学生开设新生营，至于里面玩的东西有多么特别，多么有意思，来玩一次就知道了！

19. 宿舍

大多数宿舍都是男女混宿（不同层不同房），晚上偷偷住在别人的宿舍叫“窝蛇”，宿管来突击检查（一年一次的频率）叫“打蛇”。

20. 本地生

在内地生眼里，本地生长得都是一个样？！

17

21. **交朋友**

只要你的要求不是太苛刻，同性恋、异性恋、双性恋请自便。学校太大，住在不同书院的情侣相当于异地恋。

22. **班级**

在这里没有班级的概念，你选了什么课就和什么人一起做同学，每门课可能都不一样。下课了，轻轻的我走了，正如我轻轻的来（如果你来上课的话）。

23. **可怕的斜坡**

女生不适合在学校里穿高跟鞋，除非你能穿着高跟鞋爬斜坡追巴士。

24. **再说可怕的斜坡**

同理，不要幻想一个帅哥骑着自行车，后座有一个长发飘飘抱着书的软妹子——除非你有参加环法单车赛爬坡段水平，而且妹子只有10来斤重。

25. **校巴**

如果你在连续两节课之间不坐校巴，你有70%的机会下节课会迟到；当然，同时你也有70%的机会是挤不上校巴的。

26. **衣着标准**

大家的衣着标准是“夹脚拖鞋+颓废T恤（就是各种活动免费发的那种）”，这样就可以看到各种素颜真面目了。

27. **校园怪谈**

辫子路的女鬼、蒙民伟的停尸房，你们还好吗……

28. **相爱相杀**

港大看我们太“屌丝”，我们看港大太“装逼”。

29. **颜值**

长得好看的妹子应该不会首选来港中大？（纯属个人猜测，不要打我。）

30. **欢迎来“报”！**

各位同学，好好学习，努力考上港中大吧，你值得拥有！想来读本科的话，高考拿个全省前一两百名就差不多了；想来读硕士、博士的话本科好好念，GPA搞起来！

（本文图片均源于网络。）

一所进步飞速的年轻大学

——澳门科技大学的30个真相

罗忆洋

1

1. 排名

澳门科技大学（以下简称“科大”）是一所进步飞速的年轻大学。在2015年上海交通大学世界一流大学研究中心发布的中国内地、香港、澳门、台湾大学排名中，位列第46位。（来源：百度百科）

2. 招生

科大每年面向内地招生约1200人，招生不占内地的填报志愿名额，不影响内地的志愿。

3. 授课语言

授课语言以英语为主，教材全英文，作业、考试全英文。老师基本上都有海外留学背景，授课语言根据老师习惯：如果老师擅长普通话就中英混杂；如果老师是澳门或香港人，不擅长普通话，则全英文授课。

4. 老师

学校还聘请了众多国内外著名学者和优秀人士为兼职教授和客座教授，其中包括中国科学院院士、中国工程院院士、台湾中央研究院院士、美国医学科学院院士等世界顶尖学者。

5. 讲座

每周都会邀请院士级大师和各领域的学者、名人来科大开讲座，甚至诺贝尔奖得主也曾莅临科大。所有同学都有机会听讲座。

6. 课程设置

学习的压力从大一到大三递增。大一接触专业知识较少，基本上是学习一年英语，以便从大二开始接受全英文授课，学习专业知识。大三学业很紧张。除了中医药学学院和酒店与旅游管理学院要求实习，国际学院要求每位学生到所学语言为母语的国家学习一学期外，其他学院不要求实习。所以大部分学院大四上学期的课程也和大三一样多，大四下学期基本每周一节课。

7. 商学院

达到一定GPA的话大二可申请转学院。商学院和人文艺术学院大三才根据累计GPA分专业。会计专业已经取得英国特许管理会计师公会（CIMA）的专业考试资格审核认证，毕业生可获得12门课程的最高免考科目，与港大的会计课程同级，同时还曾获得澳洲会计师公会（CPA Australia）的认证和英国特许公认会计师公会（ACCA）的认证，本科毕业生可豁免4门、硕士毕业生可豁免8门课程的考试。

8. 自主能力

学校没有辅导员、导生监督学生，没有人直接督促或提醒你，所以要自己主动寻找各种信息。

5

9. 混班制

没有固定班级，每个人根据自己的课程表上课。每个学期随着这门课程的结束班级也会重新打乱分班。

10. 班级人数

除了通识选修课，其他所有课程的班级人数不超过55人。学生少的学院每个班的人数更少。

11. 教学考查

除了书面考试，教学考查以演讲报告（presentation）和提交小组报告为主。小组学习意味着，大家会对组员的学习态度有所评价，口耳相传，大家都更愿意和学习态度端正的同学一组。毕业论文也是以小组为单位完成的，因此不要给同学们留下不爱学习的印象噢！

12. 考试

每门课都有期中考。期末考监考之严密不亚于“中南海”，作弊直接挂科。

13. 挂科

挂科没有补考机会。下学年再跟学弟学妹们同堂一学期，而且挂科费不菲。

14. 出勤

一般一门课缺席三节课，这门课就不能参加期末考了。请假需要教务处批准，即便请假原因合理合情，出勤分也是要扣的，只是还有资格期末考罢了。

15. 出国交换

暑假有各种出国项目，从大二起只要达到一定GPA就可以申请出国交换。

16. 出国读研

约一半的本科生毕业后选择出国读研。

17. 食堂

校园内有两个小餐厅，大概因为都是用现金没有饭卡，而且菜色较少，所以同学们也是赶时间上课的时候才会去。但是学校酒店管理学院的教学餐厅还是很棒的，蔡澜先生也推荐过。

18. 步行可达

校园面积不大，相隔最远的两栋建筑间，步行只需15分钟。学校小，校内只有几家很小的商店，真的没有什么可以吃的。

19. 宿舍

宿舍4~5人一间，上床下桌。该有的都有，只是没有阳台。衣服需要拿到天台晒或使用干衣机。学校不断电，可以自由买任何电器，学生们一般会买个冰箱。工作日晚上12点断网，周末不断。网速流畅可看视频。全校除宿舍外有Wi-Fi覆盖。

20. 租房

学校住宿床位很紧张，一般女生到大四、男生到大三要自己在校外租房子。但是坚持每晚签到的同学有微弱的机会继续住学校。

21. 室友

从大二开始，住宿自由组合选择室友，一年一签。

22. 校医院

学校下设科大医院，环境

整洁干净。而且人少，几乎不用排队。

23. 上网

澳门属于“境外”，因此可以自由浏览外网。但是看内地的视频网站时就要“翻墙”回内网看了。

24. 通用语言

澳门同胞普遍能用普通话交流，整个服务行业普遍通行普通话，学校里的本地同学也能用普通话沟通。因此很有可能大学四年读下来，也不需要用到广东话。

25. 娱乐活动

学校三面环赌场，一面是国际机场。这意味着，你能轻松享受到赌场附带的超凡服务：商场购物环境优美，品牌齐全，服务态度好。见明星机会多，每年必定举行多场重量级的颁奖典礼，例如华语榜中榜、华鼎奖、澳门国际电影节等，也都会招募学生作为工作人员。演唱会从不间断，而且去香港看演唱会也很方便。新电影上映时间比较早，有些内地没引进的片子在澳门也能看到。

26. 不得入内

《规范进入娱乐场和在其内逗留及博彩的条件》这一法规明确规定未满21岁人士不得进入娱乐场。

27. 网购

虽然在澳门购物很方便，但是“淘宝”不方便。因为快递也算是跨境，邮费很贵，所以收寄快递都要过关去珠海。而且奢侈品、电子产品、化妆品、护肤品和奶粉等不得从澳门寄出。

28. 代购

总会有亲戚朋友请你帮忙代购，也有同学做成一代“带货王”的。

29. 签注

赴澳门就学，学生办理的是逗留（D）签注。一年签一次，可多次自由往返澳门和内地。可以办理自助通关，最快10分钟过关。

30. 假期

澳门的公众假期比较多，中西方的节日都放假。加上从澳门出境办签证速度相对快，澳门或香港的机票也相对便宜，同学们利用小长假出游比较方便。

（本文图片皆由作者拍摄。）

长江名川育人杰

复旦复旦旦复旦

——复旦大学的30个真相

郭于晴

3

1. 复旦官方的简介

复旦大学创建于1905年，原名复旦公学，是中国人自主创办的第一所高等院校，创始人为中国近代知名教育家马相伯。校名“复旦”二字选自《尚书大传虞夏传》中“日月光华，旦复旦兮”的名句，意在自强不息，寄托当时中国知识分子自主办学、教育强国的希望。

2000年，复旦大学与创立于1927年的上海医科大学合并，成立新的复旦大学，进一步拓宽了学校的学科结构，办学实力进一步增强。复旦现在已经是一所拥有哲学、经济学、法学、教育学、文学、历史学、理学、工学、医学、管理学、艺术学等11门学科门类的综合性研究型大学。

2. 历史转折

复旦校史上最重要的转折点之一就是新中国成立初期的院系调整：法学院、商学院和农学院从复旦分离出来，分别与其他院系组成华东政法学院、上海财经学院和沈阳农学院；而华东地区各大学校，如浙江大学、交通大学、南京大学等大学，它们一部分的院系则并进复旦，这无疑大大地加强了复旦基础学科的实力，为日后的发展奠定了重要的基础，所以，难怪说复旦是新中国成立初期院系调整的最大受益者。

3. 复旦校徽

复旦的校徽简单明了。篆刻体的“复旦”二字处于圆环中心，上方是复旦的英文名，下方是“1905”，即创校年份。复旦邯郸校区所有的围栏上都有刻着复旦校徽的圆石，有人说这简直就是在宣示领土主权（笑）。

4. 复旦校歌

由刘大白作词，丰子恺作曲。个人觉得校歌的调调不好把握，我可以肯定一点：当时我唱的和站在我右手边的辅导员唱的肯定不是一个调调，和站我左手边的同学唱的也不是一个调调。一千个复旦学子大概就有一千个版本的复旦校歌吧。

5. 复旦校训

复旦校训出自《论语·子张》，子夏曰：“博学而笃志，切问而近思，仁在其中矣。”复旦的老校长李登辉还曾留下墨宝呢。

6. 复旦校区分布

复旦分四个校区：邯郸本部、张江校区、江湾校区、枫林校区。邯郸校区内细分本部、东区、南区、北区四个区域，经院、管院、社科、新闻学院、化学系、物理学系和信息科学与工程学院等都在这里；张江校区比较小，主要有软件学院、计算机科学技术学院和微电子学院等学院；有“江湾大草原”之称的江湾校区，内有大片的草原，主要以欧式建筑为主，主要是法学院、先进材料实验室、生命科学学院等；枫林校区前身是上海医科大学，这里主要是医学专业。本文主要介绍邯郸校区。

一千个复旦学子大概就有一千个版本的复旦校歌吧。

7. 师资

高水平的专家学者是复旦大学的第一资源。近年来，复旦积极引进海外顶尖人才，实施“复旦卓越人才发展计划”，加大对中青年教师的培养力度。教师中有中国科学院、中国工程院院士40人，复旦文科杰出教授2人、特聘资深教授6人，教育部“长

5

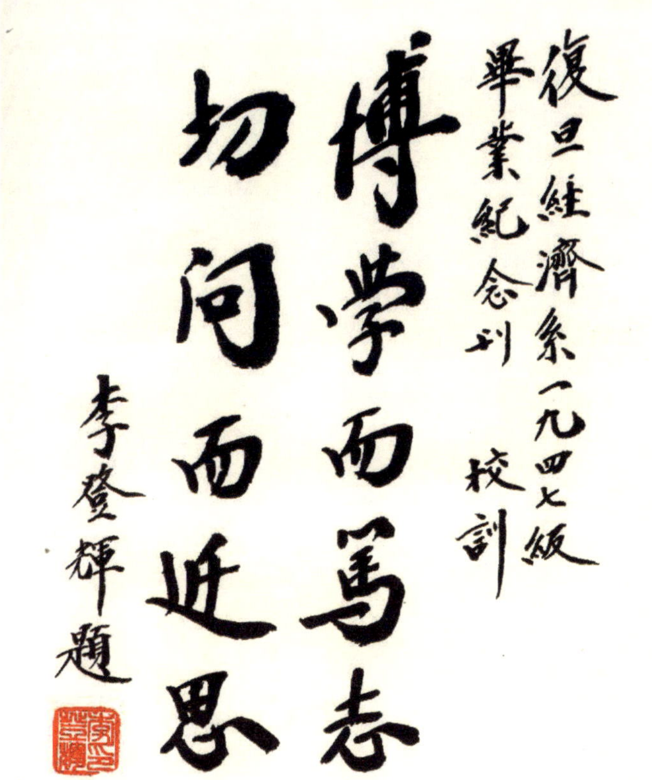

江学者奖励计划”特聘教授123人，“国家杰出青年科学基金”获得者93人，国家级教学名师6人，上海市教学名师27人，国家级教学团队11个，上海市教学团队7个……

8. 复旦邯郸校区食堂之一：旦苑

我一直以为我不挑食，直到碰见了旦苑。旦苑位于邯郸校区的本部，一楼是大众菜、石锅饭、农家小炒和新开的西餐厅，二楼主要是清真食堂，三楼的餐厅像饭店那样可以点餐。食堂饭菜的种类很多，但是大部分菜都偏重口味，所以可能并不是很合广东人的胃口。不过像黄焖鸡米饭、西餐厅的鸡排饭还挺好吃的。

9. 复旦邯郸校区食堂之二：南小食和南食

听学长学姐说“南小食”是第二好吃的饭堂，除了大众菜，还有汤包、老鸭粉丝汤、桂林米、小混沌、麻辣香锅、盖浇饭、石锅饭、叉烧、烧鹅、烧鸡饭、手抓饼、新开的奶茶店，都是挺不错的。

但是仅有一字之差的“南（难）食”并没有这么好的风评，直接明了、简单粗暴的缩写与谐音已经赤裸裸地表达了学长学姐的立场。但是我在那里吃过几顿早餐和两顿麻辣香锅，感觉还可以啊。南食的菜色种类基本和南小食、旦苑的差不多。

10. 复旦邯郸校区食堂之三：北食

一般公认北食的饭菜质量是最高的。我去过一次，确实觉得北食的饭菜品种齐全，味道也很不错，而且这个学期还上了个“黑暗料理”——草莓炒黄瓜！掌厨大叔的脑洞要超出天际了。有很多同学即使没有在北区的课也会跑过去北区食堂吃，可见北区食堂的好吃程度。

11. “黑暗料理”一条街

仅仅有食堂是无法满足随时随地都在饿着的吃货们，各种“黑暗料理”顺应市场需求陆陆续续地出现在街上：从早吃到晚，从古吃到今，从北吃到南，从国内吃到国外……种类真的很多。但是其中的质量则参差不齐，有些味道不错，有些则完全是在挑战你的极限……不管怎样，街头小吃的卫生还是一个大问题，大家还是少吃吧。

12. 复旦中低档住宅区：东区宿舍（24小时不断电不断网不断水）

四人一间，上床下桌，配有衣柜、鞋柜和书柜。宿舍内没有独立卫浴间，每层楼有四间公共厕所（只有冷水），整个东区宿

复旦讲座有100种方法让你在宿舍待不下去。

16

舍共享一间大澡堂。住在东区的最大好处就是想浪就能浪：从东区宿舍徒步到五角场商业区只需要10分钟左右，距离地铁站也十分近。

13. 复旦中低档住宅区：南区宿舍（24小时不断电不断网不断水）

基本配置和东区的差不多。南区宿舍附近的基础设施十分完善：有超市、体育馆、操场、便利店、书店等。

14. 复旦中低档住宅区：本部宿舍（24小时不断电不断网不断水）

基本配置也如上。本部宿舍最大的优势就是身处教学区，十分靠近上课地点，所以可以比住其他宿舍的同学多睡10来分钟，不过……如果大胆点……应该可以睡到上课吧。

15. 复旦高档住宅区：北区宿舍（24小时不断电不断网不断水）

基本就像小套房一样，有客厅、独立卫浴，附近也有挺多可以浪的地方。研究生宿舍和留学生公寓都在北区。

16. 光华楼

光华楼高达142米，分为东、西主楼和东、西辅楼。主楼是资料阅览室和展览室，东辅楼是接待、会议、科研区，西辅楼（被戏称为媳妇楼）为教学区。但是主角并不是光华楼，主角是光华楼前的“妖风”。据某同学描述，那天早上她骑着自行车高速穿过光华楼前……车头就被吹歪了。

17. 正大体育馆

这是一个很大很大很大的体育馆，基本上可以容纳一个年级的所有学生。有许多重要的活动是在这里举行，比如说各类体育比赛以及重要的活动等。新生的开学典礼在这里举行，大四学生的毕业典礼也在这里举行，可以说正大见证了复旦学子4年学习生涯的开始与结束。

18. 教学楼

主要的教学区域是光华楼，以及二教、三教、四教、五教和六教。教室内的多媒体设备齐全，笔记本电脑的充电插座一般够用，想听课的尽量往前靠，想自己做自己的事的尽量往后坐。当然，也有勇气可嘉坐第一排睡觉的。

19. 图书馆

复旦大学图书馆由文科馆（邯郸本部）、理科馆（邯郸本部）、医科馆、张江馆、江湾馆（李兆基图书馆）、古籍部（国

17

家古籍重点保护单位）组成。截至2014年底，馆藏纸本文献资源约500万册，其中线装古籍约40万册（包括善本6万册），民国时期图书10万册。订购中西文纸质期刊6124种，订购中外文数据库271个，电子图书233.93万种，中西文全文电子期刊6.52万种，特色馆藏包括古籍、民国时期文献、外文图书、复旦人著作以及各类专题赠书。

学生可以通过复旦图书馆的主网站查询自己需要的书籍是否还有余量，也可以通过主网站访问国内外的学术网站，还可以在上面获取电子书。无论是线上还是线下，资源还是很丰富的。

不过这样还是找不到自己要的书的话，可以向图书馆提出申请让他们采购。

20 体育锻炼

学校规定在校本科低年级学生每学期必须达到12次晨跑，6次课外体育锻炼和10次“必段”（中长跑、立定跳远、仰卧起坐/引体向上）。个人觉得复旦硬性规定的体育锻炼不算多，有些体育课也挺随意的，所以身体锻炼还是要靠自己。

21. 全校免费无线网络覆盖

是的，全校！是的，免费！复旦有三个校园Wi-Fi号，有自己的学号和密码就能登录使用，而且不会掉线，速度还挺快的。

22. FET和FCT

这两个是复旦内部关于英语水平以及计算机水平的测试。所有的复旦学生都要通过FET和FCT才能毕业。

FET包括听力、口语、阅读、写作，历年来难度起伏比较大，最终的成绩算入绩点。

FCT包括电脑编程、flash动画制作、PS和Microsoft office系列，只算P（通过）或NP（不通过）。

学子间流传着一句改编自复旦校歌的歌词：“复旦复旦旦复旦，电脑英语全完蛋。”

23. 校园活动

这里有各种各样的活动和讲座。基本的活动有迎新晚会、社团节、复旦达人秀（质量不是一般的高）、十大歌手、复旦人节、“星空”系列学术活动节、Friendship Factor、Buddy Program、一二・九歌会、望道学生传媒奖等等。复旦讲座有100种方法让你在宿舍待不下去。从学术大牛的讲座到为单身学子指明革命道路的讲座，应有尽有。

24. 校园社团

有认真的学校社团，也有只为兴趣的学生社团，环肥燕瘦任你挑。不同的社团给你发挥个人能力的机会不同，比如青年智库、零零舍社（粤语社）……虽然有些社团是没什么技术含量，但是认真地参与社团活动还是能收获很多东西的。

25. 选课

复旦选课分三轮：一轮拼人品（运气），二轮三轮拼手速（其实网速也很重要）。

其实选课、排课十分讲究技巧，大一新生第一学期就要自己上机选（实际上是“抢”）课，经验技巧什么的肯定是不足的，那就大胆地把第一学期当练手吧。只不过极有可能期末火葬场，绩点不堪入目（不要问我是怎么知道的）。

26. 上课

在大学每个人有不同的上课习惯，有的会带电脑过去，有的带纸笔过去，有的带手机过去，然而有的人只带了躯壳过去……但是课堂并不是获取知识的唯一途径，不要想着只靠上课就能充实自己的知识库。

不同的老师也有不同的上课内容和讲课习惯。修同样的课，但是选不同老师来上，我们也可能会完全无法讨论课程的考试内容。

但是相同的一幕会发生在高数课上：

高数老师："想必这些大家在高中都学过了。"

广东的同学："嗯？"

隔壁省的学霸："你们没有学过吗？就是@#￥%&*~！@&%……啊。"

广东的同学："嗯？"

没关系，大家最终会适应大学课堂的。

27. 退课

既然有选课那就一定要讲讲退课了。

如果你觉得你的智商一直被班里的大神学霸碾压；

如果你觉得你一直接收不到老师的脑电波；

如果你觉得你再也忍不住快要烧了前面两只一直在秀恩爱的"脱团狗"；

如果你觉得这堂课阻碍了你去食堂买华夫饼的脚步；

如果你觉得不管怎么样你就是和这门课八字不合，不宜结姻缘；

那么……

你就在半途退了它吧。一学分130元！交钱就能摆脱这门课！

不过某些课是不能半途退课的，比如说体育课，比如说在选课时就明确显示不能退课的课程。

而且一学分130元的退课费还是很贵的，选课之前还是先多问问学长学姐吧。

28. 找个地方好好自习（其实是玩玩手机？）

首先，宿舍是个好地方，但是如果你觉得床的诱惑太大或者挑灯夜战会打扰到宿友的话，你有以下的选择。

非夜车型：图书馆、各种教学楼没有上课的教室、光华楼里的小圆桌、非开饭时间的旦苑食堂……

开夜车型：三教里有专门的通宵教室，一到期中和期末就会爆满。不过听说教室里会弥漫着便当味、臭脚味和汗臭味，夜车还是少开为妙。

29. 跨校辅修

上海市东北片普通高校在东北片普通高校全日制本科生中试行"跨校学习"的制度，也就是说学生可以跨校辅修不同的课程或专业，比如说这个学期你可以去同济大学上上珠宝鉴赏，或者考虑去上海外国语大学修个第二外语。不得不说高校扎堆真的不错啊。

30. 最后的话

本篇"伪真相"只是介绍了一位活动范围仅限于邯郸校区的普通大一学生的简单生活，如果中间有缺漏或者错误的地方，欢迎指正。

（本文图片3、5来源于复旦大学官网；其余图片由作者拍摄。）

传说中财经大咖的摇篮

——上海财经大学的30个真相

李春桃

5

2015年高考分数线出来以后，很多人被惊呆了。一所名为“上海财经大学”的高校分数线竟然高达666……最高分高达678……于是待大家回过神来百度一下，发现这竟然是一所非985高校，于是又一次受到了惊吓。为何一所以财经闻名的学校得以与各大综合性高校PK，为何一所名字这么像“野鸡大学”的高校可以占据高校龙虎榜，而上海财经大学到底是怎样的存在？让我一一为大家揭示真相。

1. 三流名字

上海财经大学（以下简称“上财”），有一个会让人误认为是三流学校的名字，当初到高中毕业才知道这所低调奢华的学校的存在。但是在财经领域，上财是公认的NO.1，就业率接近100%。

2. 一流院校

上财最好的专业是会计，其次是金融、工商、财政等等。会计专业中又细分ACCA(国际会计)、美国会计、加拿大会计、普通会计、财务管理。无论哪个专业都会有很优秀的老师和一帮学霸同学。

3. 就业不愁

上财以鲜明的财经特色闻名，甚至连人文新闻学都是与财经有关的报道，而如今财经报刊常缺乏这类懂得财经知识的专业人才，因此上财毕业的学生有着更多的财经知识储备，无论在哪里都可以找到专业对口的工作。

上财美女如云，三季超短裙。

2 雨中的开学典礼

4. “小破财”

说完正经的，我们来说点不正经的。你以为财经大学都很有钱？事实上，我们都叫它“小破财”。你以为小破财真的就又小又破？其实它……真的是又小又破。但它还是硬分成了4个校区，还硬是盖了4个食堂（似乎还有增加的趋势），也硬是建起了4栋教学楼。“世上无难事，只怕硬着来。”

5. “SUFE”

上财有一个很萌的英文名“SUFE”，我们有时爱叫它“苏菲”。

6. 食堂

上财的食堂被说成是“食堂”实在是太令人扼腕！看看这装潢，看看这菜式，看看这沙发，啧啧啧，比起别的学校实在是像五星级酒店。

7. 男女比例

上财男女比例严重失调，在会计系、外语系、人文系情况更加恶劣。学弟，你来了一定吃香。上财美女如云，三季超短裙。学妹，你一定要来上财。因为，练就一身不怕冷、放肆美的本领，学姐告诉你，一切从进上财开始（微笑）。

上财低调奢华，还有学霸云集。

8. 优越的地理位置

地处五角场商圈，毗邻复旦，隔旦遥望同济，常常有三校联盟的活动，地理位置那是甚好。剁手族的天堂，吃货的胜地，爱浪的娃尽情浪，爱学习的咱也有豪华的图书馆等你。

9. 图书馆

图书馆楼高7层，5楼自习室甚至高规格到开放网上预约报名系统，内部装潢跟哈佛自习室有得一拼。一楼夹层有延时开放区，可以给学霸刷题到凌晨的福利。

10. 学霸云集

进了图书馆你才知道，上财的低调奢华，还有学霸云集。学习氛围真不用说。

11. 通识课

大一如今是通识课居多，“毛概”“思修”“法基”“军理”“卫保”……俗称：“水课”。然而还是有学霸节节认真听，还是有人平时不听讲靠临考前一周猛背突击，也能考到不错的分数。我觉得，“It's all about how you play the game.（就看你怎么玩这场游戏）”

12. 英语课

这里英语分A、B、C、D四级，开学初进行分级考试，一般正常人会在C级以上，像执信中学出来的A级不是难题。但是不要奢望在这里一枝独秀，不要以为广州英语水平就真的很高似的。A班的同学有一百种方式秀口语、秀词汇，分分钟让你趴下。A班的课本学的是商务英语，高端词汇多到崩溃，教材上《Financial Times》的截文让你感觉无法再爱。

13. 老师

上财有很多个性鲜明的老师，其中我的高数老师小王子是典范中的典范。他曾一脸傲娇地说：“上我的课，你们不许睡觉，不许玩手机，不许托着腮帮子，不许低头，看着我，回答我的问题，我上课就是没有课间休息。你们上厕所不用告诉我，自己走出去，我最讨厌别人打断我的思路。这110（其实是120）分钟，你们必须给我好好听讲。听到了吗，问你们话呢！哼，一帮‘蠢货’……”这样啰嗦的老师，这样傲娇又严格的老师，在大学实在是太难得。而他带的班一般平均分都比其他班高许多。每到结课的时候大家都眼红红万分不舍他的唠叨，如今的我好怀念当初在他魔爪下努力学好高数的日子。

14. 体育课

体育课可以自选项目，羽毛球、篮球、游泳、武术、健美操、跆拳道等等。当初我选跆拳道的时候“老师”一栏写着：待定。然而最后来了一个身高1米9，年轻帅气的男老师。于是，短短的两个月，人家彻底红了，成为新一代上财最帅男教师。他为人非常低调，你知道，我是在一个学期之后，才听说他啊，原来是广州亚运会跆拳道项目的铜牌获得者！星星眼！女生福利。

15. 第二课堂

如今大一大二的同学都在为二课学分操碎了心。二课即第二课堂，包括学术讲座、形势与政策讲座、团学联活动、志愿者活动……在毕业前，必须修满12个学分。于是听讲座变成了刷学分的利器，但也遭到了很多上财学子的诟病。如今二课改革蓄势待

18

发，大家可以期待一个更完善的机制来促进我们实践。

16. 专业活动

学校里的活动丰富多彩，常常可以听到很多财经大咖、商业达人的分享交流会，也会有很多参赛、实践、实习的机会。

17. 课余活动

除了财经类的活动外，其他活动也是进行得如火如荼。十大、模联、粤动听、天生我财、路演……在绿叶步行街摆摊也是活动的常规流程。

18. “断情坡”

上财未解之谜之一：为什么“断情坡”比“情人坡”要大得多得多……或许如今真的是无解了，因为断情坡上改建了实验楼。

19. 第三教学楼

上财未解之谜之二：为什么第三教学楼晚上不开放晚自习……听说，这里曾经是同济医学院，里面曾经有停尸房……路过都感觉阴森森的。

20. “黑料街”

我们不疑神疑鬼，我们来谈谈“黑料”。“黑料”是黑暗料理的简称，武川路校区和国定路校区分隔的这条街，我们称之为“黑料街”。这里有烤鱿鱼，有麻辣烫，有炸鸡排，有凉皮、凉面，有辣炒年糕，有烤冷面，有烤红薯，有鸡蛋仔，有关东煮，有手抓饼……黑暗中缕缕的白雾往天上飘，天气也似乎不再那么寒冷。但是，吃黑料要谨慎，否则很容易拉肚子。就像我，是不敢吃的，但是看着很温暖。

21. 快递包裹

大学生网购成潮，本校学生更甚。于是上财快递中心（简称“木头人”），天天爆仓。而无法进到校内的包裹，在武川路上堆积成山。

22. 女生宿舍

女生宿舍分女仆楼、公主楼、皇后楼、太皇太后楼（给研究生的），一切，都看辅导员的手气了。其实女仆楼也蛮好，每层都有沐浴间，有热水而且24小时开放。每层有一个晾衣房，宿舍并没有阳台，上下床，有冷暖空调，很温馨。

23. 男生宿舍

男生宿舍那就不说了。一般男生都会住到很好的楼，除了咱们这届的男孩子，不过学弟们放心，差的宿舍学长已经住了，而且会住4年，你们可以放心了。

24. 猫咪横行

这是一个猫咪横行的学校，你会看到它们在教室楼前，在教室的桌子上，在教授的凳子上，在教授的公文包上，在饭堂的桌子上，在所有一切暖和、有吃的、舒服的地方。如果你爱猫，这是圣地，如果你不爱猫，没关系，上财有一万种方式让你爱上这可爱的小“Kitty”。

25. 出国交流

上财会有很多出国交流的机会，每年暑假都会有暑假实践的项目，大三的时候会有出国当一个学期交流生的机会，也可以选择在大三时留学一年。

21

26. 双专业

上财在大二会开放“二专”，可以任学生选择其他专业作为第二专业，甚至可以跨校辅修。

27. “刷锻”

世界上最动人的告白：在寒冷的冬日早晨，我们一起去“刷锻”。（一学期刷30次，其实就是跑圈。）

28. 学会取舍

其实在这里，最重要的是学会取舍。学习、部门活动、社团、志愿者、实习、娱乐等部分，每时每刻都会发生着矛盾，我们可能在某个时间段觉得某一项活动更重要，所以会先努力完成好它，在之后再迅速调整心态迎接下一个任务。这样的快速转换，是大学隐形的必修课，也是我们能愉快充实度过大学的基石。

29. 做好规划

曾经有人这样跟我说，上财的人都比较功利。但其实真实的情况是，我们虽然稍稍缺乏了综合性大学的人文关怀（而其实如今校领导很重视人文关怀），但是我们却更早地接触到了社会，明白社会上形形色色人事之分。我们只是更早地暴露在了赤裸裸的现实下，但我们却依然有着自己的抱负，渴望实现自己的理想。其实说财经院校的学子功利，不如说是ambitious（有志向）更为恰当。这里的学生非常清楚自己想要什么样的职业未来，想要怎样的人生。我很敬佩这样头脑清晰的伙伴。

30. 爱上一所学校

爱上一所学校，从遇见一帮好伙伴，进对几个好部门，加入几个感兴趣的社团，选对几门感兴趣的课程，认识一些棒棒的学长学姐开始。可能过程磕磕绊绊，可能偶尔迷茫失措，但不要着急，那一定不是最终。最终的最终，一切都会是好的。——献给所有在外求学的游子们！

后记

最后，必须吟出一首上财学子口口相传的诗。“复旦负一生，交大基三代，你若报上财，必成高富帅。学姐会卖萌，学妹很可爱，学长很亲切，学弟天然呆。基友全国来，不分昼夜嗨，男女三比七，取向看心态。冬天有黑丝，三季超短裙，着装很自由，全凭性子来。宿舍有空调，冬暖夏凉快，地处五角场，吃货有未来，三号十号线，连通大上海。毕业铁饭碗，人人有活干。四大会计去，五大银行来。天下金融一家亲，全都从我这里来！君不见，抬头低头尽校友，仕途凯歌不复愁。将进酒，杯莫停。与君歌一曲，请君为我倾耳听。复旦交大不足贵，但愿考到上财来。”（转自网络，仅供娱乐）

反正，我心里的“小破财”挺美的！此外，2017年是上财一百周年校庆，提前祝母校百年快乐！

（本文除图片9、21来源于网络外，其余为作者拍摄。）

27

世界东方的“麻省理工”，上海西部的“南洋公学”

——上海交通大学的29个真相

倪端

1. 写在最前面

不是针对谁，我只是想说，上海几所著名高校其实都与上海交通大学（以下简称“上交”）有着千丝万缕的联系。

1952年，中央实行对苏联一边倒的政策，在教育上采用苏联单科分类别大学模式，在全国范围内进行第一次校院大调整。

交通大学，由具有相当规模的理、工、管理的多学科大学被拆成单一工科大学：理学院中的数学、物理、化学学科被调到复旦大学，化学系通过本部支援成立了华东化工学院；实力雄厚的土木建筑全部被调入同济大学，带走了俞调梅等一大批教授；独具特色的管理学院的管理、会计、财务等系并入复旦大学和华东师范大学，部分支援成立了上海财经大学；纺织系分离出去成立了中国纺织大学（即今东华大学）；水利系由严恺带去成立华东水利学院（即今河海大学）；航空系分出成立了华东航空学院（1956年和国立西北工学院合并成立西北工业大学）；机电中的电子部分支持了南工（即今东南大学），1955年机电本部基本全部支持建立了电子科技大学，剩余部分还支持成立了哈尔滨工业大学，带走了一大批著名教授；此外还有部分院系分出去支援了上海海运学院（2004年更名为上海海事大学）等许多学校。

当然上交也从外面调入了一些工科力量，但除了造船专业得到同济大学支援得到加强外，其他都是从被撤掉的上海二流大学的专业并入。

后来全国政协副主席、中国工程院院长徐匡迪在上海“上交211工程”的预审中也指出：“复旦（大学）是院校调整的最大受益者，而上交（上海交通大学）则是最大的受害者。”

2. 天下上交是一家

总的来说，上交可以说得上脉源三支，清泉合流。

脉源三支，乃是南洋公学、山海关北洋铁路官学堂和北京铁路管理传习所这三支。

清泉合流，则是民国九年（1920）12月，北洋政府交通总长叶恭绰（誉虎），以交通部所属上海工业专门学校、唐山工业专门学校、北平铁路管理学校及北平邮电学校等四校散居各地，因“组织无统系”“学科不联络”，管理困难，无法因应人才培育实际需要，因此于民国十年，重新统一学制。

这几所学校总其名曰“交通大学”，而分称各校为交通大学上海学校（沪校）、唐山学校（唐校）、北京学校（平校，由北平铁路管理学校与北平邮电学校合并而成），以宏造就。

其后诸校虽屡有分合，惟“交通大学”之名，则终为通称也。

1949年，神州易帜，国民党政府迁台，国立交通大学校务无形中断。1958年，经旅美校友的倡议而在新竹成立国立交通大

1

6

学电子研究所，是为竹校。

直到如今，华夏大地上一共五所交通大学（上海、西安、西南、北京、新竹），都是与当年叶恭绰的上交一脉相传，如同血脉嫡裔一般，都是一家人。

3. 此交通非彼交通?

虽说交通大学前身的三分之二（山海关北洋铁路官学堂、北京铁路管理传习所）都是直截了当地与交通有着不可分割的联系，但其实交通之交通，是源自《易经·泰卦·象》“天地交而万物通”一句。

当然，其实在这个问题上直到如今各方依旧存在一定程度上的争议，存在诸如“交通源自当时政府交通部牵头办学”等不同说法。

而我们，也许也不妨搁置这一番争议，而记住“交通天地，兼济万物”的那一份情怀吧。

4. 交通大学不交通

当然，这是针对上交闵行校区而言……清华园有几个北大那么大，“闵大荒”就估计有n个清华园那么大（不过其实通过单位换算小量忽略，我们可以得到n=1啦！）。

传说中的占地5000亩，这样的地方放眼上海估计也只有闵行这一片曾经的农田菜地能够承载得起来。

身处上海，但是去杭州比去外滩更快捷；进城一趟没有三个小时想都别想；至于要去与上交相爱相杀的上海东北某高校，据说……地铁要坐27个站……

至于想去个什么虹口或者八万人看场球的……看完就别回来了……因为根本来不及回来。

在闵行，身旁就是联系上海以及杭州等一系列江浙小城市群的高速路，去个杭州绍兴什么的，简直就是“出门街口转左”就到。

而至于要去机场的话，至少笔者第一次来上交的时候打的足足被坑了近150元，而假如你宦囊羞涩，又或是的确闲得没事做，比如笔者就试过国庆回家时六点不到起床从闵行坐公交到火车站……结果，也是大费周章的一个多小时……

顺便说一个最近活生生血淋淋的例子，某天笔者早课，结果该课的老师迟到未来，原因是老师被堵在闵行外的高架上了……

5. 上交有多大?

反正口口相传的占地5000亩我也不太信，只不过你要相信，在上交可以直接在校内完成至少10公里的迷你马拉松赛程。

以及，在交大，自行车什么的代步简直弱爆了……虽然说依旧有不计其数的自行车。

有的时候你会很想，实际上你也真的可以……直接在学校里面租一辆迷你汽车，从东区开到西区。

6. 闵大荒上的交通大庙

说这里是“闵大荒”一点也不为过。

据说学校附近当年曾是垄垄麦田，畦畦瓜菜。而到如今，上交附近依旧近乎荒郊野岭，除了连片的各式工业园区外，也只有一所华东师范与上交长相厮守。

至于各位妄想着大学夜生活的同学们，来到闵行，就意味着你基本只能与书本作业夜夜笙歌……附近唯一的大型商业区“欧尚”几乎是远在天边，而“欧尚”除了供同学们各种生活用品补给之外几乎别无他用。至于妄想晚上进城浪的亲们，那简直就是，too naïve（太单纯）。

据说自从闵行校区的新校门落成以来，闵行的分校便有了“交通大庙”的称号。一来，是因为新落成的古色古香的校门，一不小心看着确实挺像个庙门。二来，住在闵行的上交学生，岂止半数，近六七成都是男生。

倘若不是每年医学院一群新生妹子们要在闵行上一个学期或者两个学期的基础课程，交通大庙就真的十足一座和尚庙了……

7. 三大校门

上交在闵行校门无数，小的不说，大型的出名的也至少有三个，“拖鞋门”“凯旋门”“大庙门”。

这三个门里面，最出名的当属“拖鞋门”。“拖鞋门”真名叫作思源门，但是由于其外形像极了一只“人字拖”，因而被上交众生形象地称为“拖鞋门”。

至于另外两扇校门，一扇则因为白色石质材料，几乎完全长方体的外形，因而被类比称作“凯旋门”。

至于另外一扇校方仿造老校门建造的古色古香的校门，则因前文提到的原因，被同学们戏称为“大庙门”。

8. “东方MIT（麻省理工学院）”

1947年，因教育经费削减等原因，上交3000学子进京（南京）上访。

当局以停开火车拒绝售票等手段妄图阻挠。然而上交众生表示，我们是上交人啊，结果机械工程系自行从火车站中找来车头以及27节车厢，组装，并开出车站……这还不算完……国民党当局忌惮学生进京的影响，在沿途多次试图拆掉沿途铁路以阻挡上交学生的步伐，结果，上交土木工程系的学生直接就地取材，利用路边工具材料，一路开一路铺，最终成功到达南京，迫使南京政府收回成命……

看了这个故事，也许我们不会感到意外，为什么上交会有着“东方MIT（麻省理工学院）”的美誉；也不会感到意外，为什么上交学生在“双十一”中，在五金用品的购买量上遥遥领先……当然，其实在很多交大学子的心目中，世界上只有一个MIT，那就是Minhang Institute of Technology，来自上海西部的“闵行科大”。

9. 说不清的分数线

说到上交的录取分数线，其实也见仁见智。

2015年，单论正常批次的话，没有675分都很难说稳进上交。

但假如说把目光放到属于自招批次的工科实验班的招生的话，据笔者了解，660分出头的学生依旧有机会争取在上交的一席之地。（以上数据均参考广东地区）

10. 转专业的机会

说完录取分数线，也说说与专业有关的事宜。

从笔者看来，本校在转专业等方面拥有着足够的弹性，以笔者入学的这一届来看，首先每位进上交的学生（提前批的除外）均有机会申请应考全校最牛的致远学院。

其次，诸如上交密西根联合学院，巴黎高科等上交与外国名校联合办学的学院院系，也会在入学时开放部分名额，以供其他专业及方向的入学新生报考。

当然，考不考得上，关键还是看自己啦！

11. 物理霸王课

上交以工科闻名，工科又以物理为基础，因而上交物理也是可谓威名远扬。

物理在校内又有“霸王课”之称，学生中类似的评论可以追溯到20世纪20、30年代。

看着物理系的同学凭借金融、物理等知识叱咤华尔街，不知道诸如安泰经管、金融学院的同学们会是怎样的感受……

12. 不止理工科

不要以为在上交就是全民

来到闵行，就意味着你基本只能与书本作业夜夜笙歌！

学理工，其实上交一样有着自己（偏）文科的学院与专业。

比如被我们戏称为“国务”的国际与公共事务学院，又比如说，安泰经管学院。

13. 国家主席

九三阅兵当然不只是“清华校友会”啦……

这样的大新闻，上交校友也当然会参与其中！

14. 从一饭吃到六饭

在上交，官方认证的饭堂一共有六个。每个除了大众化的食堂菜外，分别有着各自诸如广式、西式等特色料理。除此以外，学校里还有许多学生自主创业经营的咖啡屋及餐厅。

15. 外卖

作为一个占地面积5000余亩的校园，上交区区六个饭堂在某种程度上也一点不算多了。

即便如此还是催生出校园里面“外卖与快递齐飞，摩托共单车一色”的奇景。

无论是早上六点起床，中午十二点下课，还是晚上十一二点熬夜，路上也许没有卿卿我我的情侣，没有抱着大包小包书本的学霸，但一定会有骑着摩托飞奔在送外卖第一线的外卖小哥。

当然，上交学子不只是会叫外卖，我们还会送外卖，甚至还能送出一番新事业——现在风靡各个大学的“饿了么”APP就是由张旭豪等上交优秀学子一手打造的。

16. 致远学院

致远学院是上交为了培养创新型领袖人才，尤其是培养能够引领中国经济社会发展和世界科技进步的创新型领袖人才而设立的院系，其后上交又依托致远开展了“致远荣誉计划”。

目前，致远的理科分为数学、物理学、生命科学、计算机科学、化学和生物医学科学六个学科方向，同时也有工科的荣誉计划正在实施当中。

选择了致远，就几乎是选择了大学四年，乃至今后的一生一直与学术为伴。

截至目前，2012届29名、2013届56名、2014届74名和2015届83名毕业生中，90%的同学赴海内外顶尖大学继续深造，而有的优秀毕业生更是早已投身到科研事业中。在欧洲核子研究中心，在四川锦屏山，均活跃着致远人的身影。

当然，选择与学术为伴，自然也是选择了艰辛忙碌，以2015届的学生为例，在致远，一星期至少两三天排课会排到晚上快八点，至于每个学期将近40个学分，除了那一句“既然选择远方，便只顾风雨兼程”外，我竟也无言以对。

17. 电院

虽然说上交近年一直努力建设着致远，但是其实对于绝大部分的上交学生，或者说有意愿报考上交的学子来说，电院才是上交的亲儿子……

对于电院就是一句话——“别说话，用心去感受”。

如上图，图中那片蓝色的海洋就是电院2015届的新生。2015届电院新生足足900多人，据说上财2015届新生也不过两千出头的样子……当诸如致远、空天等院系还在苦苦拼凑着新生杯各种比赛名单时，电院报名的Excel表格往下一拉就已经可以划出一、二、三，乃至四队……此时，也许已经不再是求其余各院心理阴影面积的问题了。

既然选择远方，便只顾风雨兼程。

“选择了上交，便是选择了责任。”

18. 上交男女比

既然叫得上“交通大庙”，上交男女比例便可想而知，尤其是在闵行……上交的男女分配不可谓不平均，相信每个理工男都期待着一次自发的熵增反应。

诸如医学院、外语学院的男女比例可达1:4的水平，然而类似数学系、物理系的女生则近乎是凤毛麟角。

至于为什么上交可以在如此有序的分布中保持着系统的稳定状态，只能说是不是女生要考进纯理工科的反应能垒实在太高了……顺便说一句，这样的比例梯度变化，一般会在农业、生物等专业达到平衡……

19. 理工生依旧有着文科生的人文情怀

不要以为上交的工科男理科男除了上修飞机下造汽车，左手高阶求导右手傅里叶分解之外什么都不会！

他们还会写诗谱曲拍电影，要什么有什么。

上交现今使用的校歌便是由上交自己的学生从老校歌加工改编而成的。

而上交校园内更是时不时会发布一部部最新的校园微电影。

20. 闵行风月无边

如果你真的以为“闵大荒”真的是平沙茫茫黄土入天的样子的话，那你就大错特错了。

在闵行，依然会有如画风景，依然会有风月无边。

21. 上交影视基地

既然“闵大荒”如此的风景优美，这就不难解释为什么已经有好几部青春电视剧、电视真人秀来到闵行进行拍摄，譬如《致青春》《爱情公寓》《我的太阳》《逆转流星》等。

22. 五大校区

上交在上海一共有五大校区——闵行、徐汇、长宁、黄埔、七宝。其中黄埔就是妹子密度最高之一的医学院的所在。

23. 猫

也不知道为什么，在闵行这种荒郊野岭，依旧会有着数不清的猫咪……

至于上交最出名的猫以及喂猫圣地，也许当属包玉刚图书馆前的空地。

每当下午夕阳西下的时候，总会有数不清的猫咪聚集于此（其实也不过七、八、九、十只啦……）。下课又或是在图书馆自习完的同学经常都会驻步于此，逗猫喂猫。

24. 不是自交，不是反交，是复交

总的来说呢，上交跟上海东北某高校还是很和谐愉快相处的。我们才不会像北京的某两校一样总是相爱相杀呢！

甚至于还一度传出过如下的对话——考生：“我想报考上交。”招生的老师：“这位同学，你的分数能够考得上我们上交，但既然你的意向是想报考经管（等偏文科的专业的话），那么我还是建议你报考复旦吧……”

当然，交复的交集不仅限于此，两校之间时常都会有各方面

多维度的交流活动，诸如各种体育比赛、音乐会等等。

25. 除了复交……

除了复旦之外，上交也与C9联盟的其他7所高校有着良好的密切互动，经常会有各种学术交流，乃至学生的跨校交换学习。

此外，上交也与海外多家知名高校一直保持良好合作关系，有的更直接发展到学分相互承认机制，一校毕业便可获得两校学位。

26. 杰哥

在网上搜索“张杰”，你可以搜到很多词条，但是上交的男神永远有且仅有一个，那就是我们的校长“杰哥”——张杰。

杰哥一人便是中、德、美三国的科学院院士（美国科学院外籍院士），目前主要从事X射线激光和强场物理研究。

前不久，杰哥及其团队，凭借在快点火激光聚变研究以及强激光实验室天体物理研究上的重要贡献，被美国核学会授予2015年度爱德华·泰勒奖。

27. 54749110

这是一个神奇的号码！

路上自行车摔坏了赶不上早课？——54749110！

到了课室老师迟到还没来？——54749110！

饭堂炒菜辣椒放多了？——54749110！

这个神奇的号码其实是连通上交校园内的各路保安值班人员的。他们用自己辛勤的汗水默默守护我们，为广大上交师生提供最便利快捷的服务，维护着最安全可靠的生活。

28. 选择上交，就是选择责任

上交的校训有道：“饮水思源，爱国荣校”。上交的校歌唱道：“振兴中华，振兴中华，宏图在胸，重任在肩。”

“选择了上交，便是选择了责任。”正如抗战期间前仆后继投身抗战洪流的上交学子，正如有感于梁园虽好，非久恋之家，毅然突破重重困难回国投身于新中国建设的钱学森……上交学子从来就未敢忘记过自己对国家，对民族的那份沉甸甸的责任感与使命感。我相信，走在学森路上，每一个上交人，必将不会忘记自己应有的家国，民族情怀；也必将会以民族天下为己任，交通万物，兼济天下。

29. 写在最后

2016年4月8日，上交迎来了她120周年寿辰，百年荣光，薪火相传，思源致远，再创辉煌！

也谨以此文，祝母校生日快乐！

（P.S.关于为什么是29条而不是30条，数竞出身的我表示，29是小于30的最大质数呀！）

（本文图片皆由作者拍摄。）

29

7

8

9

朝樱夜食

——同济大学的30个真相

程珏晨

1. 校区

同济大学（以下简称“同济”），有多个校区，大部分本科生会待在其中两个校区，一个在杨浦，一个在嘉定。大一新生会在杨浦区四平路校区，到了大二，部分专业比如建筑、土木等会继续留在这里，有些专业则会搬往嘉定。

校徽意喻“同舟共济”，充满动感。

2. 四平路校区

四平路校区是本部，在杨浦区，面积不太大，总的来讲大概是中山大学南校区的一半大吧。如果不是学院在东北，宿舍在西南的话，自行车基本用不着。

杨浦大概和我印象中的广州荔湾区差不多，不像想象中奢华的大上海，别有一番老城区的味道。

3. 衣食住行便利

四平路这边还是很便利的。门口就是地铁站，隔壁有复旦大学和上海财经大学，靠近五角场商业中心，看电影、购物都很方便。

4. 夜景

站在本部区综合楼十三楼看夜景，顺着发光的四平路望向灯火通明的南面，东南方向远远可以看到东方明珠。

至于东方明珠的清晰程度，则可以反映当天空气污染指数。

5. 嘉定校区

嘉定校区面积比较大，嘉定和本部之间有校班车来往。开学典礼的时候某领导曾调侃，有学生跟他说，去了嘉定，决定发奋读书。他问为什么？那学生回答，骑着自行车从学校出发，往东南西北各骑了半小时，看到的全是田野，于是只好专心念书咯。

因为我在同济大学念建筑，一直待在四平路本部，所以本文写的基本都与本部相关。

6. 土木工程学院

同济最初起家时是德文医学堂，后来逐渐发展到有理、工、文、法、医五个学院。

经历多次的院系调整，文、法、理学院并入复旦大学；医学院迁往了武汉，成为现在华中科技大学的同济医学院；测量系迁至武汉，成为如今武汉大学的测绘学院主体部分。

很长一段时间，同济只剩下了土木专业，并有上海交通大学等华东多所高校的土木建筑系迁入我校，并在李国豪先生的带领下发展起来。

土木工程学院英文简称为“CCE”，即College of Civil Engineering。但也会被学生笑谈是“Carry Concrete Everywhere（到处搬运混凝土）”。

土木工程学院大楼是全国第一座全钢结构的办公大楼，由本校的建筑与城市规划学院帮忙设计的。

7. 校园风景

校园很美。

光影交错，春风十里。

8. 梧桐

其实夏天来的时候树木森森，只觉得是惨淡的绿。到了秋天，秋阳与色彩，真是有让来自常绿阔叶林地区的南方姑娘尝到咬到舌头的美。

最多的树是梧桐。从白天到黄昏的景色都很宜人。

9. 樱花

听说樱花落下的速度是每秒5厘米！每年3月末都会有樱花节，白昼如云雾，夜晚似星光。

10

10. 三好坞

同济三好坞，校园内的微型园林，由陈从周先生设计。

下淌同心河。

11. 杉木林

西北方向有一片杉木林，把男生宿舍和妹子宿舍隔开，穿过它就是我最爱的北苑食堂！

冬天到了，叶子就会从苍翠变成深黄，再变红，特别美。

天黑以后，根据数码摄影老师的说法，大晚上把光圈调到最大，会拍到人影憧憧，出双入对。

12. 教学楼

南楼的课室，窗明几净。

南、北楼是公共教学楼，每个学院的学生肯定都要来这里上各种课：高等数学、中国近现代史纲要、思想道德修养和法律基础、工程图学……

13. 百团大战

我们也有百团大战！同济的百多社团里，有学术、文娱还有体育类等；当然还有三大学生组织学生会、团委、社团联，大家各择其好，玩得开心，也锻炼能力。

14. 运动设施

运动设施都挺完备的，有三大球球场、攀岩馆、乒羽网，还有游泳馆。游泳馆的天花是有盖子的，夏天可以打开，变成凉爽的半室外泳池，是消暑好去处；而等天气转凉了盖子盖上，又变成了温暖的室内恒温泳池。

体育课有健身跑的项目，每人每学期要跑够30次，在129体育场刷卡计次。夏天从宿舍出发跑到操场，再绕圈跑到刷卡点，回来挖个冰镇西瓜吃（教育超市有卖），这才是人生追求啊。

15. 吃在同济

吃在同济，此话当真。

本部就有学苑饮食广场、北苑饮食广场、西苑饮食广场、自选餐厅、留学生餐厅、一食堂、四食堂等等，咖啡厅更是没数清楚过。

酸奶屋的蛋挞、泡芙和奶昔不可错过。

16. 同济大排档

除了一日三餐之外，还有同济大排档，晚上七点到十点在西苑北苑学苑都可以觅食（西苑到十一点）。北苑还有小龙虾，简直逆天！

17. 其他美食

从南门出去还有超多好吃的，强推包子、芝心年糕和肉夹馍（具体店名就不说了，不打广告）。

9

18. 交友

说完吃的，再讲讲交友。

我校男女比例，相对平衡，大约3:2。

具体在各个校区和各个学院就不一样了，比如建设与城市规划学院往年都接近1:1，今年1:2；而土木工程、机械能源之类的专业，妹子就比较少。

一机械能源的妹子跟我说，上次约隔壁班一妹子到图书馆自习，拍照发朋友圈，隔壁班男生

23

校园里其他地方都喧嚣渐息时，专门教室还会开着灯。

们纷纷回复说："你这张照片里，有我们全班的女同学。"

不过交友和男女比例真的有关系吗？

19. 猫

不管人类了，反正猫多。

20. 留学生

同济有很多来自世界各地的留学生，学校有两幢留学生宿舍，三好坞附近的饭堂也因临近留学生宿舍而名为留学生餐厅。

上次问一个景观系的小哥来自哪个国家，他答："Korea."

一直以为他是大韩民国人，直到看见他胸前别着闪闪发亮的金正恩元帅徽章！

同样，在接纳各方学子的同时，同济也有很多对外交流的项目，让学生们能够走出国门，看看偌大的世界。

21. 建筑与城市规划学院

我在同济念建筑！

同济的建筑与城市规划学院拥有四幢楼，其中文远楼是中国最早一批受到现代主义风格影响的包豪斯建筑，被列为上海市近代历史保护建筑。

同济建院的"ABC"广场，每年在这里会有各类活动，譬如2015年大一新生入学要完成的任务：在此搭帐篷，露宿一晚。

22. 繁忙的专门教室

建院学生会有自己的"专门教室"，大家在这里画图、做模型。每到九点所有的晚间课程都结束，校园里其他地方都喧嚣渐息时，专门教室还会开着灯，充斥了灵魂歌者的歌声、讲段子的说笑声、切雪弗板的吱吱声、手劈木板的木板断裂声和各种腰酸背痛的哀怨声。

23. 认真的工作状态

在专门教室看到的工作状态就是"认真"，以及每做完一个项目后就意味着：大扫除。

24. 教育超市

因为有建筑与城市规划学院和土木工程学院，这里的教育超市有相对应的服务：提供各色雪弗板、木板、KT板、PS板等，能印海报，还能机刻。

25. 宿舍

同济宿舍挺多的，我还没数清楚过，本科宿舍大概分西南片区、西北片区和学"X"片区（学三、学四、学五）。有的上下铺，有的上床下桌，基本都是四人间，住宿条件良莠不齐，入住哪个宿舍区看运气。

不过，不论住哪，反正只

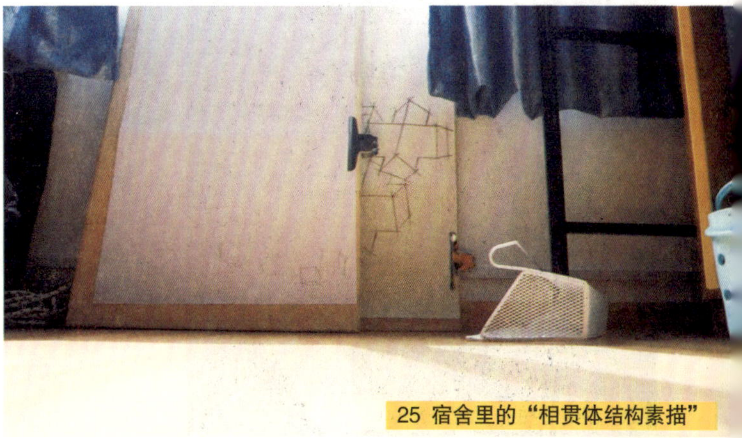

25 宿舍里的"相贯体结构素描"

有女生宿舍中的西南二楼下有浴室，其他人都得去公共澡堂。

26. 澡堂

同济澡堂，每天12:00~22:00开放，大家都来这里坦露真我，流露真实情怀，百分之百坦荡纯粹的交流，因为无隔间！

冬天的时候，吹着冷风走过梧桐树下，缩起的手脚与皱起的眉头，在水汽弥漫的澡堂里一下子舒展开，澡堂简直就是仙境嘛！

27. 转专业

大一下学期和大二上学期各有一次转专业的机会，条件是绩点3.5以上并且通过转专业考试。

寻找自己热爱的专业非常非常重要！

28. 辅修

大二到大三这两年里还可以选择辅修专业，部分可以获得第二学士学位。上海部分高校如复旦大学、上海财经大学、上海外国语大学和上海理工大学等都跟我们有跨校辅修项目，皆可以报名。

29. 周边的氛围

其实上海这个城市非常好，有那么多的展览，能帮你拓宽视野，增加见识。高校的学习氛围也非常浓厚。另外，黄浦江的鱼腥味和珠江差不多哦，广东的孩子不要太想家。

30. 为什么有第30条

因为我是处女座，所以有第30条——

你说嘿姑娘，冬天到了吗
我说梧桐变黄啦
你说嘿姑娘，澡堂习惯吗
我说肥皂戒掉啦
你说嘿姑娘，你的头发呀
悄悄地这么长啦

（本文图片皆由作者拍摄。）

29 测绘时拍的上海里弄街景

寻找自己热爱的专业非常非常重要！

北有中传，南有浙传

——浙江传媒学院的30个真相

陈郑予

说起乌镇，它已经成为桐乡校区学生的后花园。

1. 口号

像这种“北有xx，南有xx，东有xx，西有xx”之类的捆绑宣传，一般都是排行的老二、老三才用的套路。但不管怎么说，也排在第二、第三了嘛，蹭蹭老大的知名度，涨涨自己的身价。

2. 传媒人才库

浙江传媒学院简称“浙传”。既然已经有了中国传媒大学的30个真相，那怎么能少了作为中国大陆两大传媒院校之一的浙传呢（湖南大众传媒学院应该会表示不服）？如果说中传是央视和“芒果台”的人才储备基地，那么浙传可以说是“蓝莓台” 和“荔枝台”人才输送中心了，对了，还有天娱传媒。

3. 校区

浙传现在有两个校区，是的，只有两个，但是往返两个校区需要两个小时。两个校区分别是下沙校区和桐乡校区（也称桐乡传媒学院），下沙校区在杭州市下沙高教区（说是在杭州，其实离市中心也挺远的），周边有杭州电子科技大学、中国计量学院等学校。老校区虽然看起来旧旧的，但里面卧虎藏龙。桐乡校区在嘉兴市下属桐乡市，你也许不知道桐乡市，但你一定知道乌镇。对，就是那个“来过，便不曾离开”的乌镇，而乌镇就在桐乡。同时，桐乡还是茅盾、丰子恺的故乡。

4. 乌镇

说起乌镇，它已经成为桐乡校区学生的后花园。学校和乌镇相距只有20分钟车程，校门口就有去乌镇的汽车，极其方便。乌镇门票东栅100元、西栅120元，联票150元，并且没有学生票！不过如果你在东栅过夜可以省下东栅门票钱。好了打住，感觉要写成一篇旅游攻略了。乌镇2015年刚举办了世界互联网大会，马云、马化腾等一群互联网头头都过来开会了，每年它还有乌镇戏剧节，何炅、黄磊或者其他明星过来也是常有的事。至于

7

这些活动的志愿者嘛，你说呢？乌镇还是著名的影视作品拍摄基地，好多好多的剧组都会来乌镇取景，至于群演嘛，你说呢？

5. 周边的旅游景点

说到旅游就得再说一下，桐乡处于杭州和上海之间，去哪儿都方便，坐动车去杭州只要20分钟，去上海只要40分钟，同学们周末基本上都往这两个地方跑，不是去和同学约会，就是去参加各种活动。只要你够“土豪”，各种演出、展览基本上也不容易错过。另外，桐乡周边的旅游景点特别丰富，而且都是精品短期旅游线路，什么徽杭古道、黄山、舟山群岛、千岛湖、六大古镇、苏州、南京、婺源等就不一一赘述了。反正呢，大学四年的假期你都不愁没行程了。

6. 学院分布

桐乡校区和下沙校区其实更像两个独立的学校，因为浙传并不是采取“2+2”的模式，而是按学院划分校区并且四年都在同一个校区里。桐乡校区现在有五个学院，分别是设计艺术学院、文化创意学院、文学院、管理学院和音乐学院，据说过两年会再添加一个电影学院；其余学院就都在下沙校区了。

7. 思镜湖

桐乡校区有一个思镜湖，思镜湖上有一个岛，岛上面养着许多特供食材，像是走地鸡、兔子、鹅之类的。它们总是莫名其妙地出现，又莫名其妙地消失。因为思镜湖禁止游泳，所以还没有同学上去一探究竟过。

8. 运动设施

学校的运动场地非常齐全——最高端的是网球场，最多的是篮球场，最大的是操场，最少人用的是排球场，最稀缺的是羽毛球场，从来没用过的是游泳池（思镜湖）。

9. 学校周边环境

学校周边环境还行，西边和北边是护校河，东边和南边是居民区，所以闲杂人等不多。西边护校河对面的乡村有空一定要去看看，在晴朗的日子里骑车经过田野是多么的悠闲和惬意，在那儿还能买到农家自产的杭白菊，作为特产带回家也是很不错的哦！

10. 浙传学子

作为一个艺术类院校，浙传当然拥有众多的艺术专业学生，他们可以说拉高了整个学校的颜值和时尚水准。在这儿学习生活四年，你会发现你自己有了翻天覆地的变化。但在变美的同时，记得多读书。顺便说一句，这儿的同学家境都比较优越，玻璃心的要做好心理准备呀。

11. 传说

一般艺术类学校都会有这么一个传说，传说在周末的晚上，校门口会聚集众多香车宝马，用来接送那些长得好看的人儿。话是这么说没错，但请记住：珍爱生命，远离黑车！

12. 男女比例

还有一点也是艺术类院校的特色，那就是男女比例。怎么

8

说呢，总共十栋学生宿舍，男生占了四栋还没住满，女生住了六栋还不够，结果剩下的只能跟男生混寝了……混寝的同学，开心吗？然而就在这极度不平衡的性别比例中，谈恋爱还得分为三种情况，分别是你懂的、你懂的和你懂的。

13. 校园活动

浙传的同学们是十分活跃的，基本上天天都有活动。音乐学院时不时在食堂或者在生活区门口来一次“快闪”，文化创意学院有各种创意市集，艺术设计学院的同学把学校涂鸦得漂漂亮亮，管理学院组织了许多脑洞大开的比赛，文学院也会举办各种讲座和交流活动。大学四年，就别想“宅”着了。

14. 那些先生们

浙传的老师就不多说了，见仁见智。每个学校都有草包教授，每个学校也有让你终身受益的良师，关键是你自己如何看待他们。但如果你有幸在大一的马克思主义课上遇到一位姓乔的老师，恭喜你，大学开了个好头。

15. 学什么

大家可能会对传媒类学校感到好奇，听起来这么高大上的学校具体都学些什么呢？其实传媒囊括的内容十分广泛，大体上分为两类：一是理论研究，二是实践应用。就本科阶段来说，实践应用多于理论研究。在浙传的院系设置中，电视、电影、动画、新媒体、电子信息技术、播音主持、设计艺术、文化创意等等。学院都是以实践应用为主，理论学习为辅。接下来介绍几个王牌学院给大家。

16. 播音主持艺术学院

播音主持艺术学院可以说是浙传绝对的王牌之一，各大卫视牛气哄哄的主持人很多出自浙传就是最好的例证。学院现有播音与主持艺术、播音与主持艺术（礼仪文化）、播音与主持艺术（影视配音）等专业及方向。每天早上都可以听见播音班同学在“嗷嗷”地练声，简直就是“声控”的福利。播音系的学生可以说是学校身高和颜值担当，播音系的老师掌管着浙传学生普通话等级考试的生杀大权，整个播音系上辈子可能拯救了银河系。

17. 新闻与传播学院

新闻与传播学院是浙传建立最早的学院，也是浙传唯一的硕士点，设立了广播电视学、新闻学、编辑出版学、传播学等专业，2012年开始招收新闻与传播专业硕士。“新传学院”算是理论和实践结合得最好的学院了吧，既要学习各类新闻历史、传播理论，又要学习如何采访、报道、写稿，当然每个专业有各自的侧重点。有新闻理想的同学们尽管来浙传吧，“新传学院”不会让你失望的。

18. 电视艺术学院

电视艺术学院是目前学校影视艺术类专业最齐全的学院，学院设有电视系、制作系、摄影系、录音系等4个系。电艺学院可以说是浙传最出人才的学院，众多广播电视人才就是从这里走向各大卫视和传媒公司的，他们撑起了中国电视的半边天。电艺学院开设的这些专业都是涉及电视节目制作的幕后工作，包括前期策划、筹备，现场录制、录音，后期剪辑、制作等等。正是有了他们，才有了现在数量繁多、制作精良的优秀电视节目，极大地丰富了我们的精神生活。

浙传的同学们是十分活跃的，基本上天天都有活动。

19. 文化创意学院

文化创意学院下设广告学系、媒体创意系、公共关系学系、网络与新媒体系等四个系。广告专业要学习如何拿出亮眼的广告和文案，公关专业得学会如何解决棘手的社会事件，“媒创”和新媒体专业需要做出完美的宣传方案。“文创”的同学最厉害的地方就是他们的头脑和创意，最在行的就是与人的思维和情感打交道。他们知道要怎样才能说服你、打动你、刺激你。

20. 文学院

文学院是浙传设立最早、办学历史最悠久的学院之一，现有汉语言文学、戏剧影视文学、汉语国际教育、秘书学4个专业。别的几个专业同其他综合性大学所设立的并无不同，这里重点要说的是神一样的专业——戏剧影视文学。这个专业可以说是人才辈出，从这里走出来的编剧，可以把所有导演、演员的活都承包了。他们不但剧本写得出神入化，还能导能演，浙传最厉害的社团之一——B&G话剧社就出自戏文。最近，他们开始探索真人秀领域，感觉浙传又要出几个明星校友了。

21. 艺术设计学院

设计艺术学院是学校最受追捧的学院了，因为旗下包含了众多“手工艺”专业，例如艺术设计、戏剧影视美术设计、形象设计、摄影等等。学校如果有什么晚会的话，“设艺”的同学是最忙的，又要搭建舞台、设计舞美，还要负责化妆、服装、拍摄等。别的学院举办什么活动，或多或少都需要“设艺”同学的帮忙，所以说设计艺术学院是非常受欢迎的学院。

22. 专业

到了大学要知道，专业没有好坏之分，只有热爱与否。不管你选择了什么专业，学校都会尽可能地给你所需要的资源。如果你实在不喜欢你的专业，那么在大一下学期有一次转专业的机会，前提是你成绩够好。当然你还可以选择考研，桐乡这种远离喧嚣的环境最适合考研党了。

23. 明星校友

至于那些名气响当当的校友，像李维嘉、龙丹妮、朱丹、伊一、李响之类的，每年的迎新晚会是见到他们的最大机会。平日里除了有一次戚薇带着她老公过来溜达了一圈之外，也是很难见到他们了。

24. 演播厅

对了，据说下沙校区最高的那栋楼里面有“蓝莓台”的演播厅，《中国梦想秀》《我爱记歌词》就是在那儿录制的。

25. 战斗机

如果你发现你头顶经常有战斗机呼啸而过，不要紧张，这不是什么战备状况，这只是学校的日常。上课的时候老师被战斗机的轰鸣声打断已是常态，听力考试因为战斗机的肆虐而不及格也不是一次两次。所以说，习惯就好。

26. “校风”

最重要的一点是，注意防风！注意防风！注意防风！桐乡校区的风绝对刷新你的三观！360° 环绕式立体风，能让你精心打扮好的造型毁于一旦，再坚强的伞也经不住折腾。有风的日子，口罩和墨镜是必备神器！

27. 住宿条件

桐乡校区是个新校区，所以里面的设施都还比较新。住宿那是没的说，四人间，风扇、空调、独立卫生间、阳台齐全。不过不是上床下桌，而是一边是书桌和衣柜，一边是上下铺。放东西的地方很多，每个人有四个大柜子加一个书柜，这么大的空间一定会激发你买买买，然后填满它的欲望。

28. 暖气问题

你也看到了，我没说宿舍里有暖气，但没事，可以开空调啊。只不过，除了寝室之外的地方一定要记得穿一些抗冻的衣服，在没有暖气的、潮湿阴冷的浙江过冬，我相信你一定会印象深刻的。对了，下雪的时候记得去乌镇。

29. 食堂

食堂的话呢，至少可以让你吃一年而不腻，这已经很难得了。食堂提供早、中、晚餐以及夜消，就我个人来说早餐是最好吃的。食堂吃的种类很多，而且价格也不贵，是我见过性价比最高的食堂了。如果食堂吃腻了，校门口就有一条美食街，也足够你再吃一年了。校门口再吃腻的话，去市区吧，市区里的好东西特别多，要写的话就又是一部美食攻略了。

30. 镇校神兽

浙传是有镇校神兽的，不过换了好几批。从一开始的鸭子到蛇，到孔雀，到现在的猫。话说有学生的地方就会有猫，自从住满了四届学生之后，众多的野猫就不知道从哪儿蹿出来了。除了卖萌获得食物之外，也没见它们做过别的什么。

（本文除图片18来源浙传电视艺术学院官网、图片26来源百度图片以外，其余图片摄影者为李凡丁。）

27

欢迎来到三墩镇人民公园附属大学

——浙江大学的30个真相

赖燕婷、关豪田、陈艺文

1. 历史悠久

浙江大学，简称“浙大”，前身是1897年创建的求是书院，是中国人自己最早创办的现代高等学府之一。1928年更名为国立浙江大学。中华民国时期，浙江大学在竺可桢老校长的带领下，崛起为民国最高学府之一，被英国学者李约瑟誉为“东方剑桥”，迎来了浙大百年历史上最辉煌的时期。竺可桢老校长也因其历史贡献，成为了浙大校史上最伟大的人，并为浙大确立了“求是”校训和文言文体的《浙江大学校歌》。1998年9月15日，曾经从浙江大学分离出去的杭州大学、浙江农业大学、浙江医科大学回归浙大“母体”，共同组建了新的浙江大学。至此，自1952年院系调整以来所形成的四校分治的局面结束了。浙江大学重新成为了综合性大学，再次走上了快速发展的道路，并迈上了建设世界一流大学的新征途，迎来了百年发展史上的第三个黄金时期。

2. 全国最“水”

进了浙大之后，才知道浙江大学是全中国最“水”的一所学校的传闻。为什么呢？请看浙大的七个校区：紫金港、玉泉、华家池、西溪、之江、海宁、舟山。所有校区都无一例外地离不开水啊！这就是为什么我们说，浙大是全国最“水”的一所学校。实际上，来了浙大之后，你会发现这里不仅是名字“水”，还有校园里都是水，就连上课都水水的！

1

3. 学校排名

有这么一个传言：假如一个人自称自己是全国第一或者全国第二的大学毕业的，那他一定来自清华或北大；假如他有时说自己全国第二，有时说自己全国前六的，他一定来自浙大。根据现在各种排名，官方的、民间的、个人的、学术的、商业的，我看到过浙大最高的排名是第二，最差的在十名左右。假如对浙大教学的各项硬指标进行综合评比，浙大的实力怕是也不会跑出前六位的。然而武书连的大学排名，老把我们放得很靠前，每次都让我们成为众矢之的，骂声不绝。对此我们私下的调侃都是，“武书连是不是跟我们有什么仇啊，老帮我们拉仇恨。”关于这事，我们可爱的杨卫校长曾有过一个很可爱的回答。记者问他：“你们看重大学的排名吗？”杨校长说：“我们自己心里有本账，不太看重外面的排名。”记者接着问：“那你觉得‘浙大’多少名？”杨校长就说：“我们自己的账，还是放我们自己心里吧。”

4. 放假最晚

和别的重点大学相比，浙大应该是属于全中国放假最晚的一批重点大学之一。

我曾经在还有两周进入期末考试的时候，给北大的小伙伴打电话：

“X哥，你什么时候考试啊？我们现在考试前的复习周，每天都有好多书要看，好忙啊。”

“啊，我已经在旅游了诶。”

……

没错，浙大就是这么任性地放假晚。放假晚就算了，还特别喜欢补课！清明、中秋的假放完了还得找个周五或周六的下午补回来。学校真是注重学生的学习，争分夺秒，生怕我们学生落下。

5. 花样选课

来到大学，最重要的当然是学习一些对自己日后发展有用的知识，因此选课就成了人生中的头等大事。不过，选课的时候有许多大坑：比如有的课程的期末考试老师给分多，但是上课枯燥无味；有的老师上课生动有趣，但给分少。当然，也有上课质量和给分力度均为上乘的老师，不过这得经过一番努力才找得到。为了方便大家选课，有浙大校友创造了一款名叫“学习帝”的应用程序，每次选课前查一查，就大概知道这门课的上课情况和老师风格了，另外还可以对老师进行评价和打分，真是造福浙大学子。

左图是浙江大学“学习帝”选课系统截图，很好奇竺可桢老校长是怎么上榜的！

6. 学生手册

国有国法，家有家规。为了让一所学校良好运转，学校的设计者就制订了一些大家必须遵守的游戏规则，比如怎么申请奖学金，怎么修双学位，怎么申请经济援助，怎么申请出国等，为此浙大就制定了《学生手册》。那怎么让大家去了解和熟悉这些游戏规则呢？每一届的大一新生都会有一门“形势与政策”课，在这门课上会有针对《学生手册》内容的期末考核，采用笔试的形式，满分100分，90分才算合格。有了成绩作为驱动力，大家当然就会认真学习手册内容了！浙大果然会玩！

7. 对外交流

“哎呀，我是要去香港，还是美国，还是新加坡，还是德国好呢……”

“去什么去，还是好好留在学校把你的辅修或者双学位学完吧。”

在浙大的每个学期，我们都会有各种各样的国外或者港澳台地区交流项目：学位项目、科研实习项目、寒暑期学术文化项目、交换生项目等。这些交流项目不仅能增长知识，还能丰富学生的人生阅历。例如，选择去欧洲的学长学姐，有的去考了潜水证，有的去跳了个伞，有的来了个欧洲10国游，还有的在国外刻苦学习，回国赚学分。学校每个学期都会在校网上公布对外交流信息，翻翻看内容可多至94页，学生交流项目的活跃程度可见一斑。

8. 英语免听

“浙大的英语教学还在比较基础的阶段。”上大学前我就听过这样的评价，后来才知道是真的。可能因为浙大的强项是理工科，而文科方面还有待提升吧。假如对外语专业很感兴趣的孩子，就不太建议报考浙大。譬如我第一学期上的英语课，当老师在介绍《傲慢与偏见》《小王子》等名著或者介绍奥黛丽·赫本等人物的时候，老师还叫我们划着我高一学过的词汇，说这是重点词组的时候，我的内心几乎是崩溃的。很多广东考过来的孩子，《大学英语3》《大学英语4》假如不是免听，考试也基本上就是满分了……

9. 通识教育

“我在浙大读书的时候，觉得最有意义的课，就是‘浙大’的通识课。因为某一门课，我有幸接触了当时的诺贝尔化学奖获得者，他的话给了我很大的

做事不做官！

启发。”这是浙大光电信息工程学系毕业的建根校友回浙大做讲座时提到的一句话。的确，浙大有很多超级有趣的通识课，比如《摄影艺术》《博弈论》和《社会心理学》等。通识课一方面是学生毕业的基本要求，另一方面也能让你不断开阔眼界，打破自身思维局限。怕就怕有的课太热门，不容易选上。

10. 理工科重镇

浙大总体来讲是一所综合性大学。当然，理科班的孩子想报文科的话难度还是比较大的。就理工科来说，浙大涵盖的学科可以说是非常全面。比较热门的理工科专业有数学，工科有电子工程及其自动化、计算机、机械电子等等。这里要重点说说社会科学，社科包括了经济学、管理学等。虽然可能在大家的心目中这些学科不算浙大的优势，但是这些学院里都汇集了很多喜欢这个专业并且非常努力的人。甚至可以说，这些专业招录名额的竞争比理工科更加残酷。如果你想读这些专业的话，大胆地报浙大吧，不要被所谓的全国排名给忽悠得太厉害。来浙大读金融，也是不错的。

11. 荣誉学院

据说浙大最好的学院是竺可桢学院，类似高中的重点班。“竺院”的特色是进去之后可以自由选专业，不过要求大一上学期平均绩点必须在4.2以上（87分）。不过，进入大学之前不要盲目报考“竺院”，因为适合自己的才是最好的。浙大有很多很多的机会，有时候真的不是你错失了机会，而是你在选择哪个机会而已，它们没有优劣之分。当然，这得等考进来了才会有这样的感受。没考进来，就会觉得这里什么都好！还有一个特别值得一提的是“竺院”下属的灵韵音乐剧社，它在2015年5月上演的歌舞剧《芝加哥》还曾经成为轰动浙大一时的大新闻呢！

11

12. 留学生多

在新生开学典礼上，校领导就曾经说过，浙大现在至少有5000名左右的留学生。在浙大人心中，韩国留学生的日子过得比较潇洒。男生每天骑着小摩托车，脚底蹬着“人字拖”，穿着白色球袜，上半身打扮和韩剧中的“欧爸”（哥哥）一样，虽然不是特别帅（可能是因为没整容），却也有一种来中国旅游而非读书的惬意感。相较之下，我还是比较喜欢我的德国朋友，经常能在图书馆看到他们学习。我们一起吃饭，一起走路回寝室，一起互“黑”各国政治，俨然是一副世界公民的样子，这种文化交融的感觉真是让人很开心呐。

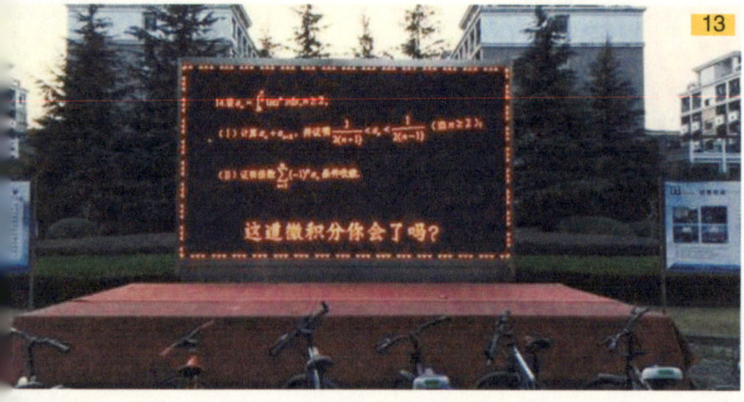

13

13. 考试周

为了建设世界一流大学（至少校长是这么说的），浙大实行一年四学期的学制（就是把原本的秋季学期和春季学期划分为两个学期），共春夏秋冬四个学期，所以就是一年有四次期末考哟（是不是有加量不加价，“赚翻”了的感觉）；每次考试期间都会有考试周，占用假期的时间，在这一周里，学子们秉承着“三天一门课，一天一本书”的精神奋力地学习，通常挨夜到三四点都是小菜一碟呢。所以啊，考试周流的泪都是选课时候脑子进的水，要谨记合理安排课程哦！

14. 领导来访

可能是因为学校的风水特别好，总理们总喜欢来我们学校访问。之前是2010年的时候温家宝总理在浙江大学图书馆慰问广大师生校友，勉励我们大学生要“做事不做官！”后来是李克强总理在2014年11月21日来访玉泉校区，鼓励浙大学子在培养自身创新意识的时候，不要忘记了文化底蕴的传承以及求是精神的培养。和总理零距离接触，也算是浙大的一大特色吧。

15. 浙大校花

说到校花，大家一定忘不了武汉大学的黄灿灿，清华大学的奶茶妹妹以及南京航空航天大学的陈都灵吧！那么浙江大学的校花究竟是谁呢？这个还真不太好说，每个季节都不太一样。比如说春天的桃花，夏天的荷花，秋天的菊花，还有冬天的梅花……哈哈，其实我想隆重介绍的是浙大的双胞胎姐妹花——纪美希和纪美岐，姐妹二人不仅长相清纯，而且成绩十分了得，毕业之后还都双双赴英国名校读书，不愧是人生赢家。其实啊，这些美女还只是浙大的很小一部分，来了浙大，你才会知道，世界上真的有人能够做到：身体好，家庭好，长得好，学习还好！就算自己还不是男神女神，但他们都是你的同学啦，在优秀的人身边自己也会变得更优秀的！

16. 跨年活动

每年的12月31日是浙大的学生节，在这一天学校不用上课，还会举办盛大的游园会、游行还有跨年晚会——不仅免费烤肉吃到饱，全校顶尖社团带来的精彩演出从晚上8点一直持续到凌晨1点，还有盛大的烟火表演，绝对是可以让你在同学面前大吹特吹的资本。若不是在浙大目睹学生节，那么你根本不敢相信这一切全部都是由在校生亲手组织的，不得不感叹学生的力量真的很强大！

17. 校友婚礼

结婚的仪式有千万种，何不回到母校来一场酷炫的集体婚礼呢？每年的春夏学期之交，浙大都会举办独一无二的“百人集体婚礼”，一对对的幸福新人中，至少有一人是浙大的校友。他们穿上幸福的礼服，在浙大众师生的见证下，一起许下毕生的承诺。随后，幸福洋溢的学校里到处都是在拍摄婚纱照的新人。我由衷地祝福他们能够百年好合，一直幸福地生活在一起。而作为“单身狗”，可以想象，这一整天都将受到严重暴击，所以，没事最好还是别出门吧！

18. 缤纷社团

浙大有大大小小的学生社团，就连每个系都有自己的学生会和团委组织。像“求是潮”、勤工助学与创业实践指导中心、青年素质发展中心等，有学校支持的组织也很不错。此外，辩论、环保、支教、摄影、赛车、礼仪、篮球、舞蹈等都是你可以去自由选择和参加的活动。当然，浙大也欢迎有抱负的你自己创立社团，玩出自己的态度和精彩！

19. 创业主流

在浙大，还有一个关键词是“创业”。我们学校有属于自己

的创业孵化基地——元空间，在这个基地里有很多浙大学子创立的“宝宝”公司，比如“配送宝”“学信宝”等。这种热衷于创业的氛围可能也和浙江的商业氛围有关吧，而创业之后赚的钱当然要拿来买好车啦！这也许就解释了为什么经常能在浙大看到奥迪、宝马、奔驰的缘故了。浙大人真是有钱任性啊！

20. 社会实践

浙大立志培养高素质人才，放假的时候学生怎么可以闲着？社会实践是每个本科毕业生都需要经历的假期活动，活动形式也有很多种：你可以选择去偏远山区支教，也可以重走浙大的西迁路，可以参观国内的红色旅游景点，也可以走“一带一路”。这是一次和同学一起外出远行的宝贵体验，除了拓展视野，还能培养团队精神和锻炼实践能力。多年以后，回想起当年与小伙伴在陌生的环境里互相照顾的美好回忆，一定能让你会心一笑。

21. 万人食堂

浙大的紫金港校区是七个校区里最大的一个，“哺育”着几万学生的大校园总共有三处食堂，分别为麦香食堂、临湖食堂和大食堂。据说在几年前，浙大紫金港的大食堂曾是全亚洲最大的食堂，直到后来被韩国人民超越了。有人说，浙大既不建最大的体育馆、也不建最大的图书馆，而是建最大的食堂，是不是因此浙大都养着一群饭桶啊？但是饭菜真的超级好吃，大食堂里分成5个小食堂，各食堂各有不同的就餐模式。其中也有清真食堂哦，拉面超赞的。大食堂里面的“烘焙屋”做的糕点又便宜又好吃，完全不输外面！

22. 堕落的街

初来浙大，一定会对学长学姐口中的“堕落街”感到疑惑不解——“今天中午去哪吃？”“我在堕落街等你。”堕落街，是紫金港校区外的一条餐饮街，因为好吃的特别多，吃了长胖又“破财”，是女生的天敌，去一次觉得自己朝长胖又堕落了一步，故此得名。据医学院的学长学姐说，堕落街很多商铺的食物卫生并不过关，还是少吃为妙，但是一周去几回堕落街“打牙祭”几乎是紫金港同学的惯例，只要好吃就好，堕落就堕落吧。

23. CC98论坛

号称浙大“小百度”，专门解决学生各种疑难杂症。它最初是由浙大学长王重阳创立，现在隶属浙江大学计算机与软件学院，作用相当于“浙大版”的人人网，给教师和学生提供了一个交换信息的平台。老师一般都建议同学们去上“学习天地”板块，但很多人都会不自觉地点开“缘分天空”板块哦。问世间情为何物，直教人生死相许。

24. “幅员”辽阔

浙江大学投资了30多亿元（是30多亿！30多亿！30多亿！重要的事情说3遍！）新建了一座现代化、网络化、园林化、生态化的大学校园——紫金港校区。紫金港校区位于杭州城西部塘北地块，毗邻著名而又古老的西溪风景区，分东西两个部分，总规划5856亩。东区占地面积3192亩，西区占地约2664亩。从东区骑自行车到西区可是要骑到你吐血！不买“小龟”（浙大人对电动车的爱称）简直对不起自己的腿！话说为什么没人发明校园“优步”呢？

25. 交通便利

浙大交通十分便利。校园内有小白（校园景区游览车）可坐，一元一次。最近还新发明了一种叫“小萝卜”的电动自行车，完全联网。校外的话有公交车、出租车可乘，当然也可以用“优步”“滴滴打车”等软件叫到私家车。总之你不用担心走不出去就是了。

不忘初心，方得始终。

26. 网络覆盖

浙大校园无线网络建设始于2006年，而学校新一代校园无线网络项目于2012年8月全面启动，历时6个月大规模工程施工，建设完成了覆盖浙江大学五个校区近万台802.11n无线AP的高速校园无线网络，基本实现教学区、宿舍区及室外区域全覆盖，到处都是5格的Wi-Fi信号！你还在担心“打机”的时候断网吗?

27. 民国建筑

浙大紫金港里最美的建筑应该算西区充满了民国气息的教学楼了。在这些楼群里，建筑系的钟楼又是最为引人注目的一个。钟楼的底部仿造了斯坦福大学的拱形结构，给人一种时光倒流的感觉。每到春暖花开、阳光灿烂的季节，桂花开了，在这富有浪漫气息的大楼前散散步，呼吸着花香，都是一种幸福的享受！

28. 人民公园

最近，由于群众在浙大校园内大吃火锅一事，学校被学生亲切地称为：“三墩镇人民公园附属大学”。的确，在校园的开放程度上，浙大算是全国之最。步行进校门的，不需要出示任何证件；开车进校门的，取卡就可以进去。所以每到周末，校园食堂就充满了各种叔叔阿姨，还有他们的小宝宝小孙子们。也许有的学生不喜欢太多人涌入校园，但他们对我来说很棒的一点是，他们经常都会成为我照相机下最质朴动人的风景。因此，我个人还是很支持宝宝们来公园玩玩的，毕竟对于他们来说，能够免费旅行的地方也只有浙大了嘛！

29. 知名校友

陈独秀于1898年考入求是书院；蒋梦麟于1903年考入浙江高等学堂；夏衍于1920年毕业于浙江公立甲种工业学校（浙大前身）；李政道于1943—1944年在浙大物理系就读；王元是1952届数学系学生；丰子恺也曾在浙大任教。段永平是1982届无线电的学生；竺延风是1983届自动化的学生；任伟泉是1983届信息的学生；史玉柱是1984届数学的学生；还有“DOTA（刀塔）”世界冠军、战队经理、点击率最高的“DOTA”解说的伍声……当然，最有名的还是我们的竺可桢校长！

30. 校训

浙大竺可桢校长给我们每一位学子都留下了两句发人深省的话：“诸位在校，有两个问题应该问问自己:第一，到浙大来做什么？第二，将来毕业后要做什么样的人？”后来，有浙大人简洁明了地回答道：“一，混；二，混混。”当然，这是学长学姐们的调侃之言，真正的答案，还得各位自己去寻找。不过，唯一确定的是：不忘初心，方得始终。也希望每一个考来“浙”里的学妹学弟们，能够初心不负，梦想成真。

（本文图片1来源于网络，图片11来源于浙大灵韵音乐剧社官方微博，其余图片为作者拍摄。）

中国最温和的大学

——南京大学的30个真相

杨旻、梁慈昕

3

1.“南哪”

“你考上哪个大学了呀？”

“南京大学。”

“噢，南京哪个大学？”

“……”

于是以“南哪”著称。

还有面对“南京大学是几本”的问题，可以开心地告诉他们“五百本！”吓他们一跳。

不过自黑是自黑，南京大学的名声与实力严重不符！

2.“民国最高学府”

南京大学（以下简称“南大”）历史悠久，1902年建校，曾是国立中央大学，有“民国最高学府”之称。

1984年在普林斯顿大学的世界大学排名中，居亚洲第一。

3.“中国最温和的大学”

好吧，好汉不提当年勇。

南京大学是国家首批“211工程”“985工程”高校，首批“珠峰计划”“111计划”“2011计划”“卓越计划”实施高校。也是九校联盟（C9）、世界大学联盟、环太平洋大学联盟、21世纪学术联盟的重要成员和东亚研究型大学协会高校。被杨振宁称赞为“中国最顶尖的大学”。

南京大学是“985工程”首批9所高水平大学中唯一未合并其他院校的高校（国立中央大学倒是分出去了不少院校，比如东南大学、河海大学、上海财经大学等等），坚持“内涵发展”，保持“原汁原味”办学优势与特色，赢得社会“中国最温和的大学”美誉。

4.超牛校友

我们也有着一大批超级棒的校友，比如程开甲、吴良镛。而且，1977年恢复高考以后，入学并当选中国两院院士的南京大学本科毕业生人数位列全国第一！

所以呢，这里学术氛围浓厚，官僚、功利主义少，特别适合学习。

5.校区

南京大学现在有三个校区：鼓楼、浦口、仙林。

鼓楼校区古香古色，历史底蕴深厚，且地处南京市的繁华地带，就是有点小……因此大部分本科生都被搬去了仙林校区。有的专业的本科生将在这度过整个本科阶段，另外的将在不同的年级迁回鼓楼校区。

仙林校区有多大呢？大概就是在校园北边有那么两三个小丘陵吧。上面还有个天文台。

6.校巴

在高年级的时候，会有在不同校区的课。故为了方便师生往来于仙林、鼓楼校区之间，学校有穿梭于这两个校区的大巴。

当然，由于仙林校区有点大，在校园内也有校园小巴士为同学们的出行、上课提供方便。

7.花

介于学校北面空地比较多（可能是还没来得及盖房子……），根据季节会成片地种一些花花草草。比如笔者之前去散步时就忽然看到一片格桑花，颇为惊喜和开心。

当春天来临，忽然间到处都是粉色白色的花朵绽放：玉兰、桃花、樱花、梨花……满足了笔者多年对春天的幻想以及满满的

11

南大有个花房，同学们在放假前可以把自己养的盆栽拿过去，有花农会帮你照顾好它们。

少女心。南大是一个会不断给你惊喜的地方呢。

8. 花房

说起花花草草，南大有个花房，同学们在放假前可以把自己养的盆栽拿过去，有花农会帮你照顾好它们。妈妈再也不用担心我的盆栽啦！

9. 逸夫楼

再来说说南大仙林校区的标志性建筑。

逸夫楼（又名左涤江楼），虽然好像很多大学都有一个叫这个名字的楼，虽然它的外观异常普通，但它的内部结构却让人印象深刻（摸不着头脑）。

逸夫楼里面分A、B、C三个区，并不是每个楼梯都能到达每层楼，更并不是你到了那层楼就能前往你想要去的那个区，也并不是你到了那个区就能找到你要去的那个教室。笔者有一次为了找一个教室，在同一层转了两三圈才终于找到。

为了上课不迟到，没事的时候多逛逛逸夫楼摸清地形也是很有必要的。不过如果你在里面逛迷路了……这并不能怪我。

10. 学生活动中心

同样有迷之内部结构的，就是敬文学生活动中心，简称“大活”。

这个地方的地形更是诡异。

内部被割出各种小空间，有各种出入口，电梯位置隐蔽，常给人以“呀，怎么这有个电梯”或是“咦……我明明记得电梯在这的，它怎么不见了。噢！原来在这里”的感觉。

不过，很多活动如各系的迎新晚会等都在这里一楼的大小剧场举办。

11. 杜夏图书馆

除了这些有着奇怪内部结构的建筑，我们还有作为江苏省藏书量最大、中国藏书量前三的高校图书馆、中国唯一一座双枢纽管理体系的智能化信息图书馆的杜夏图书馆。

就是那个进了校门一直直走，然后矗立眼前的庄重典雅的建筑。

图书馆里面有各式各样的桌子椅子供同学们选用，还有能躺着看书的。不过，图书馆一般都有好多人（特别是各个院系要考微积分的前几天），随便找个还可以的位置就赶快坐下吧。

12. 洗澡房

洗澡房在每幢宿舍的一楼，只有13:30~22:30开放，而且假如20:30还没洗完，它是直接断水而非热水变冷水。

晚上9点之后是洗澡高峰，如果不想在大冷天光着身子在浴室里排队等洗澡（其实轮换速度也不慢），还是早点洗的好。

其实宿舍是有独立卫浴的，但是这个独立的浴只有冷水，并不觉得它有什么太大用处。

不过游泳馆里的浴室倒是非常棒，水流大，热水足，有隔板，还不用钱（应该是包含在游泳费里了……

13. 奇怪的楼名

南大的楼除了按功能有一个约定俗成的名字，如文学院楼、宿舍楼，基本都还有一个以人名命名的楼，这个名字一般都小小

地不被人留意。

但是，来开会或来参加活动的人经常收到的地址都是标注以人名命名的那个楼名，结果就是他不知道在哪，我们也不知道，问路并没有什么用。

14. 校歌

南京大学的校歌是由李叔同先生作曲的，歌词为文言文：

大哉一诚天下动，

如鼎三足兮，曰知、曰仁、曰勇。

千圣会归兮，集成于孔。

下开万代旁万方兮，一趋兮同。

踵海西上兮，江东；

巍巍北极兮，金城之中。

天开教泽兮，吾道无穷；

吾愿无穷兮，如日方暾。

15. “校风”

南京大学的校训是“质朴雄伟，励学敦行”。

校风是——又大又冷，又冷又大……

独特的建筑排布，能让人几乎在每条路上都感受到穿堂风的刺骨凉意。

说正经的，“嚼得菜根,做得大事”这八字是南京大学的校训渊源，因此南大的校风其实是“俭朴、勤奋、诚笃”。

16. 食堂

南大的伙食还是不错的，有好几个食堂，菜式也很多，比如鸭血粉丝汤、锅贴、石锅饭、辛拉面、铁板饭、金陵小炒、瓦罐汤…… 味道也不错。

学校对面的和园也有很多吃的，不过都是些小食店。有些甚至只是专门做外卖的小厨房。

17. 休闲娱乐

仙林校区远离闹市，不过地铁二号线专门为它延长了线路，地铁站就在南京大学的门口，这样一来，进城只用半个多小时，还不用转线。

如果还是嫌远嫌麻烦，地铁坐两站就能到仙林中心，那里吃喝玩乐一应俱全，还是很方便的。

18. 校园穿梭

说起来到新街口才用半个多小时，但住在四组团的同学们走路到校门口都要40分钟……

所以南京大学里面有好多自行车，每栋楼下面都停满了。

哦，你说你不会骑自行车?

没关系，仙林的本科生都是住在一、二组团，从这里走到门口快的话只要10分钟。实在不行，还有校园穿梭巴士呢。

19. 远离机场

噢，虽然有地铁，但是全程坐地铁去机场要两个多小时……都够我从南京飞回广州了……

20. 网络

校园网覆盖了整个大学，24小时不断网，前30个小时免费，然后1块钱10小时，20元封顶，封顶了之后随便用咯反正不再多花钱了。

21.《蒋公的面子》

南大出了一个很有名的话剧，叫《蒋公的面子》。它是南京大学文学院为纪念本校建校110周年所创作的学生话剧作品。作品以南京大学校史为题材，通过1943年蒋介石兼任南京大学（时称国立中央大学）校长时，邀请三位中文系教授赴宴的史实，形象地揭示了知识分子面对强权时的复杂心态。特殊的题材与对人物入木三分的刻画，令该剧破天荒地在全国各地连演35场，创造了校园戏剧的演出奇迹。笔者看过这部话剧，感觉很有趣，在此向大家推荐!

22. 提升素养

南大领导很重视同学们的人文修养，重视通识教育，入学时每个人都会收到两本书《南大读本》社会/自然科学卷和人文科学卷。

现在还有了阅读经典的课程，到学期末要交几千字的读书报告。

不过每本书平时布置的作业量和期末论文的字数要求都不一

样，而且谁在选书也并不知道，所以一切全凭运气。

23. 横幅

校园内随处可见的横幅也是南大的一大靓丽风景，各种有创意的标语在校园内屡见不鲜。

而且，除了宣传活动，横幅还有这些功能：某明星生日对其进行生日祝福、新学年开学初对新生致欢迎辞（充满各院系的鲜明风格）等。

24. 猫狗同乐

南大若从中间画条线，南边的这一半总有好多好多猫蹲坐在路边（特别是超市门口和宿舍楼下），最有名的就是校门口的大黄啦，听说有南大仙林校区的时候就有它了呢。

至于北边那一半，就有好多好多狗跑来跑去，在马路上撒欢。

25. 星云楼

仙林校区的星云楼里经常会有画展，不久前举办了星云大师的书法展，后来又有聂危谷画展，再后来（也就是现在）又有油画展，艺术氛围浓厚。

26. 物流便利

南大有快递一条街，顺丰、韵达、圆通……样样齐全，而且就在宿舍楼下，特别方便。

“双十一”时，快递街的仓库爆满，架子上、地上全都堆满快递。

27. 外卖服务

每天中午、晚上（特别是晚上），送外卖的小哥们就开着摩托车穿梭于南大校园，宿舍楼下常常堆满了他们以及他们的摩托车，然后不停地有穿着睡衣睡裤的学生从宿舍楼里窜出来拿外卖。

不过他们开摩托车真的开得好快，走路时一定要注意避让，注意安全。

28. 抽奖活动

作为一所人文气息浓厚的大学，南大的迎新季也是长出天际。从9月到12月，从期初到期末。为了吸引观众，各院系的迎新晚会纷纷祭出终极法宝——抽奖。奖品从iPhone6s到Kindle，从铁三角到自行车，无奇不有。

曾经有一位师兄感叹说：“大学四年，我都热爱学习（没有中奖），所以我决定考研，来年再战！”啊，这是多么感天动地的学子故事！

29. 四季如画

南大校园很美——

春天，校园里开满粉色的花。

夏天，树木繁茂，阳光正好。

秋天，银杏、梧桐满树金黄。

冬天，整个校园银装素裹。

30. 与学霸为伍

在这里，你能尽情感受与众学霸共同学习的乐趣。

笔者总是看着以前从未学过的东西，听着他们说“噢，这不是我们的高考题嘛”时，内心已经波澜不惊了。当然，看到差距，就更会激发自己努力向上，好与身边同学看齐，因此，与学霸为伍，夫复何求！

（本文图片皆由作者拍摄。）

与学霸为伍，夫复何求。

葑溪之西，胥江之东

——苏州大学的30个真相

李文钰

1

1. 东吴大学

苏州大学的历史可上溯到1900年在苏州成立的东吴大学，东吴大学是中国高等教育史上第一所西制大学，百年淬炼、饱经风霜。历经了抗日战争时期、解放战争时期，迄今已跨越了一个多世纪。在创始、奠基、生根、颠沛、复校、成长、茁壮的过程中，仍然持续为社稷付出贡献，不断培育学子成为社会的中坚人才，并以卓越的办学成绩闻名遐迩。抗日战争胜利后，东吴大学法学院在世界闻名的“东京审判”上，为中国人民在战争中所受到的苦难伸张正义，并使日本战犯得到了应有的惩罚。

2. 基本概况

1949年大陆解放，东吴大学由人民政府接收，经过全国院校调整，1982年定名为苏州大学（以下简称“苏大”）。现在的苏州大学为省属“211工程”大学，发展成为了拥有天赐庄校区、桑蚕地校区、独墅湖校区、阳澄湖校区等校区的综合类现代大学，跨越整个苏州城。苏州大学教学条件先进、师资力量雄厚，近年来实现了大发展和大跨越，受到了来自社会各界的好评。

3. 东吴学派

在海峡另一头，东吴大学于1951年在台湾台北复校。两所学校共同秉承着“养天地正气，法古今完人”的校训，分别在苏州和台北继承、发扬着东吴学院派精神，并有良好的社会声誉。在如今全球化的趋势下，面对来自世界各地的竞争者，两岸两校开展了更为密切的学术合作，以形成东吴学派为目标，树立一个能够立足于世界的学术社群。

4. 校区

苏州大学的校区遍布苏城，分别是：本部（天赐庄校区）、东区（桑蚕地校区）、独墅湖校区、阳澄湖校区，另外还开设了苏州大学应用技术学院、苏州大学文正学院两个独立学院。

5. 苏大本部

现在苏大本部的大部分建于东吴大学旧址，当今本部的核心区域由钟楼、精正楼、子实堂等一系列民国建筑组成，民国的书院气质经过了一百多年的激荡和沉淀仍然在苏大焕发着新的生机。

6. 独墅湖校区

炳麟图书馆是独墅湖校区

5

养天地正气，法古今完人。

"同学请下车运动一下。"

的标志，也是高校云集的地标性建筑曾经位列中国最美图书馆TOP10，还获得过"鲁班奖"。文学院、艺术学院、管理学院、医学部等都在独墅湖校区，因此独墅湖的姑娘也特别多。

7. 文景路

独墅湖校区分一期和二期，中间隔了一条文景路，春天路上的晚樱很美。

8. 周边配套

苏大独墅湖校区周边的配套设施很齐全，独墅湖影剧院、游泳馆、图书馆、保龄球馆等一应俱全，还有风景优美的小教堂。

9. 科技创业园

独墅湖校区毗邻工业园区科技创业园，同程网等互联网企业和纳米技术、生物制药等企业都在那里办公，因此在中午吃饭的时候，常常可以见到他们成群结队地来物美价廉的苏大食堂用餐。

10. 苏大食堂

说到独墅湖不能不提到苏大食堂的美食。烤鸭泡饭是苏大食堂的明星菜，看似奇怪的搭配却最受大家欢迎。北京烤鸭必不可少面皮、葱丝和蘸酱，南京烤鸭也必要淋上红卤。而六食堂的烤鸭泡饭却是舀一大勺大骨炖出来的高汤淋在饭上。烤鸭被整齐地切块码在碗中，浇上一小勺秘制卤汁，再搭配爽口的青菜、泡菜、花生米。动勺品尝，汤汁的收口之美似是从未遇见。再夹一小块细长的鸭皮，几下细嚼，香而不腻、口味醇厚。鸭肉、骨汤、米饭、青菜的味道交融在一起，构成了味蕾的独特美味体验。来苏大，不尝烤鸭泡饭，乃憾事也!

11. 宿舍

苏大宿舍条件不一，住宿费从每年800~1500元不等。独墅湖和阳澄湖两个校区的住宿条件相对来说是最好的，空调是标配。四人宿舍上床下桌，另外还有小阳台和独立卫浴。宿舍的物业很暖心，常常组织宿管大妈们给同学们煮粥、包粽子，然后免费发放给同学。本部和东区的宿舍条件稍微差一点，洗澡要去大澡堂，跟大伙儿一起拎着浴篮去澡堂也是很有意思的人生经历。

12. 便捷的物管

如果宿舍内电器损坏或者下水管堵了甚至柜子门打不开了都没关系，只要到宿管阿姨那里填写设备维修单，负责维修的物业叔叔会在第一时间上门维修，维修不用另外缴纳费用。

13. 管理宽松

苏大对于学生的管理不算太严格，24小时不断电不断网，宿舍和校门都没有门禁。

14 "毛毛怪"与猫

"毛毛怪"是苏大的形象代言人，虽然是虚拟的形象，但他却有一个实打实的职位——苏大校长的助理。除了日常帮校长处理公务之外，还喜欢在学校里窜来窜去，跟学校里的猫咪们打成一片。苏大的猫特别多，于是渐渐地成了一大特色，其中最有名的一只叫"文成公主"，因常常出没在文成楼附近而得名。文成公主喜欢坐在教室的桌子上跟同学们一起听课，偶尔也会开小差，神游一会儿之后不知不觉地就睡着了。

15. 阳澄湖校区

阳澄湖校区距离苏大本部非常远，靠近昆山，乘公交车的话大约要一个半小时。阳澄湖校区目前只有城市轨道交通一个学院。

16. 最美秋景

秋天是苏大最美的季节，苏大的秋天似乎与“肃杀”二字无关，有的只是遍地金黄的银杏落叶，像一个金黄色的水乡天堂。这时候的苏大适合读诗、泡茶甚至发呆。

17. 樱花树

苏大情侣必去的地方之一是情人坡，在本部博远楼前面。情人坡南边的坡底种植了一大片樱花，是苏大校友林的所在。据说许多毕业了的校友会跟自己的爱人一起在校友林手植樱花树，希望母校能见证他们的爱情长跑。

18. 电影取景地

苏大曾被评为中国最美大学之一，因为风景独到也成为了许多影视作品的取景地，如《我们无处安放的青春》《一号目标》《走向共和》《我们的法兰西岁月》等等。

19. 周边美食

几乎每一个校区周边都有让人流连忘返的美食。东区门口的庄先湾、本部附近的相门后装、独墅湖文汇广场夜市……即使到了晚上12点也依旧人头攒动。

20. 通宵自习室

为了同学们夜间学习方便、不影响舍友，苏大还在每个校区开设了通宵自习室。午夜时分去通宵自习室不仅可以安静学习，还可以借机结识不同院系大学霸，从此走上学术巅峰。

21. 留学生

本部怡远楼和第四教室是苏大留学生最为聚集的地方，穿梭来往的留学生肤色各异，俨然一个小的联合国。其他校区也各有自己的留学生，东校区有大真大学的苏大分校，因此以韩国留学生居多，独墅湖则有大量的印度留学生，主要在医学部就读。

22. 凌云楼

苏大最高的楼是位于东校区的凌云楼，现在主要用于行政办公。

23. 苏大博物馆

苏大博物馆是从前东吴大学时期的司马德体育馆，其镇馆之宝是徐悲鸿的《马》，博物馆接待过包括法国总理在内的许多政商界名流。

24. 苏大图书馆

苏大图书馆的前身是1901年开办的博习书院旧舍，现在已经发展为五个校内分馆，分别为本部馆、敬文馆（东区）、北区馆、炳麟馆（独墅湖）和阳澄湖馆，并开通了通借通还、跨校区借阅服务。

25. 知名校友

苏大历史悠久，有过许多知名校友和学者，包括费孝通、马寅初、谈家桢、黄人、章太炎、林语堂、钱仲联、梁秋实等等。顺便提一下，金庸先生也是苏大的校友，奥运冠军孙杨现在在苏大体育学院读研。

26. 东吴剧社

苏大历史最悠久的学生社团是东吴剧社，成立于1909年，是中国最早成立的一批校园剧社之一。剧社非常高产，经常在校内演出，几乎场场爆满。东吴剧社还曾代表苏大进行过戏剧展演，斩获了不少全国大奖。

27. 碳酸钠创意文化工作室

苏大最有名的学生团体是碳酸钠创意文化工作室，集结了各个学院的创意达人在学校里面开展各种创意活动，同时还为苏大定制了手绘地图、移动硬盘、雨伞等很有创意的周边产品。碳酸钠工作室代表苏大在“中国·苏州文化创意设计交易博览会”上开设了“苏大主题展馆”，引来上万人围观。工作室还为颐和园、新疆旅游局等定制文创产品。

28. 校园网络

在校生上网使用苏大校园网网关，学生在连接校园网时，登录网关后即可进行上网。充值方式有网上自助缴费和校内圈缴费，非常方便，支持银联卡、支付宝。

29. 自行车要上锁

苏大校区比较大，因此自行车几乎是必不可少的日常工具。但是如果没有锁车子的话，车子会被保安叔叔拖到校内的自行车保管点进行统一上锁和保管。苏大的治安比较好，一般不会出现校内自行车被偷盗的现象。所以如果发现车子不见了的话，不用着急，先找保安叔叔问一下各校区的自行车保管点在哪里，然后带上有效证件前去登记，之后就可以将车子领走了。苏大治安虽好，小伙伴们还是要记得锁车哦！

30. 安保措施

近几年，出于安全考虑，学校出台了一个政策，每个进出校园的人都需要出示证件，骑自行车的同学在进校门的时候需要下车推行。因此保安大叔常说的“同学你好，请出示证件。”和“同学请下车运动一下。”也成了大家津津乐道的两句话。

（本文图片1来自网络，图片5、14、27来自苏州大学碳酸钠创意文化工作室；图片23来自苏州大学文学院团委。）

27

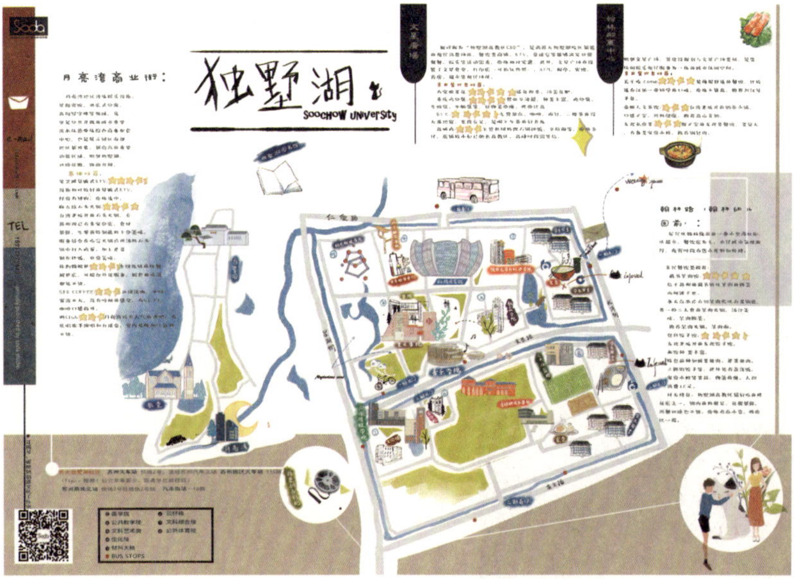

勇攀科学高峰

——中国科学技术大学的30个真相

黄泽森、高恺

前言

“考的是什么大学啊？”

“中国科学技术大学。”

“在北京吗？”

“不不不，在合肥。”

“是一本吗？”

“……”

“穷清华富北大，不要命的上科大。”这是一句流传得很广的话。现在看来或许有点荒唐，但是这句话若是放在20世纪80年代，甚至是90年代上半叶，绝对是没有半点夸张成分的（80年代科大高考分数线全国第一，超过清华北大）。科大是一所有着辉煌历史的大学，为祖国（也为美国）培养了无数人才，遍布产业界、金融界和科研界。

1 从宿舍看图书馆

1. “南七技校”

中国科学技术大学（University of Science and Technology of China，USTC）又称“中科大”“中国科大”“南七技校”“合肥科技大学”“中国可学基术大学”“中国学习考试大学”“美国培训中心”和“中国物理大学”。官方简称为“中国科大”。同学们普遍喜欢叫“中科大”“我科”“蜗壳”“科大”和“南七技校”。

“南七技校”是偏正式构词，顾名思义，就是地处南七的技校。这种命名方法和“五道口理工学院”（指清华大学）是一样的。

科大占地面积不大，具体说来就是从宿舍走到图书馆只要3分钟，从宿舍走到最近的教室需要5分钟，走到最远的教室需要10分钟，走到另外一个校区需要15~20分钟（买了自行车后，整个校园成功进入3分钟生活圈）。

2. 科大教学“天团”

科大最不缺的就是好老师，这么说或许缺乏说服力，以一个玩笑说明问题：“南七技校”以人才短缺、师资奇差著称，首任数学系主任仅为华罗庚先生，物理系主任仅为赵忠尧先生，副主任严济慈先生，力学系主任仅为钱学森先生——不管你信不信，反正我是信了。

3. 又红又专的校歌

相信各位看官听过我们的校歌后，都有一种很奇妙的感觉。

这也是没办法的呀。毕竟科大创办于1958年，因此校歌留下了那个时代的印迹。但是如果各位看官仔细看过的话，其实从中还是可以提取出不少信息的呢。比如说我们又红又专的校训：“红专并进，理实交融”；以及我们学生的使命：“攀登科学的高峰。”等等。

4. 中国物理大学

科大之所以被称为“中国物理大学”是有原因的。学校把“普通物理”设置为全校通修课程，就连数学学院和管理学院的学生还是不得不学力学、热学、光学、电磁学以及大学物理实验，学校也常常因此被学生们诟病。其实笔者也不是很能理解管理学院的同学们为何要做大雾试验，如果说医学生要做大学物理实验还是可以理解的（锻炼动手能力嘛），那管理学院就不用了吧!

5. 中国学习考试大学?

科大的基础教育相当扎实

（丧心病狂）。

少年班学院和各个学院英才班的同学在大一都要修一门叫作“数学分析B”的课。

这门课要月考……

此外，科大的同学们都异常勤奋，据说很多同学都是一题不落地做完《吉米多维奇习题集题解》的哟——不管你信不信，反正我是不信的！

6. 100%自主选专业

科大转专业全国最方便！

科大转专业全国最方便！

科大转专业全国最方便！

重要事情说三遍！科大的学生总共有四次转专业的机会，其中最重要也是最主要的一次是大一结束时全校性的专业选择。可以说，只要你愿意哪都可以去。

这样宽松的转专业环境下，科大大一的教育以通识教育为主。

你以为通识教育很容易是吗？

Naïve（太单纯）！

我们的通识教育是微积分、力学、热学、电磁学、无机化学和C语言哦！

7. 爱读读不读滚

科大的高退学率远近闻名，学校规定挂满20个学分即勒令退学。值得一提的是，部分退学的同学来自于少年班学院。这是因为他们中的个别人还太年轻，来到大学产生了强烈的不适应感，因此退学。不过退学的人中的大多数都回到原中学继续学习（俗称“退货”），其中还有不少第二年考去清华北大的（院长常常试图用这个例子说明科大少年班可以完胜清华北大）。

8. USTC中有深意

（1）“USTC”指的是“University of Study and Tests of China”。

论据：

①运动会的观会人数不及图书馆里的人数的一半。

②笔者这个学期有14次考试，呵呵。

（2）“USTC”还可以诠释为“United States Training Centre（美国培训中心）”。

论据：

①20世纪80年代，科大本科生出国读博的比率近90%，在国内一家独大。

②就算是现在，也有30%~40%出国留学的学生获得全额奖学金，在国内无出其右者。

9. 少年班

中科大的少年班始建于1978年，是中国最早的少年班，也是中国办得最好的少年班。

每年科大少年班在全国各地遴选约50名13~16岁的少年，让他们直接进入大学学习。他们大一不分专业，进行通识教育，大二选平台，大三选专业。少年班的存在让科大生活变得十分有趣，因为校园里充斥着“学长弟弟”和“学姐妹妹”，其中甚至不乏比你小的大四学长学姐。

现在少年班已经成长为少年班学院，是科大的第一大院。少院里有三种班——少年班、创新试点（不想高考）班和理科试验（都是成年人）班。笔者就读

我来自天才少年学院，尽管我又不天才又不少年。

的就是理科试验班，一般我们都会这么介绍自己："I come from the school of gifted young, though I' m neither young nor gifted.（我来自天才少年学院，尽管我又不天才又不少年。）"

笔者还想谈一下自己对少年班的看法：诚然，少年班里不缺天才，但是这个班级里的大部分其实是普通人，只不过他们不想高考罢了。科大的少年班正好给他们提供了这样一个机会，能够更早地进入大学，因材施教，而不是一刀切式地在高中接受刻板的应试教育。少年班不仅是科大的一块招牌，更是这些少年们逐梦的乐土，让他们在应该疯狂汲取知识的年龄做正确的事，而不是日复一日地做着重复而无聊的应试练习题。

10. 可恶的学校居然卡优秀率

说到科大的学习生活，不得不提的是科大学习竞争压力异常的大。教务处对每一门课程都有控制优秀率在30%以下的要求，也就是说，即便这门课特别简单，也只能有30%的学生能考85分以上。

诸君可能会有以下两个问题：

一是老师是怎么办到把优秀率卡在30%以下的；二是控制的分数为什么能是85分。

甲：这还不简单吗？把卷子出难些啊？

乙：不是，因为采用了GPA分数换算法。

11. 合肥——两个胖子

很多人以为科大在"帝都"北京，但事实上，科大早在1970年就迁入安徽，后把校址定在现在安徽省省会合肥市。

这里有一个著名的笑话：当初有人想考科大，于是去请教一位老科学家，想知道科大是怎样的一所学校。老科学家答道："中科大"啊，是好学校啊！就在那边的玉泉路啊！于是此人就报考了科大。等到录取通知书寄到，此人傻眼了——不是说说好的在玉泉路吗？怎么在合肥！？或许科大正是因为远离了尘世的喧嚣，所以才会有人说中国那么大，只有中国科大容得下一张安静的书桌（事实上，是因为科大太小了，只能放得下一张安静的书桌）。

12. 玉泉路是个什么梗

科大原址在北京玉泉路19号甲，科大的研究生院，也还是设在科大原址。后来，中国科学院在"中科大"原址上创办了中国科学院大学，即"国科大"。在很多老一辈的科学家心中，玉泉路就是科大，科大就是玉泉路，所以这个梗就这么一辈一辈地流传下来了。

13. 超牛的校友

(1)新创校友基金会

引用新创校友基金会秘书长刘志峰的话："中科大的校友会就是要做成'黑社会'。"

"华尔街面试的时候，面试官说：'诶，你也是科大的。''嗯，是啊。'接下来的

16

14

工作就是走过场了。"

（2）科大在海外共有超过一千人担任教授或研究院职位，这些校友都有可能在你未来的求学道路上担任"贵人"的角色。

因此科大校友是科大学生不可多得的资源。

14. 机房和网吧

科大在东西校区均设有网络自习室（网吧）。这里有免费的Wi-Fi信号，更有高速的网速。——来自数学学院的笔者

科大有这种好东西！？我连少院网吧都没去过……——来自少年班学院的笔者

15. Nature和Science都到碗里来

科大图书馆藏书220万册，其中有不少外国原版书籍及期刊。此外，图书馆还购买了大量国内外的期刊数据库和很多网络课程，供同学们使用。

不过恕我直言，笔者认为这应是一所现代化大学提供的最基本服务，如果连国外书籍和期刊都不能充足地提供给学生的话，教学和科研又从何谈起呢？

16. 故意不覆盖宿舍的校园网

说到校园网，就不得不提科大宿舍是不通网络的。这一点常常被同学们吐槽，但是大家基本上都能接受，并且慢慢习惯这个事实(然而学校其实并不禁止在宿舍办宽带，有些宿舍也会因为有的人想在宿舍装网络，其他人不肯而闹翻)。在宿舍之外，校园网就是另外一番景象了。科大校园基本实现Wi-Fi信号覆盖，只要每个月交20元就可以享用不限流量的无线网络了（网速时好时坏，人多的时候就慢得像蜗牛，人少的时候可以秒下电影）！此外，自习室和图书馆都有提供网线插口，插上网线后，网速会上一个档次哦！

17. 科大不是男校

常言道:一对情侣三对基。这句话其实有点言过其实了，假如学校里所有人都要谈恋爱的话，科大的情况是一对情侣两对基。然而事实上，在校园里你是感受不到这么悬殊的男女比例的，笔者仔细分析了原因，有如下三点：一是路上的情侣都比较扎眼，大家都会忍不住盯着看；二是男生们都比较懒，常常蹲在宿舍里不出门；三是我住在女生宿舍对面。

我怎么觉得科大的女生平均颜值比执信中学高啊！（——来自数学学院的笔者）

赞同。（——来自少年班学院的笔者）

科大还有一个奇葩的传统——教室前两排让给女生坐！而且相当意外的是，这个传统被非常完美地传承和践行了，而且被推广到了所有课程。因此在科大，无论你在上什么课，教室的前两排永远都只会有女生！然而遗憾的是，正是因为科大的这种传统，把妹的惯用伎俩——帮忙占座在科大是完全不管用的。

18. 我爱健身长肌肉

也许你会觉得科大学生或为

17

中科大是未来科学家的乐土。

文弱书生，或为宅男“屌丝”，殊不知泡健身房竟是科大学生消遣课余生活的不二之选。科大在东西校区均有健身房，其中东区的健身房高端大气上档次，有“土豪健身房”的美誉。

19. “大吃省”（广东）人民表示很无奈

在科大饭堂你不仅可以尝到美味的韩国石锅饭，还能吃到正宗的台湾手抓饼，还有日本饭团、新奥尔良鸡翅、淮北牛肉面、重庆麻辣香锅、北京烤鸭、广式腊味，当然还有大名鼎鼎的徽菜。徽菜偏咸，似乎还总放花椒，不好吃！

20. 别和科大比军训

科大的军训以其轻松闻名遐迩。科大每年在秋季学期开学前组织军训，军训历时三个星期，每周只在工作日进行军训，周六集体在礼堂聆听党和国家以及军队的教诲，周日不用军训。军训期间，早上六点到十一点军训，下午两点到五点军训，没有晚训！此外，军训的时候，早上总共有一个小时的休息时间，下午亦然，总之，不能再爽。一次军训下来，除肤色变得更加健康外，根本没有其他任何变化！比如，体重居然没有变轻。没有对比，哪来的优越感呢？

但是，我们比中山大学还要早开学！

此外，这么轻松的军训，半个月下来，妹子全有主了啊！

在此附上让你有主的技巧：军训的时候假装身体不舒服，去休息区搭讪，少年班妹子就这么到手了。嘻嘻嘻！

21. 我要洗白白

宿舍每层楼都有澡堂，热水不间断供应。

总之比很多北方学校要好了，知足吧。

还有个上古时代的澡堂，现在是科大的“美容美发”中心。

22. 住宿条件

我校住宿条件还是不错的，尤其是“顶配”的少年班的宿舍。

一般来说，每个宿舍住4个人。所以有4张床，上床睡觉，下床“刷题”。只要自己勤打扫，就一定能成为整层楼最干净的宿舍（因为其他宿舍都不扫地）。比如，我的宿舍只有我一个人愿意一两个星期扫一次地，就算这样我们宿舍也已经是整层楼数一数二干净的宿舍了。

笔者在此奉劝诸君一句：上了大学一定要勤打扫，不然宿舍就会有“结界”，拒客于门外。

23. 听说科大不扩招

科大始终坚持“精品教育”

的理念，坚持不大范围扩招，每届本科生人数始终保持在1900人左右，本科生分布在东西两校区，每个校区八九百人。

这里可以插播一个有趣的故事：

笔者在读高三的时候，从年级长那里拿到了一份被称为是“中国科大自主招生”的报名表。当晚回家试图报名的时候就蒙圈了：怎么会有年龄限制，我好像太大了。一看报名表，上面赫然写着“创新试点班报名表”，才反应过来原来是学校弄错了。

顺带一提，笔者对面宿舍就住着一位从华南师范大学附属中学奥数班考过来的高二小朋友。

24. 听说科大学霸多

（1）“你哪里人啊？”

科大是一所名副其实的“全国的大学”，就算位处合肥，科大在合肥的招生也不过两百来人，这一点就和“圆明园职业技术学校”（北京大学）和“五道口理工学院”（清华大学）大有不同了。

（2）“学过竞赛不？”

数学科学学院仅仅100多人的大一级，有40多名同学是通过竞赛及自主招生的方式被“科大”录取的。所以，像我这种连国家级的奖项都没拿过的竞赛“学渣”，根本不敢说自己是学过竞赛的……（——来自数学学院的笔者）

刚来科大的时候给吓坏了！班上差不多有一半人当初拿过竞赛一等奖，还有七八个是拿了铜牌、银牌的。我那个班才59个人欸！（——来自少年学院的笔者）

25. 所谓的科大情怀

科大在合肥还是有很大的影响力的，比如说去年安徽省高考第五名就考取了科大少年班（此君正值二八芳龄）。这就是所谓的科大情怀，就算科大分数线已经低得没眼看了，但还是有很多有理想有抱负的年轻人会报考这所录取线比他们高考分数低不少的学校。

而这点正是我们广东考生的优势所在，科大在广东省的知名度较低，与此对应的是相对较低的录取分数线，使得我们能以相对较低的分数考取这所不错的学校，拥有更好的同学资源——请诸君不要忘记少年班的存在，少年班的存在让科大成为全国唯一一所和清华北大一样的优秀和学生素质无上限的学校。

26. 毕业戒指

跟不少学校一样，学生在毕业的时候会得到一份毕业纪念品，科大的毕业礼物是一枚刻有学校英文名称及“USTC”字样的毕业戒指。跟你心爱的另一半一起从毕业戒指走到结婚戒指吧！（——来自数学学院的笔者）

什么鬼……（——来自少年班学院的笔者）

27. 什么！这就是你对外宣称自己是综合性大学的资本吗？

其实科大是有人文学院的，但奇怪的是，人文学院里却有一个奇怪的系叫作“科技考古系”，还有实验室呢。不过科大的人文学院不放在高考招生，里

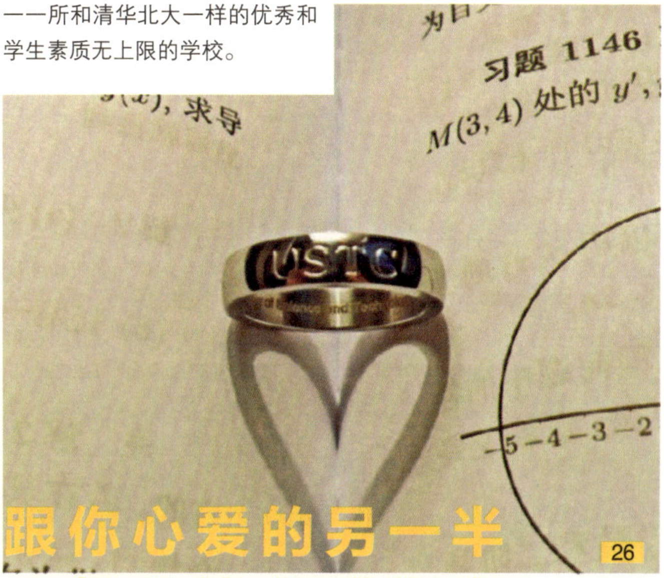

26

跟你心爱的另一半一起从毕业戒指走到结婚戒指吧！

面的学生都是大二结束的时候转进去的。由于人文学院的存在感较低，笔者对人文学院的印象仅仅停留在开学时误打误撞去到学生活动中心负一层看到的科技考古系实验室以及人文学院开设的各种文科选修课。

28. 天使路与勤奋路

天使路和勤奋路是东校区的两条主要校道。天使路上有著名的少年班学院，毗邻新老图书馆和郭沫若广场。勤奋路则垂直于天使路，学校的第一教学楼就坐落在这两条路分岔口上。天使路两旁矗立着数十棵梧桐树，高耸入云。每逢秋季，天使路上落叶纷飞，金黄的叶片簌簌飘落，散落一地。如若诸君漫步在此时天使路上，踏着新落的秋叶，聆听那欻欻声响，必能体会笔者这苍白无力的文笔背后的那份销魂的美丽。

29. 科研和实验室

有人说科大最好的资源不在课堂，而是在实验室里。笔者认为，这句话不无道理。科大是全国唯一一所拥有两个国家实验室的大学（注意：此处无“重点”二字），分别是国家同步辐射实验室和合肥微尺度物质科学国家实验室。此外，科大的量子通讯也是全国顶尖的，最近“国家科学进步奖一等奖”获得者潘建伟教授就是这个实验室的老板。在科大，科研离你很近，只要你愿意，你就可以步入科研圈子，做你喜欢做的事情。写到这里，笔者想起了一句话：“做科研就是花纳税人的钱来做自己喜欢的事。”

30. 想去打打球活动活动

科大的运动场地类型还是比较丰富的，学校里有网球场、乒乓球场、篮球场、门球场和羽毛球场。但是想打羽毛球的同学要注意了，翻遍东西校区，科大也只有东校区有六个羽毛球场，总之是永远没位子的。

后记

笔者在这所学校里生活快一年了，感受不深也不浅，谈不上喜欢也谈不上讨厌。有人说：这学校就是一所高中，每天“刷题”，和高中生活根本没有什么差别。我不否认，我过的生活就是每天“刷题”，但是我觉得，这个行为还是有意义的。尽管有人会说：“中科大作为一所大学，除了它的科研和学习氛围，在其他任何方面都是完全不合格的。”但是我认为，这就够了。中科大是一所纯粹的学校，它不太需要强调其他的种种杂念，正如李博杰学长所言：“如果你想做科研，那么科大会给你一流的实验器材，导师和师兄师姐会带领你攀登国际公认的科学高峰。这里没有打磨芯片，也没有‘透明计算’。不过，如果你对古诗词感兴趣，你想要了解金融，或者你想创业——对不起，你在科大会感到孤单和无助。”中科大是未来科学家的乐土，在这里，如果你不知道自己想要什么，最好的办法就是跟着“大部队”，总有一天，你会发现自己喜欢的事业。与此同时，你还会发现，你已经拥有了将你喜欢的事业实现的能力。或许笔者还太年轻，所以才会写出这样的话，但是我相信，3年后，我还会说出一样的话。

（本文除图片26来自网络外，其余图片为作者拍摄。）

29

明明能靠颜值，偏偏要靠才华

——武汉大学的30个真相

区洁文

5 行政楼

1. 建校历史

武汉大学（以下简称“武大”），前身是1893年张之洞创办的自强学堂，建立时间比他建立的广雅书院（也就是广州的广雅中学）晚那么一点点。

2. 校长

现任校长李晓红，珞珈山主人。多少人被录取通知书上的校长签名欺骗了，到了开学典礼才恍然大悟：原来是晓红“哥”！

3. 学部

武大包括文理学部、工学部、信息学部、医学部四个学部，医学部离本部（文理学部、工学部、信息学部）比较远，要坐公交车才可以到。“医村”的小伙伴要鼓起勇气才会到本部参加社团活动，而本部的小伙伴要不怕累死才会选“医村”的公选课。

4. 校车

本部有校车穿梭其中，四条线：医学部（班次很少）、文理学部、工学部和大循环（本部三个学部转一圈）。票价是在校学生1元，外校人员2元。校车司机很凶（其实武汉人都是外表强硬，内心柔软），还总是幻想自己开的是一辆F1。坐校车不但惊险刺激，而且会被挤成一道闪电。

5. 风景

武大的建筑有着历史的厚重，处处都是美景。珞珈之畔，看层林尽染；东湖之滨，窥青山一黛。梧叶缤纷，拾尽一秋诗意；樱花烂漫，摇碎一春清芬。

月下光影斑驳的“教五”（第五教学楼）长廊氤氲着口琴的余韵；葱郁幽静的李达小树林里，白衣书生手捧书卷静坐成一道风景；古香古色的“樱顶老图”（武汉大学老图书馆）在洪荒中茕然独立，诉说着武大的前世今生……中国最美大学并非浪得虚名！

5

中国最美大学并非浪得虚名！

6. 珞珈山与东湖

武大是由著名地质学家李四光先生选址建造的，不仅承包了整座珞珈山，而且拥有东湖“后花园”。平时没事可以爬爬山，逛逛东湖。珞珈山上，有很多名人的旧居，比如周恩来故居等。而凌波门一出去的东湖栈桥总是文艺青年拍照的好去处，水满的时候还可以拍出“水上漂”的效果。

7. 重点专业

武大是“985工程”和“211工程”高校，也是华中地区最好的大学，连续多年位列“中国综合性大学排名榜”第四名，综合实力不容小觑，学术氛围浓厚。武大比较好的专业就有法学、信息管理、水利水电、测绘等等。特别是图书馆管理专业，位列全国高校第一！

“一张录取通知书，可上七所名校。”

11-1

8. 马克思学院

武大还拥有全国第一、宇宙第一学院——马克思学院。在教育部学位与研究生教育发展中心2012年组织的全国一级学科评估中，该学院的马克思主义理论学科排名第一。尽管大家最后未必要学这个专业，可是大学《马克思主义基本原理》《毛泽东思想和中国特色社会主义理论体系》这些思想政治课大家都要学，而马克思学院的老师都承包了这些课的教授任务，这时我就能体验全国最好的师资，得到最好的思想熏陶，对不对？当然最亮的地方就有最暗的阴影：《中国近现代史纲要》《思想道德修养和法律基础》两门课程的期末考核都是闭卷，而《马克思主义基本原理》也开始闭卷了，我们要哭晕在厕所了。

9. “七校联盟”

武大还是“七校联盟”之一。所谓“七校联盟”就是武汉七所高校联合办学，包括武汉大学、华中科技大学、华中师范大学、武汉理工大学、中国地质大学、华中农业大学和中南财经政法大学。这七所高校的本科生，可修其中任何学校的双学位，相当于“一张录取通知书，可上七所名校”。

10. 学费

学费分为基本学费、宿舍费、学分费。学分是100元/分，修得越多，给得越多。重修也是要再次交学分钱的，没钱就不要学人家挂科了。而且学分费总是在学期末才会收取，此时扣费简直就是逼人吃土，太不人道。

11. 武大的樱花

武大的樱花很出名。1972年，中日邦交正常化，日本向我国赠送了1000株大山樱，周总理将其中50株转赠给武汉大学。现在，武大校园内已有樱树1000多株，内含日本樱花等四个植物学种和10多个栽培品种或变种。

就读武大，成为珞珈学子，拥有的第一项福利当然就是终身免费看樱花啦。据说樱花是武大为了提高关注量，成为高校界的“红人”耍的小心机。

“理想很美好，现实很骨感”，你以为樱花节能看到樱花吗，你只能看到人山和人海。不收门票旅客多，收门票后旅客更多！以往的新闻报道总是说武大樱花门票收入几十万元，但真相是武大光是秩序维护和环境维护就需要很大一笔支出了，所以真的不是为了赚钱才收门票的。说真的，樱花节对我们的学习和生活影响挺大的，游客太多，上课总是被挡道而迟到，饭堂总是被挤爆。

11-2

美景加美人，武大可以睥睨诸侯了。

12. 那些花儿

你以为我们只有樱花吗？开玩笑，武大的梅花、银杏、雪景也是好看极了。秋天，看着校道旁的银杏，从淡黄逐渐变深，最后深重磅礴的橙黄满满掉落，铺满一地；冬天，梅园蜡梅红梅迎寒开放。下雪后的武大更是美，登高远眺，武大校园里所有的一切都蒙上白纱。雪和梅花更是绝配，一切都显得如此美好。

13. 武大的美人

武大盛产樱花，更盛产美女。走出去的美女包括湖南卫视主持人李莎旻子、演员黄灿灿和吴倩等等。美景加美人，武大可以睥睨诸侯了。

14. 男女比例

武大男女比例1：1，如此可爱的男女比例最适合谈恋爱了。还是找不到伴？不用担心，男孩子可以到对门的华中师范大学找女朋友，而妹子也可以跑到华中科技大学、中国地质大学谈恋爱，反正都不远。

15. “行”之不易

在珞珈山上的武大，有数不尽的坡，所以在武大（本部）骑自行车不是明智之举。可是从宿舍走到教学楼的时间平均都要十几分钟，住得远的走个半小时也很正常，每天走的路分分钟让大腿瘦一圈。

16. 门和园

武大校门太多，有南门、北门、茶港门、凌波门……我总是搞混。经常很多游客问路，问到哪个门怎么走，我的内心都是“咦，原来我们学校还有这个门，长知识了”。如今的武大正门牌坊，是2013年建成的。

武大门多，园也多，根据植物的分布，将学校划为梅园、桂圆、樱园、枫园……每个名字都充满诗意。

17. 运动健身

为了我们的身心健康，学校体育部提出了一个方案，推出了跑步神器——“汗姆运动”应用程序。每学期要跑够34次，1600米一次。而且这个软件还规定跑步时间，规定跑步速度，规定跑步场地。然而，我们走路的速度刚好……

18. 休闲之处

每到周末，武大俨然成为了武汉休闲娱乐的好去处，“武汉第一人民公园”正式上线。自从武大“最美高校”在全国各地出名后，成为了武汉标志性旅游景点，每天你都可以看到很多游客，操着各地的方言向你问路。

19. 校园网

校园网的使用费用是每天0.66元，教学楼宿舍全覆盖，可以供PC和手机使用。有时会不稳定，可是又快又便宜的校园网去哪里找？

有段时间校园网慢得出奇，就有人谣传网速和GPA挂钩，呵呵，装得有模有样。

20. 大学英语等级考试

获得大学英语四六级考试资格的时间，武大也是不走寻常路。刚入学的新生都要参加英语分班考试，分快慢班。大一不准报名参加四级，如果你在大一两个学期期

世界上最遥远的距离，是你在考六级，我却还没考四级。

末成绩都在80分以上你才可以在大二上学期报名，不然要到大二下学期才能考试。武大学子总是感叹，世界上最遥远的距离，是你在考六级，我却还没考四级。

21. 选课

2016年开始，公选课不再规定领域，只求修满所要求的学分。据有关领导说，主要是因为太多人在公选课上不能修够相应学分，不能毕业，学校不得不降低要求。然而并没有用，不限领域还是选不上课。

选课系统就是考验运气！每天选课拼手速和网速是没用的，最后还是要看人品（运气）。每天凌晨系统处理一次，你永远搞不懂系统是如何把你的课处理没的。亲身经历，和宿友差不多时间选同一门课，人品太烂的我就这样跟心爱的课说再见了。

22. 梅园小操场电影

每周五晚上的“梅操”电影是武大延续了很久的传统活动，大大的福利。每到周五连很多住在信部的同学都会赶到梅操看电影，到了冬天大家的热情依然不减。梅操的电影大多是影院新近上映的电影，这可为珞珈学子省下不少票钱。据说，之前梅操电影是要交钱的，但是曾经有学生翻墙逃票摔伤后，学校就免费开放了。我们的幸福是建立在前辈血汗基础上的，要珍惜！

23. 宿舍

宿舍条件的两极分化挺明显的，在入学时学校看各院人数随机分配，一住四年，好坏看人品。

基本上都是独立卫生间和上床下桌，但公共浴室（有隔间）和上下床还是存在于某几栋宿舍中。虽然阳台不是每间宿舍都有，但是空调是所有宿舍都有的，具备暖气功能，电费自付。每年夏天新闻都会报道“武汉高校宿舍无空调，学生挤满体育馆”，这讲的绝对不是武大！

24. 可以晚归

宿舍熄灯时间23:30，断电不断网，宿舍门禁也是23:30关门。但其实门禁比较宽松，形同虚设。晚归的同学只要和宿舍管理员沟通好，就可以叫宿友给你开门。

25. 保安护卫

晚上过了11:30，还能申请校园保卫部的“深夜护航”。这是女生福利啊！只需一个电话，保安叔叔送你回宿舍，妈妈再也不用担心我的安全了！

26. 食堂

武大里的食堂有很多，每个食堂都有自己的特色，可以换着口味轮着吃。辣倒不算很辣，并且还是有很多不辣的菜式。不过武汉普遍味重味杂，习惯粤菜口味的同学可能需要一段时间去适应。

武大饭堂新出的奇葩菜式“菠萝草莓煮鱼片”。然而我并没有勇气尝试。

27. 玩在武大

武汉大学生流传一句话“爱在华师，学在华科，玩在武大”。为什么？武大的文科院系比较多。理工科院系，大家都知道，实验多、作业多、考试多，一不小心容易挂科。然而文科院系注重积累和思考，好好把握期末前几周，考试不成问题。所以课余时间就比较多，可以到处浪！同时武大地处武昌区，身处街道口和商业圈。吃饭、电影、密室逃脱……都不是问题。如果嫌不够，万达楚河汉街也只有几站公交的路程，不愁周末放假没地方玩。

28. 图书馆

武大的图书馆分为老图书馆和新图书馆。老图书馆被列入“全国重点文物保护单位”，基本不对外开放，所以新馆才是大家决战期末和借书的好地方。图书馆自习的地方分刷卡区（不能占座区）、不刷卡区（占座区）以及提前预约区。每天还没开馆就已经有人在排队，稍后你就可以看到五分钟攻占自习A区的场面。

图书馆藏书丰富，有古籍20余万册，有300多种收入《中国古籍善本书目》，61种入选《国家珍贵古籍名录》。

借书一般一次可借30本，限30天内归还。超时不归是要罚钱的，好像是一本一毛钱一天。

29. 武大校友

被经常挂在嘴边的校友有小米的雷军，当然杰出校友不只雷军。经常有很多校友回校捐赠，全国高校校友排行榜的前几名可以看到武大。校友还把“珞珈校友咖啡”开遍全国各大城市，广州“珞珈1893创业咖啡”位于天河科技园。但是为什么这些咖啡厅这么贵，而且校友还不打折呢？

30. 武大神兽

武大神兽是啥，是野猫野鸟，还有那红遍网络的学霸。此狗穿梭于武大四个学部、修多个专业(经济学，临床医学，计算机……)；热爱运动，积极参加校运动会；热爱音乐，参加合唱团排练……德智体美劳全面发展！学霸都这么努力，你还好意思整天出去浪?

后记

跟别人说起在武汉读书，别人只会说“武汉很热，宿舍没空调”；跟别人说起在武大读书，别人只会说“以后看樱花找你”……

武大作为一所不在北上广的高校，十分容易被大家忽视和看低。其实武大宿舍都有空调，同时武大不只有樱花——这是一所充满历史厚重感的大学，处处是美景。当然武大有颜值更有才气，作为中国排名前十的大学，治学实力不容小觑。欢迎各位青年才俊报考武汉大学，“学大汉，武立国”！

（本文图片11-1由刁慧琳拍摄，图片22来源于网络，其余图片由作者拍摄。）

28

3 华西校区

叹尽美食美景美人

——四川大学的30个真相

林奕鹏、涂静

1. 重点大学

四川大学（以下简称“川大”）是教育部直属“985工程”高校，由原四川大学、原成都科学技术大学和原华西医科大学三所全国重点大学经过两次合并而成。

2. 风景靓丽

西南名都，竹溪佳处，全国最美十大校园里川大总能占据一席。

西南名都，竹溪佳处，全国最美十大校园里川大总能占据一席。

3. 校区

四川大学有三个校区：江安校区（简称郊区的“江安高中”）、望江校区和华西校区（医学部）。

4. 江安校区

江安校区主要为大一、大二学习的地方。非周末时间出江安有三种方式：校车、请假条、翻墙。

5. 明远湖与长桥

江安校区有明远湖，有高校中最长的桥——长桥。常言道：“来到江安后，我走过的桥比你走过的路还多。”还记得曾经和谁一起走在夕阳下的长桥上看明远湖温柔的波浪吗?

5

6. 最浪漫的事

来到江安后，我走过的桥比你走过的路还多。

大部分女生们都认为最浪漫的事，就是把第一教学楼的教室通过灯光明暗拼成字，让每一个走过长桥的人都看到大学里最张扬醒目的爱。

7. 季节流转

初春，江安校区明远湖畔的桃花、梨花、樱花、海棠争相怒放；盛夏，蓝花楹和槐花在望江校区的文理图书馆和公共管理大楼前肆意开放；每至深秋，来三大校区看银杏（仅江安校区就有上千株银杏）是成都市民不会错过的一件大事。

8. 课程设置

在川大，本科期间课程设置为必修、任选和文化素质课中华文化（历史、文学、哲学）。中华文化课是川大课程的一大特色，所有学生至少必须在历史、文学、哲学里选修

一月半就胖不是梦。

一门，弥补了大学里没有语文课的遗憾，而且这一门课上有很多川大文史学科方面堪称大师级的人物，常常全场爆满，或坐或站，听大师妙语连珠，实是求学生涯中的一大享受。

9. 四个图书馆

川大三个校区加起来共有四个图书馆：文理分馆、工学分馆、医学分馆、江安分馆，藏书量一直稳居中国大学前列。

10. 饮食

吃“辣”是适应蜀地求学生活的第一步。

11. 美食

在川大念书，谈论“吃”是一件非常自然的事。东西南北四个大门外加一个小北门，各个价位的餐馆、小摊小店应有尽有。香滑软糯的蹄花，麻辣甜香的凉面，糯软清甜的凉糕和冰粉，辛香爽辣的烧烤配啤酒，以及火锅和钵钵鸡……加上三大校区里各个食堂的拿手菜，一月半就胖不是梦。

12. 多元的校园文化

在对同性恋容纳度最高的天“腐”之国，请不要惊讶地看待校园里牵手的可爱男孩子们，和校园水吧里的墙壁上满是“基情”的便利帖。

13. 洗澡

在热水器进入寝室计划实施后，拎着装满洗浴用品的小篮子晃悠悠走过“快活林”去澡堂洗澡的经历不复存在。

14. 两个校区的比较

江安校区的住宿条件非常好，寝室是三房一厅一阳台的套房。至于望江校区，在美食、娱乐、生活、出行便利等方面的优势已经足够弥补了它在住宿条件的不足，毕竟从偏僻的“江安高中”陡然来到成都的花花世界，不爱上望江校区是很难的。

15. 人才于斯为盛

百余年来，川大汇集群贤英才。朱光潜、吴玉章、张澜、郭沫若、巴金、朱德……这些曾经在校园或任教，或执掌校务，或求学的大师名家们的成就激励着一代又一代的学子。

16. 医学

在2015年全国医院百强排名中，四川大学华西医院位列第二。

17. 华西校区

华西校区建筑群由Walter Small主持修建，中西合璧的风格吸引众多游客甚至剧组前来取景。

18. 男生节

每年的11月11日是川大男生节，这一天许多学院和社团会在青春广场上组织活动，基本上以女生写心愿条，男生去揭心愿条这种形式为主。如果那天晚上恰好上完晚课经过青春广场，你会发现一大波白日里不好意思揭条的男生们，打着手机照明灯，一个个在“查看”心愿条。

19. 两个“最”

据说川大是全国985高校中美女最多的学校，也是恋爱率最高的学校之一。

20. 怪谈

大部分大一新生都在二基楼迷过路，所以常有关于二基楼的鬼怪故事流出。

21. 读川大的另一用处

川大特别之处更在于，它位于天府成都，东有黔湘，西接西藏，南靠云南，北临甘南，想来遍游附近的名山大川也是读川大的一大意义。

22. 休闲之都

川大处于著名的休闲之都，校训“海纳百川，有容乃大”还是很符合其气质，学习环境宽松自由，晴天里相约出门喝茶、打麻将、放风筝、吃火锅是常事。少年进入成都可能容易被它的闲逸同化，但讨论这种改变对人的好坏没有意义，被改变的人自己明白。至少，在成都生活久了都学会了珍惜每一个可贵的晴天。

23. 川藏骑行

地理优势使然，每年暑假我在川藏线上总能遇见一批批来自川大的自行车骑友，在有着最美的景观的大道上发生着最热血澎湃的青春故事。

24. 小北门

小北门之“小”让稍胖的人都只能侧身而过，小北门之外的红瓦寺街则是觅食的好去处。

25. 学习氛围

考试前夕，华西校区附近的麦当劳和肯德基总能全部被准备通宵复习的医学生占满。

26. 自习的去处

第一教学楼D座是自习同学的世界，虽然桌子上总是堆满了书，但总是临到考试前D座教室里才算真正坐满了人。

27. 难忘的回忆

世界杯足球赛或者每年的各种赛事开始时，江安校区第一食堂会通宵开放，提供电视直播和消夜。我和来自不同学院的同学一起在深夜的食堂里为喜欢的球队呐喊，再悄悄走过静谧的商业街回宿舍，这种回忆实在难忘。

28. 微信朋友圈

微信朋友圈一般被两种事情刷屏，第一是“出太阳了我们出去耍”，第二就是“我感觉好像刚才地震了”。

29. 同乡会

广东同乡会算是各省同乡会凝聚力相对较强的了，当然潮汕老乡会更胜一筹，每月大大小小的聚会活动数不胜数。对于大一新生来说的确可以得到许多帮助和关心，不过大部分人都是在大二后就有了自己的朋友圈子，热衷于老乡聚会的还是大一新生居多。

30. 四川化

到成都，来到川大，无论是心、胃还是普通话，无一例外都“Sichuanized（四川化）”了。

（本文图片皆由作者拍摄。）

28

22

微信朋友圈一般被两种事情刷屏，第一是“出太阳了我们出去耍”，第二就是“我感觉好像刚才地震了”。

法律界的黄埔军校

——西南政法大学的30个真相

徐咏冬、付思达

1. 西南政法大学

西南政法大学，简称“西政”。它不在“天府之国”成都，也不在“彩云之南”的昆明，而是坐落于“火锅的故乡”，泼辣又直爽的山城重庆。在长江之旁，群山之巅，一座年轻而又沉稳的巍巍学府傲立于此。从1950年校长刘伯承元帅创立至今，被誉为“法学界的黄埔军校”的西南政法大学为中国的法律事业奉献出一批又一批的法学精英，为中国的法治建设立下汗马功劳。简单地说，上到最高法院院长，下到各省市区的公检法队伍，都是自己人！

2. 绝望坡

几乎重庆的每一所大学都有斜坡的“加持”，在有角度的路上来来往往，腿脚比内心更忧伤。

然而让人绝望的不是坡有多陡，路有多长，而是有的人用自行车载着真爱在坡上痛并快乐着，而有的人，总是自己爬上去又自己滚下来。

3. 没有南北的南北门

南山南，北海北，南北对开，坐南朝北。西政的南北门却在同一条线上朝着同一方向开放。

为什么北门的对面是无边无际的峡谷和宿舍楼？对不起，西政南门不在北门的南方，而是，北门的东面坡下。

4. 南苑

南苑，学生俗称“南少林”，因六栋宿舍楼均为男生宿舍而得此佳名。但自2014年伊始，南苑楼群的新成员在两个假期中拔地而起。红色的“7”号楼牌高高挂在它的粉色幕墙，全屏高档玻璃门，“7天快捷酒店”开到学校，就差一块从门口到楼梯的长地毯了。楼里住着金发碧眼来自世界各地的留学生，充分发挥礼仪之邦的作用。异国面孔穿梭往来7栋，一个回眸，阵阵惊叹。

5. 共餐的麻雀儿

面朝大峡谷的北园食堂，肥嘟嘟的麻雀也知道食堂饭点，从早饭到午饭再到晚饭，蹦蹦跶跶在桌上分食掉落的食物，人在吃，身肥、胆肥的麻雀也在一边吃。小麻雀哟，再吃就飞不起来了！

6. 推荐三家食堂的名菜

北苑食堂名菜：二楼粤菜，口耳相传，名声极佳。

东苑食堂名菜：冰镇麻辣烫，上过新闻的麻辣烫，值得拥有。

西苑食堂名菜：粤菜再次胜出，新增的肠粉、公仔面是早饭首选。

7.《舌尖上的西政》

这是一个由学生自发拍摄的西南政法大学觅食专题纪录片，涵盖了校内校外的知名美食，是各路吃货和大一新生的必备觅食指南。各大餐饮商铺争相竞逐，到底哪一家才是西政最美味，只有大家亲自试过才会知道啦！

8. 集美楼

顾名思义，集美楼，一栋集合美丽的楼。心理辅导与就业指导办公室就暗藏在这集美楼里，以新型“白富美”胡老师为首的新时代美丽女老师，绝对是此楼“颜值”和情商的担当！

9. 永远在四楼的电梯

丽玉致知楼里有学校唯一的一台观光升降机，无人待机状态永远停留在四楼，无人的电梯时刻悬浮空中，而在电梯旁的那一间教室，在夜晚永远明灯常亮，引发各种灵异猜想。晚上如若经过丽玉致知楼，你又恰好看到电梯在一楼等待，那就要小心了！

有的人用自行车载着真爱在坡上痛并快乐着，而有的人，总是自己爬上去又自己滚下来。

10. 双生大榕树

第三教学楼（毓才楼）门前有两棵历史悠久的大榕树，每年都在上演“一个在秋天，一个在夏天”的故事。在炎炎盛夏，一棵依然葱绿，而旁边的小伙伴已经早早地步入秋日金黄。它们是西政校园里口口相传最美的秋夏故事。也许只有在寒冬，相伴相随的两棵榕树才会步调一致地回归墨绿，然后落叶归根。

11. 西南最大图书馆

西政图书馆被称作西南地区最大的图书馆，占地面积广阔，建筑曲线优美，弧形的墙面设计，尽收山城每日的阳光。收揽各类图书，尤以法学资料为主，庞大的实体刊物古籍资料库。图书馆还购进大量的海外数据库与资料库，帮助学子查询和利用各种中外文献。

12. 预约与占座

在自习座位紧俏的情况下，占座似乎成为每个西政学子的必修课，尤其安静的图书馆备受青睐。为了满足众多学生的自习需求，图书馆出尽奇招，除了原定的阅览室和自习室，每个楼层大堂空置区域均放置了桌椅以供使用，但是依然难以满足日益增长的自习热情。于是，座位预约系统应运而生，通过系统预约，到系统指定位置自习。虽然新系统毁誉参半，但不得不承认，自习区的利用效率提高了。为了爱学习的宝宝们，为了解决占座自习的问题，图书馆依然任重道远。

13. 西政大峡谷

在西政，大峡谷不是一个品牌名，也不是一个地名，而是一个真正的峡谷，是西政承包的峡谷！古有愚公移山，今有西政填谷。虽然不知道何时才能填平谷地成为能够建设的平地，大峡谷现在仍是可供学生们享受夕阳美景的佳地，更是纯情情侣们的幽会胜地。每日的太阳都要经过峡谷地离开地平线，虽然只有几分钟，依然让人流连忘返。

13

14. 西政三甲医院

如果一所学校拥有医学院，拥有自己的医生团队，欲建一所三甲医院一定不足为奇。然而，一所法学学科为主，没有一位医学学子的政法院校，要组建一所三甲医院，的确野心勃勃。虽然师生们表示不理解，但是，我们依然期待这一所医院建立起来，给学生比现在校医院更专业更有效的医疗，当然，更期待本校师生能享受更多优惠。

15. 西正街

西正跟西政有关系吗？不只是发音相同，西正街就是打着西政人旗号的街道。也许直接称作“西政街”太高调，于是换了个简单的字，却愈发“欲盖弥彰”？但是，这的确是西政投为了西政及周边社区的便利而投资建设的新商圈，从此男女不用再为相约一场电影而长途跋涉，不用再为简单地添置几件衣衫而望眼欲穿。虽然2015年仍在建设中，但是应该很快就会建好。学校现在距离最近的商圈也要一个小时的车程，实在让西政学子堵得慌，期待就在身边的新商圈！

16. 不招人待见的归校路

西政主要校区渝北校区，远离沙坪坝大学城，坐落渝北区，距离重庆机场大约20分钟计程车路程，重庆北站30分钟车程，两个地方也都能乘坐轻轨抵达，所以每一位从机场、火车站回到渝北区校区的师生，都要遭受司机师傅的白眼。他们会想：我等了这么久以为来了一个去大学城的

17

大生意，竟然来个旁边西政的！多希望这“伢子” 说的西政是沙坪坝老校区啊（因为去大学城，车费大约多3倍）！

17. 坡上坡下的教学楼

绝望坡之上是第四教学楼博学楼，绝望坡之下是第三教学楼毓才楼，一段坡路连接两个上课地点，上课时间总有匆忙来往的学子，夹杂着抱怨的声音。不过，据说这是一个巧妙的构思，让住在坡上坡下的同学们匆忙来往，总是能够造就学校同学都很紧张好学的样子，而不是懒散优哉，虽然不知道这是否是官方的想法，但总是觉得有点道理。

18. 东盟法律援助中心

图书馆门前“东盟法律援助中心”的牌子异常显眼，听起来是不是很高大上呢？然而我们学生跟这样高大上的东西是没有什么交集的，好好努力在学校功成名就吧，这样你就可以发挥自己的力量帮助一下东盟的小弟们进行法治建设了。

19. 司法鉴定中心

作为全国知名且权威的司法鉴定机构之一，西南政法大学司法鉴定中心为司法实践提供鉴定意见和证据支持，默默无闻的建筑中藏着拥有高技术的工作人员以及高科技的检验，也在培养着一批批鉴定人才。然而，对于普通的学生而言，去司法鉴定中心的意义只有一个：取快递！传说司法鉴定中心的楼下便是停尸房，但却未有学生敢亲临验证，而其后方的射击场更是学校神秘的所在，只有刑事侦查学院的学生有机会去一探究竟。

20. 射击课

西南政法大学，是少有的会为学生开设射击课程的重点大学，遗憾的是，仅有刑事侦查学院的学生可以选修。从54式到64式再到77式，中国警察引以为傲的国产手枪均可体验，平均一位学生总共能打到二十到三十发子弹。老师们生动的教学与手枪迷人的魅力，使得这一门课程成为几乎是全校最热门，出勤率最高的选修课。

21. 水管

西政的水管系统霸气外露，是世界水管道系统的传奇。学校采用的“纸老虎”牌水管，一周一小爆，一月一大爆，成为学校一道亮丽的风景线。宿舍楼中，时常传来学子“又停水啦”的怒吼，此时，校外的旅馆也不甘示弱，顺势推出的钟点房成了学生们的校外澡堂。

22. 宿舍

但读者们千万不要被水管系统所震慑，再跟大家展示一下其他住宿条件来抚慰一下你们的心灵。西南政法大学的住宿条件在全国可算数一数二，个人独立的上下铺已是标配，如若你有幸没有被分至北苑，爬上床铺这一

23

体力活不会再成为你奔向被窝的阻碍。床边，不是那令人望而却步的梯子，而是楼梯！从此你的上床将只有“优雅”，而非“狼狈”。独立的冲凉房、空调、玻璃滑门，解决了排队洗澡、夏日炎热、缺乏温馨等所有问题。

23. 刑事侦查学院

前面已经多次提到了刑事侦查学院，该学院是西南政法大学最为神秘的一个学院。学院设立侦查学、经济犯罪侦查、职务犯罪侦查、治安学、刑事科学技术这五个专业，假如刑事科学技术专业不算，学院男女比例为恐怖的10∶1！女生来了这里如沐春风，男生也不用灰心，其他学院的女生也会排着队来这张望。2013年刚成立的“利剑特警队”更是帅得“令人发指”，令无数少女小鹿乱撞。

24. 资源分配

北苑是资源的集中地，性价比最高的食堂、快递公司、商业街、操场、塑胶篮球场……只要你想要的，北苑应有尽有。但住在坡下东、南、西三个苑的学生们，只能痛苦地一次次爬上令人绝望的陡坡求得生存。

25. 毓秀湖

俗称泸沽湖毓秀分湖，是校园内最大的也是唯一一个人工湖，坐落在图书馆前，与图书馆交相辉映，甚为秀丽。每至亭午夜分，图书馆映至湖面，湖旁多生红缨，实为学子温习，情侣幽会，友人嬉戏之好去处。每至夏日，湖旁莲花盛开，出淤泥而不染，濯清涟而不妖。虽至冬日，湖中干枯，水位仅至夏日一半，然其依旧妖艳，风采不减。

26. 联华毓秀超市

西政自主品牌，四家连锁店强势入驻，听起来很高大上，然而只是学校的四间普普通通的小超市而已。垄断的生意做得甚是自在，仅能满足日常需要，如果要改善生活品质的话，校外的大超市才是明智之选。联华毓秀超市的自制零食倒是值得一买，薯片、葡萄干、饼干等等，性价比极高。

27. 獬豸

西南政法大学的镇校之宝，是古代中国神话传说中的神兽，体型大者如牛，小者如羊，类似麒麟，双目明亮有神，额上通常长一角，俗称独角兽。獬豸有很高的智慧，能辨别是非曲直，能识别善恶忠奸，发现奸邪之人，就会用角将其触倒，因此是公平正义的象征。现主要功能为毕业学生拍摄毕业照之坐骑。

28. 天伦杯辩论赛

法学高校中颇负盛名的辩论比赛，汇集各大高校法学院的辩论高手，在西南政法的场地上一决高下。“天伦杯”辩论赛由校友邱代伦捐资，校团委、校学生工作部联合主办，学生会、社团联合会联合承办，规格非常之高，是学校的一大盛会。

29. 特殊团体——国防生

穿着军人的制服，每天在南苑操场操练，在学校跑步，时常穿梭在匆匆的人群里。

30. 特殊团体——狱警

每日穿着警察制服，提着公文包与学生一同奔向课堂。他们与“利剑特警队”一同组成西南政法一道亮丽的风景线。

（本文图片皆由作者所摄。）

27